长邯高速公路改扩建工程
技术实践与总结

长治高速公路有限责任公司　编著

人民交通出版社股份有限公司
China Communications Press Co.,Ltd.

内 容 提 要

长邯高速公路是山西省第一条实施改扩建的高速公路,本书对该改扩建项目的实践经验进行了系统总结,内容包括绪论、路线、路基、路面、桥梁与隧道、交通组织、施工标准化与四新技术应用等。

本书可为山西省以后的高速公路改扩建工程的决策、实施和管理提供借鉴,亦可供高速公路建设管理与工程技术人员参考。

图书在版编目(CIP)数据

长邯高速公路改扩建工程技术实践与总结 / 长治高速公路有限责任公司编著. — 北京 : 人民交通出版社股份有限公司, 2018.11

ISBN 978-7-114-15015-9

Ⅰ. ①长… Ⅱ. ①长… Ⅲ. ①高速公路—改建—道路工程—研究—中国②高速公路—扩建—道路工程—研究—中国 Ⅳ. ①U418.8

中国版本图书馆 CIP 数据核字(2018)第 220994 号

书　　名: 长邯高速公路改扩建工程技术实践与总结
著 作 者: 长治高速公路有限责任公司
责任编辑: 刘永超　张　淼
责任校对: 刘　芹
责任印制: 张　凯
出版发行: 人民交通出版社股份有限公司
地　　址: (100011)北京市朝阳区安定门外外馆斜街 3 号
网　　址: http://www.ccpress.com.cn
销售电话: (010)59757973
总 经 销: 人民交通出版社股份有限公司发行部
经　　销: 各地新华书店
印　　刷: 北京虎彩文化传播有限公司
开　　本: 787 × 1092　1/16
印　　张: 11.5
字　　数: 285 千
版　　次: 2018 年 11 月　第 1 版
印　　次: 2018 年 11 月　第 1 次印刷
书　　号: ISBN 978-7-114-15015-9
定　　价: 60.00 元

编写委员会

顾　问：刘玉柱　高新文　王世锋　杨　勇

主　编：姬　鸽　王润民

副主编：王　伟　张于良　李爱军　郭秀斌　许珏惠
　　　　程广庭

编　委：赵景彭　覃俊杰　温　炳　徐　强　田瑞芳
　　　　韩伟华　崔慧军　赵　云　徐燕鹏　李丽萍
　　　　武海鹏　赵　煜　王生源　魏建国　张军辉
　　　　王正武　张晓燕　韩之江　郭彦龙　郝月中
　　　　曹　东　刘　瑞　曹　伟　郑艳江　朱　宇
　　　　李皎明　秦荣旺　李　红　刘贵兵　秦绪彬
　　　　苟小明　胡雪瑞　刘建伟　贾红飞　黄永超
　　　　李　毅　魏忠振　张凤贵　孟丹奇

前　　言

长(治)邯(郸)高速公路是国家"71118"高速公路网第六横在山西境的起点段,也是山西省"三纵十二横十二环"高速公路规划网中第十横的重要组成部分,路线全长 54.387km,于 2002 年建成通车。

长邯高速公路作为晋煤外运的主要通道之一,同时也是晋东南地区与河北、山东等地区主要的政治、经济通道。自通车以来,随着经济快速发展和周边路网的不断完善,该路段交通量迅速增加,2007 年日均交通量已达 22041 辆/日。通行车辆以运煤车辆为主(统计数据显示其中重型运煤车辆约占通行车辆总数的 70%),造成局部路段交通拥挤严重。为提高高速公路服务水平,长邯高速公路改扩建工程于 2014 年 6 月开工建设,经过全体建设者三年的奋战,于 2017 年 12 月建成,按照既定工期顺利完成。

作为山西省第一条改扩建高速公路,长邯高速公路改扩建工程借鉴了已有改扩建工程的成功经验,并结合本项目自身特点进行优化设计施工。施工期间不中断交通,实行边通车、边施工的改扩建方式,施工过程中适时采用了一些新的施工工艺。改扩建后的长邯高速公路是山西省第一条局部七车道和八车道的高速公路。本书对长邯高速公路改扩建工程的实践经验进行了系统总结,期望能为今后山西省高速公路改扩建工程的决策、实施和管理提供一定的借鉴。

本书由姬鸽等编著。山西省交通运输厅和厅重点公路工程办公室对本书的编写给予了大力支持,山西省交通科学研究院、长安大学、长沙理工大学等科研单位在本书编写过程中提供了咨询工作,设计单位中交通力建设股份有限公司,各参建施工单位和监理单位提供了大量翔实的基础资料。在此一并表示感谢。

限于时间和编者水平,书中遗漏、不足之处在所难免,敬请广大读者批评、指正。最后,我们对所有为本书的完成和出版给予帮助的支持者表示最衷心的感谢。

编　者

2018 年 4 月

目　　录

第1章　绪　　论

高速公路是重要的社会基础设施,在运输能力、速度和安全性方面具有突出优势。高速公路也是一个国家经济和社会发展的产物,是衡量一个国家公路交通运输发展水平的重要标志,在国民经济发展中具有举足轻重的地位和作用。

我国高速公路建设始于20世纪80年代。1988年后,随着国内经济的迅猛发展,我国高速公路进入了快速发展阶段。自1988年我国第一条高速公路——沪嘉高速公路建成通车以来,在“五纵七横”国道主干线规划的指导下,我国高速公路总体上实现了持续、快速和有序地发展。截至2017年底,我国高速公路总里程已经达到13.65万km。随着交通量的持续增加,许多早期修建的高速公路已经达到或者超过了设计通行能力,不能满足现状需求水平。如广深地区和较早建设的沈大、广佛、沪宁、京津塘和京港澳等高速公路,大多是四车道,随着交通量的不断增加、功能及地位的提高和路网功能的变化,出现了交通拥堵现象,严重影响了道路的服务水平和交通安全。随着2002年沈大高速公路改扩建工程的开工,我国高速公路建设迎来了一个崭新的时代,即由大规模地新建高速公路转变为改扩建与新建并存、两种建设并重。高速公路改扩建,将成为未来高速公路建设新的热点。

1.1　高速公路改扩建的必要性

高速公路在使用过程中,其使用性能会因行车载荷和环境因素的不断作用而逐渐下降,其使用状况的好坏将直接影响到车辆的行驶舒适性和道路运营费用。另外,随着交通量的增大,部分高速公路出现交通拥堵,严重影响了公路的通行能力,同时带来使用性能恶化、运营费用增加,燃油、轮胎和保修材料消耗加大以及行程时间增加等,直接影响社会和经济效益。对既有高速公路进行改扩建,可以明显提升公路通行能力,满足交通量日益增长的需求。

由于土地是不可再生资源,为节约土地,在已有高速公路走廊带内一般不会再开辟第二通道,对既有高速公路进行扩建,增加车道数量与车道宽度是较为经济合理的选择。相对于新建高速公路,对已有高速公路进行加宽改造能充分利用原有路基和征地范围,有效利用土地资源。

高速公路改扩建可以弥补既有高速公路原设计的不足,有针对性地对相关技术指标进行改进。早期修建的部分高速公路受当时设计标准和施工工艺等方面的影响,线形技术标准较低,不少路面已经出现了裂缝、车辙等病害,一定程度上影响了行车舒适性和安全性。进行改扩建时一般对既有公路进行大修,并根据原有高速公路的运营情况对拓宽公路的相关技术指标进行调整,可确保高速公路处于较高的服务水平。

1.2 国内外高速公路改扩建现状

国外高速公路改扩建实践较早,自20世纪30年代即开始,美国即开始进行高速公路改扩建,已形成了一套完备的体系。美国的高速路网在20世纪60年代基本成型,之后高速公路总里程无太大的变化。由于重视前期工作,某些高速公路将中央分隔带建设得非常宽以便于后期的扩建,因此只要有需求,即可对原有的高速公路进行改扩建。随着经济增长,交通量的日渐增多,美国在20世纪70年代中期至80年代中期实施了大规模的高速公路改扩建工程。随着对改扩建问题研究的深入,美国交通研究委员会(TRB)组织于1983年在美国召开公路扩建工程专题会议,主要总结了发达国家近10年来改扩建中采用的结构拼接及施工方法。至今,发达国家在改扩建技术上已日趋成熟,在道路改扩建过程中越发地重视项目与自然环境及生活环境间的关系,减少对公众产生的负面影响。

日本于20世纪60年代开始修建高速公路,到20世纪80年代,陆续建成了名神、中央、东名、首都等干线高速公路,初步形成了高速公路干线网络。和美国一样,日本的公路部门也非常重视前期规划工作,为后续改扩建留有余量,提供了良好的改扩建条件。技术方面,施工企业较为重视技术创新,在路基拼接、桥梁拼接方面总结了很多实用技术。受地理条件限制,除少数平原、丘陵挖填方路基拼接采用双侧拼接外,大部分采用单侧拼接,局部路段采取分离新建的做法,路基拼接应用了轻质填料技术,在拼接过程中一般不对原路基进行大面积开挖台阶和复压,从而加快了扩建速度。桥梁拼接方面,注重桥梁的抗震性能,一般不对原桥做拼接处理,直接与原桥并行新建,上下部结构均不做连接。日本高速公路多采用钢结构桥梁,需要对原桥做拼接处理时,上下部结构均做连接,以提高结构的整体刚度。

我国于1997年第一次开始高速公路的改扩建工程实践,广佛高速公路是我国第一条进行改扩建的高速公路。

杭甬高速公路扩建工程开始于2000年10月。扩建后的杭甬高速公路有6车道和8车道两种宽度,工程选择了分段逐步施工,两侧拼接的扩建方式。杭甬高速公路是国内第一条在不中断交通、不对车辆进行分流的情况下,采取“边运营,边施工”方式进行两侧拼接改造的公路。

沈大高速公路扩建工程始于2002年,通过对扩建、新建方式的深入研究,沈大高速公路的扩建形式选择了以两侧拼接为主、单侧分离为辅的形式,将4车道扩建为8车道。2004年,沈大高速公路改扩建工程完工通车。沈大高速公路是我国首条大规模改扩建的高速公路。在改扩建过程中,沈大高速公路选择采用了全封闭施工、所有桥梁上部结构重建(含利用)、所有路面重建、所有交通工程及沿线设施重建的模式。

沪宁高速公路改扩建工程开始于2003年10月,2006年6月建成通车。沪宁高速公路的改扩建选择了两侧拼接为主、局部分离的扩建方式,将4车道扩建为8车道。沪宁高速公路扩建工程也是在不中断交通的条件下完成的,工程建设中既充分利用了原有旧路(包括路面、结构物、交通工程及沿线设施等),同时也对旧路病害进行了较为彻底的整治。

佛开高速公路改扩建工程始于2006年,2012年底全线完工通车。佛开高速公路的改扩建选用两侧拼接为主,单侧分离为辅的改扩建路面拓宽方式。并因地制宜地采用了集散加快速的方式(在佛山市路段,外侧车道设计速度100km/h以供往返佛山市车辆行驶,原有车道设计速度120km/h以供佛山以外车辆行驶),很好地体现了因地制宜的扩建基本原则,在这方面具有较好的代表性。

济青高速公路于2015年开工进行改扩建,拓宽里程309.17km,主要采用“双侧拼宽为主、单侧拼宽、单侧分离和双侧分离为辅”扩建方式,由双向4车道拓宽至双向8车道,计划于2019年6月底建成通车。

可以预见,随着我国大中城市高速公路网形成,高速公路建设的重点由新建道路逐渐转为新建与改扩建并重。随着大量改扩建工程的相继展开,在改扩建方案选择、道路桥梁的拼接技术、改扩建交通组织等方面进行了大量的研究,为我国高速公路改扩建工程积累了宝贵的设计和施工经验。

1.3 高速公路改扩建关键技术

1.3.1 新旧路基的不均匀沉降

旧路改扩建后,在新旧路基衔接位置容易产生纵向裂缝,由于旧路路基已经沉降多年,基本稳定,而新建路基沉降时间短,新旧路基衔接处必将产生不均匀沉降,如果这种不均匀沉降引起的路面结构层内附加应力超过了材料的抗拉强度或界面强度,则会产生纵向裂缝,导致路面的破坏。如水泥混凝土面板在荷载作用下产生断板,沥青混凝土路面产生反射裂缝,使地表水极易透过裂缝侵入到路基的内部,对路基和路床产生浸泡和破坏作用,从而造成道路病害增多,缩短公路的使用年限,对行车舒适性和安全性带来很大影响。进行改扩建时,必须采取合理技术方案控制路基的不均匀沉降。

1.3.2 桥梁加宽技术

(1)收缩徐变

新旧桥梁连接后,由于两者之间混凝土收缩徐变的差异,必然引起新旧桥梁在顺桥向的弯曲变形,从而使得应力重新分布。新桥的混凝土收缩变形要比旧桥的大,由于旧桥对新桥的约束作用,使得新旧桥梁连接之间会产生很大的剪应力,若剪应力超过材料的抗剪强度,便会剪坏,产生纵向裂缝并且此时新桥会对旧桥产生压应力。混凝土收缩徐变差异是影响新旧桥主梁及其连接处受力性能的重要因素之一。

(2)基础沉降

对原有桥梁进行拼接拓宽后,由于旧桥已经建成并正常运营数年,故其基础沉降发生过程已经有多年,而新建桥梁下部结构沉降才开始发生,致使新旧桥梁之间形成沉降差。该沉降差异作用会对采用上部结构相连方案拓宽后的桥梁整体产生影响,如导致新旧桥梁上部结构的拼接部位附加应力增大及混凝土表面开裂,造成桥梁部分支座悬空,甚至造成支座破坏,从而影响桥梁的正常使用。

(3)拼接方式选择

目前常用的桥梁拼宽方式主要有上下部均不连接,上下部均连接,上部结构连接、下部结构不连接三种拼宽方式。上下部均不连接是指新旧桥梁之间完全分离,只在新旧桥梁桥面之间设置简单的纵向缝;上下部均连接是指新旧桥梁的上下部结构通过浇筑的横隔梁刚性连接在一起;上部结构连接、下部结构不连接是指上部结构通过横隔梁或其他方式连接在一起而下部结构不连接。在工程应用中,应根据针对原桥梁结构体系特征、截面形式、地质状况等进行新桥结构设计、合理确定上下部结构形式、拼宽连接方式等。

1.3.3 交通组织

高速公路改扩建施工期间必须保证运营车辆的行驶安全,确保施工车辆及人员的安全以及一定的通行能力。同时,要充分利用现有资源,以节约工程造价;通过对临时工程技术与交通组织环节上的协调,尽可能降低临时交通设施的投入,以控制工程投资。因此,研究科学合理的交通组织方式和交通分流方式是保障改扩建项目顺利实施的必要前提和技术保障。改扩建对交通影响主要表现在:

(1)高速公路改扩建施工期间占用部分道路,作业区范围内的车辆行驶速度明显降低,通行能力显著下降,道路服务水平大大降低,道路通行费收入也相应减少。

(2)施工阶段的交通组织给驾驶员,特别是不熟悉路况的驾驶员带来一定程度的不便。

(3)由于高速公路改扩建导致道路通行能力降低,部分通行交通量甚至全部通行交通量将转移到周边道路上,影响周边道路的通行能力和服务水平。

(4)高速公路改扩建施工期一般较长,交通分流措施导致车辆行驶速度降低、延误增加、出行距离增大,同时还增加车辆运营成本和居民出行成本。

因此,如何在"阵痛"下为车辆和行人提供方便快捷的出行条件,考验着交通管理者的智慧和应变能力。

1.4 长邯高速公路改扩建工程概况

长邯高速公路山西省黎城(冀晋界)至长治段是国家高速公路网规划中第六横在山西省境内的起点段,亦是调整后的山西省高速公路网(2009 年 2 月)"三纵十二横十二环"中第九横的路段。本段高速公路是晋煤外运的主要通道之一,同时也是晋东南地区与河北、山东等地区主要的政治、经济通道。

1.4.1 长邯高速改扩建的必要性

自 2002 年建成运营以来,随着经济快速发展和周边路网的不断完善,长邯高速公路交通量快速增长,2007 年已达 22041 辆/日(2032 年路段最大交通量将达到 58513 辆/日)。由交通量预测结果来看,未来仍将保持较高的增长速度。由于原设计指标偏低,局部路段事故频发,被国家发改委列入解决"卡脖子"路段问题意见中;设计荷载偏低,再加上使用时间较长,交通量增大,重型车辆增多,导致原道路的路基、路面、桥梁、隧道等不同程度出现各类病害,该路段服务水平逐年降低,已不能满足交通发展的需要,急需对该路段进行改扩建。其必要性如下。

(1)是提高长邯高速公路道路通行能力,满足交通量日益增长的需要。

近年来，随着社会经济的高速增长，相邻东部省份对煤炭等能源需求量逐年增加，该路段作为晋煤外运的主要通道之一，交通量增长迅速，通行能力急需提高。通车以来交通量年增长率超过30%，货车占总交通量的73.82%，拖挂车比重高达60.5%，部分路段服务水平降至二级以下，高峰时形成较长车队，车速下降、路况拥挤，道路通行能力明显不足。由交通量预测结果来看，未来仍将保持较高的增长速度，预计2032年年均日交通量将达到50694辆/日（折合小客车），路段最大交通量达到58513辆/日（折合小客车），已超出设计速度为80km/h的4车道高速公路适应交通量（25000～45000辆/日〈折合小客车〉）。因此，对现有4车道高速公路进行拓宽改建，是提高道路通行能力，解决现有高速公路网“卡脖子”问题，满足快速增长的交通量，特别是重型车辆高速增长的需要。

（2）是提高长邯高速公路道路安全性能，改进既有路服务水平的需要。

黎城至长治段高速公路目前为4车道，路基宽24.5m，未设置爬坡车道，通行车辆以煤车为主（统计数据显示其中重型运煤车辆占通行车辆总数约70%），重型运煤车车体长、提速慢，互相超车时占道时间长，容易造成局部路段交通拥挤，经常造成小型车辆无法超车，在纵坡较大的地段尤其明显，造成服务水平降低。管理养护单位已有局部路段分期分阶段拓宽的计划，并已开始在潞城收费站、东阳关等段落付诸实施。

洗寺岭至浊漳河段路线受地形条件限制，重车行驶单向为6.7km的连续下坡，平均纵坡达到4.1%，在长下坡坡底处接小半径反向平曲线组合，重型运煤车辆经长距离制动后，容易导致制动片过热失灵，下坡路段高速行驶，在坡底的小半径曲线前车辆易失控引发交通事故。因此，本路段高速公路拓宽改建，是提高道路安全性能，改进既有路服务水平的迫切需要。

（3）是完善山西省路网规划，提高区域通行能力的需要。

青兰高速公路黎城至长治段是国家高速公路网规划中第六横在山西省境内的起点段，亦是调整后的山西省高速公路网中第九横的路段，其中下湾（晋冀界）至黎城段也是第8横黎城下湾至永和关线的一段；黎城至长治段也是山西省高速公路规划中的第1纵天镇马市口至泽州道宝河的一段。随着周边路网的逐步完善，长治至临汾、临汾至吉县、左权至黎城、襄垣至黎城、涉县至邯郸等高速公路的不断建成，该路段将成为交通瓶颈，影响整体路网的通行功能。因此该路段拓宽改造是完善高速公路网规划，提高区域通行能力的需要。

（4）是加快晋煤外运，缓解东部省份能源紧缺的需要。

山西省是我国重要的能源基地，也是东部地区煤炭需求的主要供给基地，据统计，2007年，山西省煤炭外运5.2亿吨，从2000年至2007年，以12.7%的速度递增，其中公路外销1.29亿吨，占24.7%，平均每年以16.1%的速度递增，增长速率高于总外销量。项目区处于晋东煤田，与山东、河北、河南的煤炭利用地在公路经济运距之间，近年来，随着国民经济的高速发展，东部地区煤炭需求量日益增长，作为晋煤外运的第二大公路通道，本项目煤炭交通量占货运交通量的比重从1998年调查时的51%上升至2008年的67%，运煤车平均载质量从1998年调查时的10.8t上升至2008年的32.0t，市场需求大幅增长，尽快实施本项目拓宽改建，将提高区域路网的通行能力，是加快晋煤外运，缓解东部省份能源紧缺的需要。

（5）是促进长治地区经济发展，加快全面实现小康社会的需要。

长治位于山西省东南部，北与晋中地区接壤，西与临汾相连，南临晋城市，东与冀、豫两省毗邻，是山西省东南部区域中心城市，是连接晋、冀、豫三省的重要通道，也是山西联系华北和中原地区的重要门户。作为长治地区与邯郸连接的主要通道,本项目的实施,对于加快长治地区经济发展,促进晋、冀两省经济互动,都具有重要的战略意义。

长治地处我国中部能源重点开发区,位于环渤海经济圈、陇海经济带和山西化工能源基地的交接带上,是连接我国东部和中西部地区转折点。从其所处的地理位置和在宏观经济布局中的定位可以看出长治地区独特的重要性。高速公路作为社会基础设施,它的畅通是区域经济快速增长的保证,为了更好地服务区域经济发展,提高交通运输效率,本拓宽改建项目建设势在必行,迫在眉睫。

1.4.2 改扩建项目概况

长邯高速公路改扩建项目2011年7月由国家发展和改革委员会批复立项,2013年8月初步设计由交通运输部批复,是山西省第一条实施改扩建的高速公路。

项目起点位于晋冀两省交界的黎城县下湾村,途经黎城县、潞城市及长治市郊区,终于长治郊区黄碾镇安阳村;全程53.526km,概算总投资约34.52亿元。项目建成后,6车道路段19.579km(设计速度80km/h的路段路基宽度32m,设计速度100km/h的路段路基宽度33.5m);7车道路段24.347km(分离新建3车道26.223km,路基宽度16m,作为下行邯郸一幅;利用既有高速公路4车道作为上行长治一幅,路基宽度24.5m);8车道段9.6km(路基宽度39.5m)。长邯高速公路改扩建总体方案如图1.1所示,各工程段情况如下:

(1)起点至东阳关段(K733+000~K741+650,8.650km)

本段路线处于基岩中低山区,冲沟发育,地形较破碎,地表起伏大。沟谷中分布有邯长铁路,G309、G309复线和原高速公路4条线。原有高速公路沿沟谷南侧山坡布线,由于沟谷比降大,造成路线纵坡较陡,是事故多发路段之一。

为改善该段东阳关至省界下坡方向长陡纵坡,采用单侧分离新建的拓宽方案,将下坡方向即长治至邯郸方向分离出来,另辟线位新建3车道(Z1线),原路4车道供邯郸至长治方向使用,同时解决了邯郸至长治方向上坡需增设爬坡车道的问题(采用4+3车道的加宽方案)。

(2)东阳关至黎城北枢纽互通段(K741+650~K747+800,6.150km)

本段处于黎城盆地,地形平坦开阔,无特殊控制点,具备两侧加宽条件,采用两侧加宽至6车道。

(3)黎城段(K747+800~K757+400,9.600km)

从黎城北枢纽互通至黎城西枢纽互通段,处于黎城盆地,地形平坦开阔,无特殊控制点,具备两侧加宽条件。由于山西高速公路网规划中的东纵线和第八横线在本段接入,交通量较其他路段大,两侧加宽至8车道。

(4)浊漳河至牛王垴段(K757+400~K773+100,15.700km)

浊漳河段地形平坦,过浊漳河后至牛王垴,处于基岩中低山区,黄土沟梁形态发育,地形较破碎,地表起伏大。原有高速公路沿沟谷南侧山坡布线,由于地形高差大,造成路线纵坡较陡,是事故频发路段。

本段为改善牛王垴至浊漳河长陡下坡,避免事故黑点,采用单侧分离新建的拓宽方案,将下坡方向即长治至邯郸方向分离出来,另辟线位新建3车道(Z2线),原路4车道供邯郸至长治方向使用,同时解决了邯郸至长治方向上坡需增设爬坡车道的问题(采用4+3车道的加宽方案)。

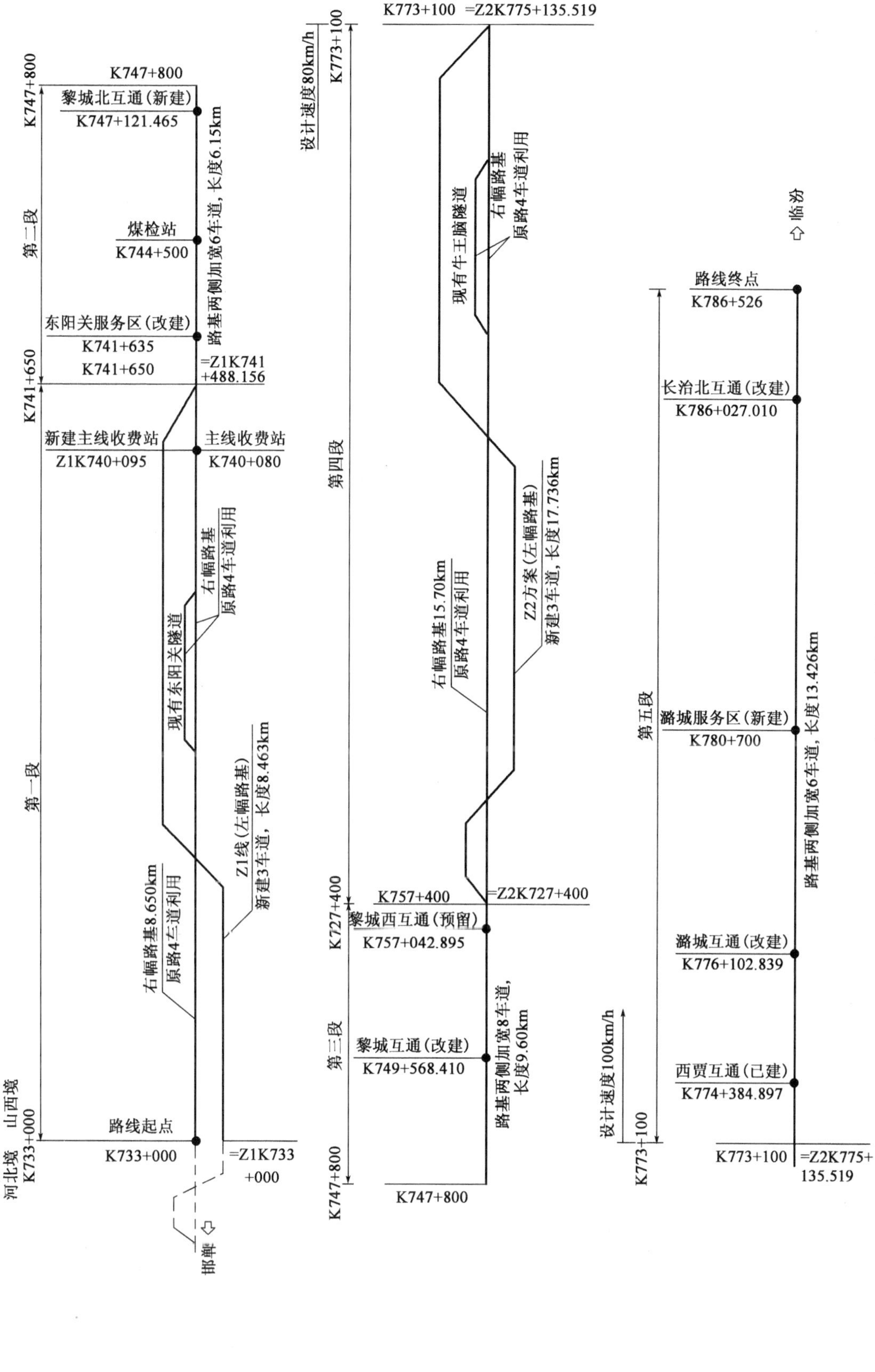

图1.1 改扩建整体示意图

(5)牛王垴至长治北互通终点(K773 +100 ~ K786 +526,13.426km)

本段处于长治盆地,地形相对完整、平坦,无特殊控制点,具备两侧加宽条件,采用两侧加宽至6车道,其中西贾枢纽互通段(K773 +388 ~ K775 +148,1.760km)由长平高速公路在建设西贾枢纽互通时按6车道拓宽改造已经完成,本次实际改造里程为11.666km。

长邯高速公路改扩建项目共分6个标段,标段划分表如表1.1所示。

长邯高速公路改扩建项目标段划分表　　表1.1

标段	起 讫 桩 号	里程(km)
LJ1	Z1K733 +000 ~ Z1K738 +120	5.095(分离新建)
	K733 +000 ~ K740 +650	7.65(完全利用)
LJ2	Z1K738 +120 ~ Z1K741 +488.156	3.368(分离新建)
	K740 +650 ~ K753 +800	13.15(两侧拼宽)
LJ3	Z2K757 +400 ~ Z2K768 +500	11.1(分离新建)
	K753 +800 ~ K758 +300	4.5(两侧拼宽)
LJ4	K747 +698	邯长铁路:石羊坟分离式立交(拆除新建1×35m预应力混凝土简支箱梁)
LJ5	K783 +016.173, K783 +827.529, K784 +121.850	潞安铁路疏解线:史回2号分离式立交(1×16m预应力混凝土空心板简支梁);太焦铁路:铁路立交一桥(10 +20 +10m预应力混凝土空心板简支梁);潞安铁路古驿线:铁路立交二桥(13 +2×16 +13m预应力混凝土空心板简支梁)。均为两侧加宽
ZB1	Z2K768 +500 ~ Z2K775 +135.519	6.644(分离新建)
	K758 +300 ~ K771 +850	13.55(完全利用)
	K771 +850 ~ K786 +526	14.676(两侧拼宽)

长邯高速公路改扩建工程自2014年6月开工建设,2017年12月完成。在工程建设中,长邯高速公路有限责任公司以交通运输部颁《高速公路施工标准化技术指南》《关于打造公路水运品质工程的指导意见》为纲要,以厅党组提出的"六个并重""九个着力"为引领,强化管理意识,以"规范操作保安全、严格程序保质量、科学安排保工期、精打细算保投资、阳光作业保廉洁",形成"实施有规范、操作有程序、过程有控制、结果有考核"的标准化施工体系,为把长邯高速公路改扩建项目建成"品质工程、安全工程、廉洁工程、生态工程"奠定了坚实基础。

第2章　路　　线

2.1　项目特点

(1)本项目为旧路改扩建工程,按6车道高速公路进行改扩建,黎城北枢纽互通至黎城西枢纽互通为本项目、东纵(左权至黎城段)和第八横(黎城至襄垣段)的共线路段,远期交通量较大,按8车道标准改建,两段长陡下坡段采用分离新建方式(即4+3车道的加宽方案)。

(2)本项目为青兰国家高速公路的重要组成部分,承担着繁重的交通运输任务,本项目施工期间须保持老路的通行。

(3)本项目重车比例高,且货物实载率较高,新建路基必须树立重载交通的设计理念。

(4)沿线控制因素较多,主要控制因素有:现有长邯高速、邯长铁路、太焦铁路,潞安矿务局铁路专用线、G309及石潞线、榆济天然气管道、太长煤层气管道、浊漳河、沿线村庄及地形地物等。

(5)项目沿线地形地貌复杂,线路处于两个低山区、两个盆地区地貌单元及山间沟谷区,低山区及山间冲沟区,地势起伏较大,沟谷发育,全线大部分路段均处于湿陷性黄土路段。

(6)经检测,老路路基、路面、桥涵结构物存在着不同程度的病害。

(7)现有老路存在两段长陡下坡路段,且均为陡坡加小半径弯道的"S"形平纵组合,为交通事故多发路段。

2.2　总体设计原则

坚持"以人为本、以行车为本"的设计方针,树立"安全、环保、舒适、和谐、精品"的设计理念。遵循"六个坚持、六个树立"的设计理念,即"坚持以人为本,树立安全至上的理念;坚持人与自然相和谐,树立尊重自然、保护环境的理念;坚持可持续发展,树立节约资源的理念;坚持质量第一,树立让公众满意的理念;坚持合理选用技术指标,树立设计创作的理念;坚持系统论的思想,树立全寿命周期成本的理念",在安全、合理、有利、协调和长远利益上下功夫。

本项目沿线地形条件复杂,通道资源单一,原有高速公路连接了沿线的主要城镇,并占据了最佳的通道资源。因此,工可报告推荐的利用原有高速公路进行拓宽改造是适合本项目的改扩建形式,既能充分利用通道资源、减少占地,又能吸引交通量和降低工程造价。

(1)消除安全隐患,提高道路的服务水平

以人为本,安全至上,保障安全是交通运输的前提,通过实施改扩建,尽可能地消除现有公路存在的安全隐患。由于地形及设计理念的限制,老路部分路段平、纵面指标不高,运营中存在事故多发路段,对服务水平低、存在安全隐患的路段,根据地形条件,在不大幅增加工程量的前提下可提高平纵指标的均衡性和连续性,控制长大纵坡指标,从根本上消除事故"黑点"。

(2)最大限度地利用现有工程

本项目是老路改扩建工程,结合沿线地形及控制因素的分布情况,新老路基"宜合则合,宜分则分",路线设计做到因地制宜,合理布设。本项目的现有平纵面线形指标基本满足现行规范的要求,局部路段需进行平纵线形的改善,对长陡下坡段,则须采用分离新建的方案彻底改善平纵指标。全线互通式立交、桥梁、隧道、服务区等构造物在满足指标及安全的前提下尽可能多地利用,以减少占地及工程量。

(3)做好施工期间交通组织管理,减少对现有道路交通的影响

本项目施工期间不能中断老路的通行,道路扩建工程的建设或多或少会影响到现有道路的通行。施工期间交通组织管理是改造工程成败的关键,改扩建方案的选择必须结合道路使用现状,进行保畅设计,认真研究,选择合理的分流方案与交通组织方案,以利于施工期间的交通组织管理。

(4)与区域路网规划协调

调整后的山西省高速公路网规划有3条高速公路与本项目连接,其中长平高速公路长治环线已建成,与本项目在西贾枢纽互通相接,与本项目相接的东纵线已进入实施阶段,第八横线正在设计阶段,本项目已考虑了互通方案、位置,并与有关设计单位进行了接线协商。本项目共跨越4条铁路,与铁路部门进行了充分协商,图纸按照铁路部门要求进行设计,多次优化调整后已满足铁路部门要求。

(5)尽可能节约土地资源、减少拆迁数量

土地资源是不可再生资源,项目区耕地少,尤其是高产作物耕地大多分布于山间盆地和河谷阶地,充分利用现有黎城至长治高速公路两侧有利空间,减少征地拆迁数量是方案选择的前提之一。

(6)注重环境保护和景观设计

本次改扩建应注重环境保护和景观设计,使公路线形、桥梁、隧道、立交和沿线设施等与自然景观相协调,桥梁、上跨分离式立交的改建、新建建筑风格和路基边坡的再处理要反映出当地的经济发展水平,体现出现代气息,追求优美的结构形式和高质量的环境景观,建成后能够成为该地区的一道功能齐全、安全顺畅、景观优美的风景线。

(7)工程费用合理

扩建工程既要有良好的社会效益又要重视其经济效益,尽可能减少工程量和造价。

(8)新建分离路段及两侧拼宽段设计要点

从地形、地质条件上,选择合理的线位,增大平曲线半径,降低平均纵坡,避免陡坡加急弯的不利组合,消除长陡纵坡的安全隐患。由于湿陷性黄土等不良地质路段较多,两侧拼宽段路基应做好减小新旧路基沉降差异的设计。

(9)充分吸收国内高速公路扩建工程建设的成功经验和先进理念

充分吸收国内高速公路改扩建工程建设的成功经验和先进理念,特别是类似地质、地形条件下的道路改扩建工程的成功经验,认真做好路基拼接、桥梁拼接、隧道扩建、互通改造、局部

分离路线方案的比选工作，优质的设计将为本项目建成技术优、质量高，投资省、效益好的优质工程打下基础。

2.3 路线设计

2.3.1 路线设计的基本原则

本项目为拓宽改造工程，依据“初设”所确定的两侧拼宽、局部单侧分离新建的扩建方案，结合初步设计批复意见及施工图设计咨询意见，定测阶段测量，调查的原有公路沿线地形、地貌、水文、地质等自然条件，地方的发展规划，路网布局，互通式立体交叉设置位置，以及原有公路的平纵面线形指标、构造物布设情况及使用状况确定路线方案，路线布设主要遵循以下原则。

(1)根据自然条件及用地条件合理确定扩建方案：综合考察原有公路两侧地形、地貌、水文、地质等自然条件及两侧拼宽公路的用地条件，确定两侧拼宽路线方案的可行性及合理性。在原有公路能满足安全性评价及地形允许的前提下，尽可能采用整体式路基加宽方式，以节省用地，减少对环境的影响，降低工程造价；在原有公路存在缺陷的路段，针对具体情况做出多方案经济技术比较，选择最佳方案。

(2)最大限度利用现有工程：在原有公路满足现行公路技术标准要求的前提下，最大限度地利用原有公路，既可以节约工程造价，减少占地，又有利于扩建工程的整体性。

(3)尽可能节约土地资源，减少拆迁数量：土地资源是不可再生资源，项目区耕地少，尤其是高产作物耕地大多分布于山间盆地和河谷阶地，充分利用现有黎城至长治高速公路两侧有利空间，减少征地拆迁数量是方案选择的前提之一。

(4)检验原有公路平纵面标准是否满足现行公路技术标准要求：黎城至长治高速公路2002年建成并投入运营，因设计较早，另外，由于施工期间的变更及施工误差，可能会导致平纵线形指标不满足现行公路技术标准要求，路线方案的确定首先要检验原有道路的技术标准。

(5)对原有公路运营安全性进行评价，结合交通事故资料，分析事故高发路段及对应车型，结果发现：

①事故发生的主要对象为大型车(大客车及货车)；

②事故多发段集中在长大下坡路段(纵坡段及弯坡组合路段)；

③事故发生的原因：驾驶员违章行驶和驾驶不当造成大型车在连续下坡路段长时间连续或频繁制动以及高速大负荷下紧急制动，导致制动器过热，制动性能减弱，车辆失控造成事故。

同时对原有公路的线形协调性进行分析，找出存在问题的路段，在改扩建阶段进行线形设计优化或加强安全设施的设计。

(6)对连续长大纵坡路段应进行终点交通安全分析

长大纵坡路段存在两个方面的安全问题：一是上坡方向的通行能力问题，二是下坡方向的车辆制动问题。国内多条已运营的山区高速公路调查表明：山区高速公路与大货车相关的交通事故数所占比例高达60%以上,受伤人数和经济损失在事故总量中也占有相当的比重。事故资料显示:下坡路段的事故发生频率明显高于上坡路段,特别是连续长大下坡路段。根据长大下坡路段的事故原因分析,主要是肇事车辆的驾驶员特别是外地驾驶员对连续长大下坡路段的坡长、坡度等道路与交通情况估计不足,盲目从坡顶挂高挡位(4挡以上)高速下行,造成在连续长大下坡路段车速过高,连续的制动造成制动器温度升高,制动性能减弱,调控失当,导致交通事故。

车辆制动器性能实验表明:一般情况下,当制动器的温度不超过200℃时,车辆的制动器制动力不会发生明显衰减;当制动器温度达到260℃时,车辆的制动器制动力明显下降,只能达到正常温度(65℃以下)的30% ~35%;当制动器温度达到400℃以后,车辆制动器基本失效。因此,连续下坡路段采用货车安全运行状态的制动器温度阈值(通常取260℃)作为控制指标。

(7)综合考虑原有构造物结构形式及使用状况:原有公路构造物较多,结构形式多样,使用状况也不同,路线扩建方案要考虑构造物扩建方案的可行性及合理性。

(8)路线方案的确定要有利于施工期间的交通组织:施工期间交通组织管理是改造工程成败的关键,改扩建方案的选择必须结合道路使用现状,进行保畅设计,认真研究,选择合理的分流方案与交通组织方案,以利于施工期间的交通组织管理。

(9)路线平纵面设计要求对沿线构造物进行控制:本项目为原有公路扩建,平纵面设计要求重点考虑构造物的位置及高程,拟合线形尽可能与实际一致,并对需要加铺的构造物进行验算,确定纵面设计的合理性。

(10)尽量避免与其他设施的干扰:路线方案确定要尽量避免与沿线铁路、天然气管道、电力电信设施等的干扰。

(11)注意路线起终点论证,及与其他公路(含规划公路)的衔接方式。

2.3.2 平、纵面技术指标的掌握

本项目拓宽改造方案以整体式两侧加宽为主,平纵线形需和原老路基本保持一致。为改善原路平纵线形存在的长陡下坡,对起点至东阳关段和浊漳河至牛王垴段采用分离新建方案,根据地形地貌情况,通过展线和降低平均纵坡,达到改善原路长陡下坡。技术指标比原路有所提高,在与原路合并处线形与原路基本保持一致。

路线方案的确定必须以符合原有公路平纵线形为原则,方案设计前根据原有公路实测点资料对原有公路平纵线形进行了拟合(实测点密度为沿线每20m一组,弯道每10m一组,每组4个点,隧道进出口各测2组、每组8个点,桥梁根据需要加密),对拟合结果进行分析。

(1)平面拟合

路线平面线位将竣工图资料作为参考,结合外业利用GPS-RTK测量+水准仪的中央分隔带左右边缘测点进行平面线形拟合,最大限度地拟合出原有公路的实际线形,外业路面取点共3130组(每组4个点),内业根据实测每对点的平均值,采用纬地路线程序进行平面拟合和误差分析,确保拟合的精度满足要求。

(2)纵面拟合

纵断面拟合时根据实测点高程,参照原竣工图路线坡度、坡长,按照本项目路面设计原则,纵断面按在原有路面上加铺0.05m进行拟合。根据实测每对点的平均值,采用纬地路线程序进行纵面拟合和误差分析,因旧路拓宽而导致净空不足引起纵坡调整的路段不包括在内。采用纬地路线程序进行纵断面拟合和误差分析,确保拟合的精度满足要求。

2.3.3 不同技术标准之间的衔接过渡情况

原高速公路存在两种设计标准,起点至西贾段 K904 + 113 ~ K944 + 220 设计速度为80km/h,西贾至终点段 K944 + 220 ~ K957 + 670 设计速度 100km/h,在两种不同设计标准之间,利用 K944 + 220 前后分离式路基与整体式路基之间的转换,完成两种设计标准之间的过渡。

2.4 改扩建方案

根据沿线建设条件、原有高速公路技术状况和交通量预测情况,分段采用不同的拓宽改造模式。原有高速公路黎城盆地、长治盆地路段地形条件相对较好,线形指标较高,采用两侧加宽方式实施,其中黎城北枢纽互通至黎城西枢纽互通段为本项目、东纵线和第八横线的共线路段,远期交通量大,按8车道标准建设,其余按6车道标准建设;原有高速公路存在的两段长陡纵坡段即东阳关段和浊漳河至牛王垴段,新建一幅3车道作为长治至邯郸下坡方向的行车道,原有高速公路作为邯郸至长治上坡方向的行车道(4车道),改善了下坡方向的平均纵坡、消除了安全隐患,同时通过增加上坡方向的车道数,解决了通行能力不足问题。结合国内拓宽经验,提出了以下几种拓宽方案进行研究。

(1)单侧加宽方案

单侧加宽方案主要考虑现有道路一侧有大型的构造物、连续深挖方、连续高填方等或其他不可移动的控制因素而考虑的一种拓宽方式。单侧加宽方案根据拼接后路基横断面的组成形式可分为单侧直接加宽和单侧间接加宽。

①单侧直接加宽

该方案是现有道路一侧不动,拆除移动中央分隔带,为不动一侧留出3车道半幅标准断面宽度,另一侧向外拓宽至标准宽度,如图2.1所示。

该加宽方式的主要优点是道路一侧路基不动,路基向相对有加宽条件一侧拓宽。缺点是原路基为双向横坡,要调整为单向横坡,路面浪费较为严重;桥梁构造物处中央分隔带连接加固改为行车道技术难度大,横坡调整难度大;中央分隔带需要改造为路面,对相邻一侧车道通行影响较大,尤其是中央分隔带下的相应埋覆式设施拆移工作量大,且对现有路正常管理干扰较大;沿线设施、互通立交及服务设施需做大规模的调整。

②单侧间接加宽

方案是为避免上述①方案中桥梁中分带连接加固技术难度大而提出的对桥梁较密集段落的加宽方案,如图2.2所示。

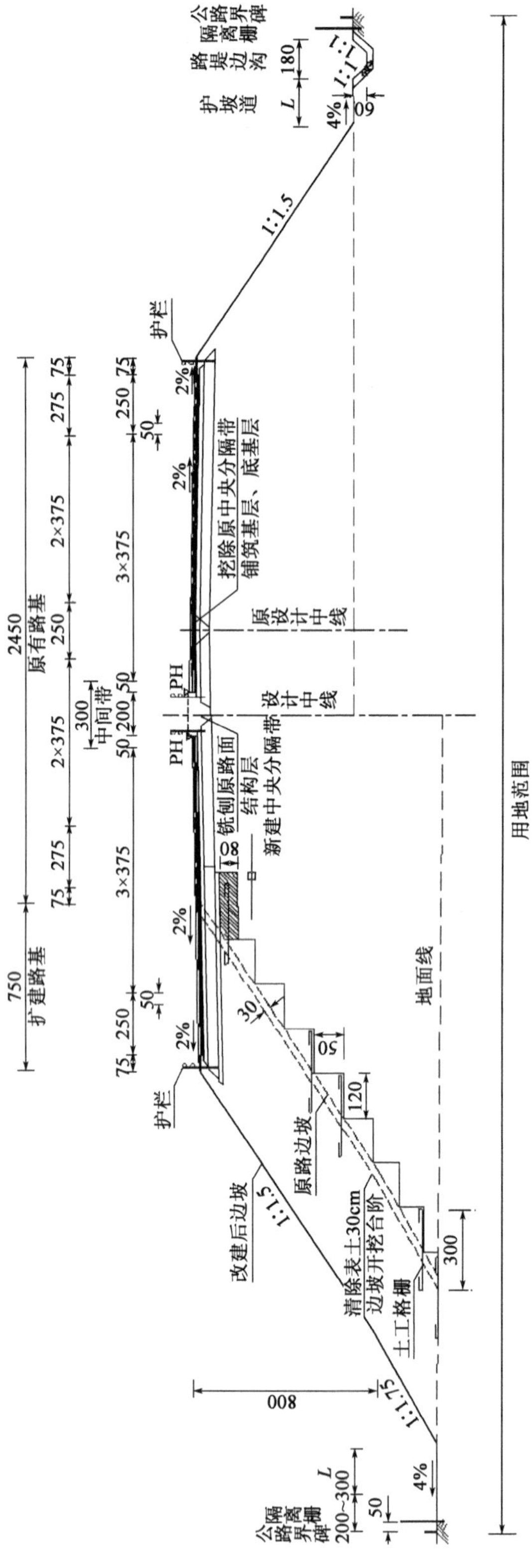

图 2.1　路基单侧直接加宽方案(尺寸单位：cm)

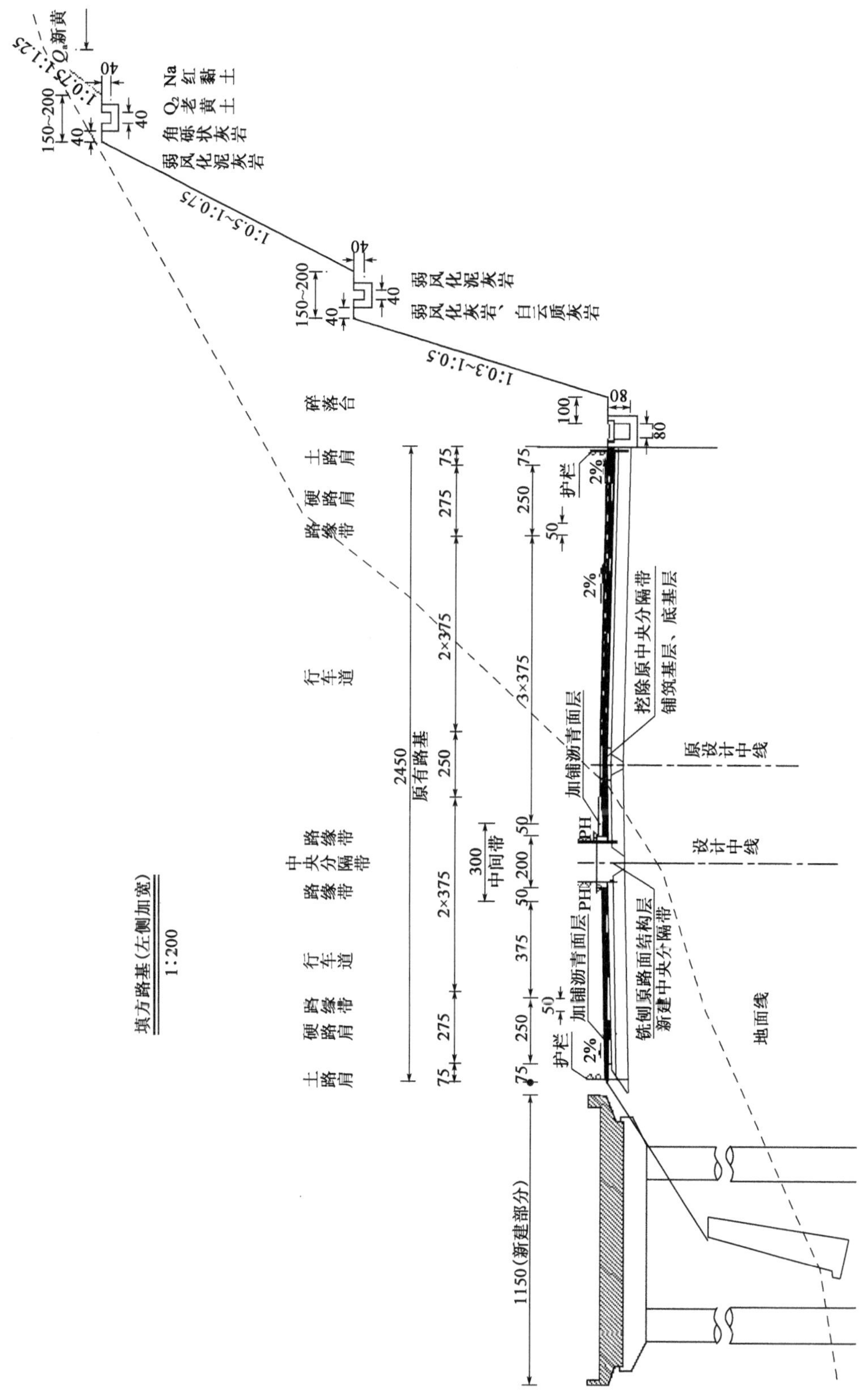

图 2.2 路基单侧间接加宽方案(尺寸单位：cm)

该方案是现有道路一侧不动，拆除移动中央分隔带，为不动一侧留出 3 车道半幅标准断面宽度，其余宽度设置为另一侧的一个小车车道、硬路肩和土路肩，再在现有道路外侧分离设置其余两个车道和相应的硬路肩、土路肩，分离的距离应尽量小，以保证行驶轨迹连续平顺。

此方案优点是解决半填半挖路段加宽，尤其是采用半桥形式加宽，避免新旧路基接缝或路桥接缝落在行车道或行车道接缝上，此种加宽方式对现有道路通行影响小于①方案，加宽侧桥梁独立建设，避免了桥梁与路基之间的不均匀沉降，缺点是现有的路基宽度没有充分利用，由于多设置一处硬路肩和一处土路肩，所以改造后路基总宽较大。

单侧加宽方案适用于现有道路另一侧没有加宽空间的路段，①方案适用于路基段，②方案适用于桥梁密集段和半桥半路段。

(2)两侧加宽方案

该方案在保持现有道路平纵面不变的基础上，在现有道路两侧行车道边缘直接拼接一个车道，加宽后形成标准的双向 6 车道断面，如图 2.3 所示。

该方案主要特点是现有道路平纵面不需改动，可充分利用现有道路资源，新增用地少，桥涵、互通立交、沿线设施等既有工程改造量最小，总体建设规模小。路基整齐美观，行车道相互连接，道路整体通行能力强。不足之处是路基、桥涵构造物需要两侧拼接处理，在施工拼接时现有道路通行有一定影响，需要通过合理的交通保畅设计方案来解决。该方案是目前国内外高速公路拓宽改造采用较多的方法，工程实例较多。

(3)单侧分离新建方案

单侧分离新建方案是基于以下三种情况提出：

①需要改善路线平纵指标，尤其是重车下行方向；

黎城至长治高速公路是晋东南煤炭公路外运河北、山东方向的主要通道，其中运煤车占交通量的 70% 以上，主要为 5 轴载重 55t 的重车。本项目 2002 年建成通车，1999 年完成的施工图设计，按当时的设计理念，经济指标在方案比选中占据主导地位，如何节省工程量是优化设计的主要考虑因素，所以出现了前述的长大下坡接小半径曲线不利组合。频发的事故警示我们，合理运用技术指标是建设安全、和谐高速公路的重要前提。此次改造需对洗寺岭到浊漳河重车下行段右幅(长治至邯郸方向)平纵指标予以改善。

②现有道路单侧或两侧加宽难度较大。

起点到东阳关段(K904 + 113 ~ K910 + 572)路线沿东阳关沟谷南岸布线，北岸是老 G309，沟中间是新 G309，南岸地形较北岸陡峻，原长邯高速在此段是上挖下挡，工程浩大，如此复杂地形单侧或两侧加宽难度均较大。

③隧道路段

单侧分离新建方案是将现有道路四车道保留给一个方向使用，在距现有道路一定距离范围内选择有利地形，平纵面完全分离新建 3 车道供另一方向行驶，如图 2.4 所示。该方案具有以下几个明显的优点：

a. 能改善路线单方向平纵线形；

b. 新建道路完全独立建设，基本不影响现有道路通行；

c. 避免与现有道路高填深挖等工程集中段的施工衔接，施工难度小。

缺点是双向为不平衡 7 车道而非标准的双向 6 车道，新增占地与工程量大。

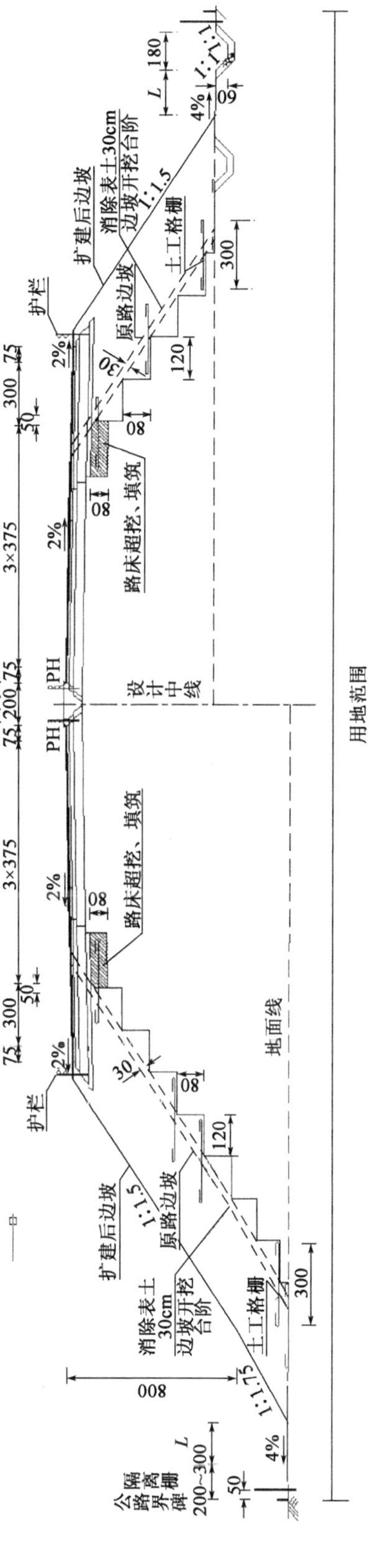

图 2.3 路基两侧加宽方案(尺寸单位：cm)

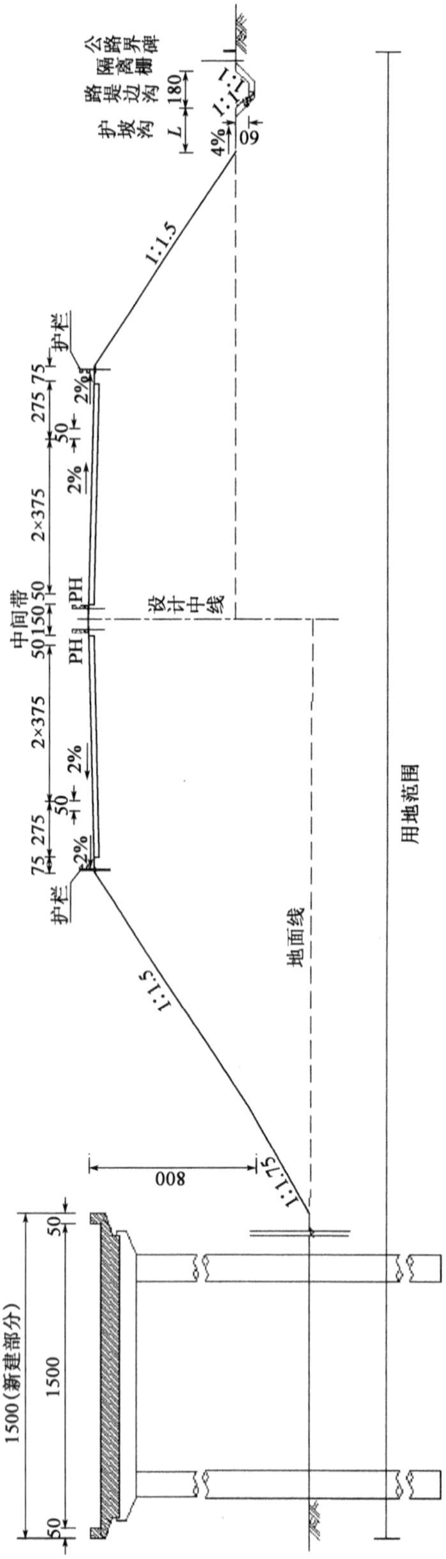

图 2.4 路基单侧分离新建方案(尺寸单位：cm)

借鉴沪宁、沈大等高速公路改扩建经验，结合本项目现有道路两侧地形就本项目而言，4车道改6车道，平原区和盆地区和一般情况下最适宜的加宽方式是两侧加宽，对于沿沟谷布线的东阳关段和洗寺岭至牛王垴段则适宜单侧加宽或分离，可以避免扰动一连续较长的石质挖方边坡或高填路基。

单侧加宽与两侧加宽方式变换要通过曲线来顺接，既加大了施工难度，也不利于施工期间的保通，所以不宜就某单个工程或局部路段频繁变换加宽方式，而是要考虑其连续性和整体性。

(4)石质挖方非标准断面加宽

本项目有两段路线处于基岩中低山区，存在大量的石质深挖方边坡，如图2.5所示，这些石质边坡岩性一般为灰岩、白云岩，岩质坚硬，原边坡采用光面爆破施工，坡面平整，坡率在1:0.3～1:0.5之间，边坡稳定。石质边坡拓宽施工难度极大，对维持现有道路通行影响也非常大，所以对石质挖方提出了非标准断面加宽，即中线不变，利用原硬路肩和碎落台宽度作为行车道宽度，不设置硬路肩，土路肩宽度25cm，维持原石质边坡不动，如图2.6所示。拓宽出3个标准车道后，剩余宽度设土路肩25cm和路堑边沟80cm。

图2.5　挖方高边坡

非标准断面加宽的优点显而易见，但由于侵占了硬路肩，故障车辆无法紧急停车，必须行驶至标准断面的硬路肩处停车，会对其他行车道上的车辆造成影响；没有碎落台，车辆与边坡间的侧向余宽仅1m左右，高陡的挖方边坡会给行驶在外侧车道上的驾驶员以压迫感和危险的感觉，不利于行车安全；在弯道上，也可能造成视距不满足要求。所以，非标准断面应慎重采用，本次研究只将非标准断面作为比较方案。

(5)隧道扩建形式

本项目既有隧道分别为东阳关隧道(K909+457～K909+917长460m、ZK909+515～ZK909+905长390m)和牛王垴隧道(K940+958～K941+700长742m、ZK941+038～ZK941+698长660m)。隧道为分离式双洞4车道。

国内高速公路该扩建，隧道大都采用分离新建方案，即右幅或左幅分离新建三车道隧道，该方案施工简单，对运营交通无干扰，如图2.7所示。

本项目隧道地质条件较好，本次研究提出对既有双车道隧道进行单侧扩挖或双侧扩挖的扩建方案。即拆除整个或部分旧拱圈，扩挖后再修筑新拱圈，如图2.8所示。

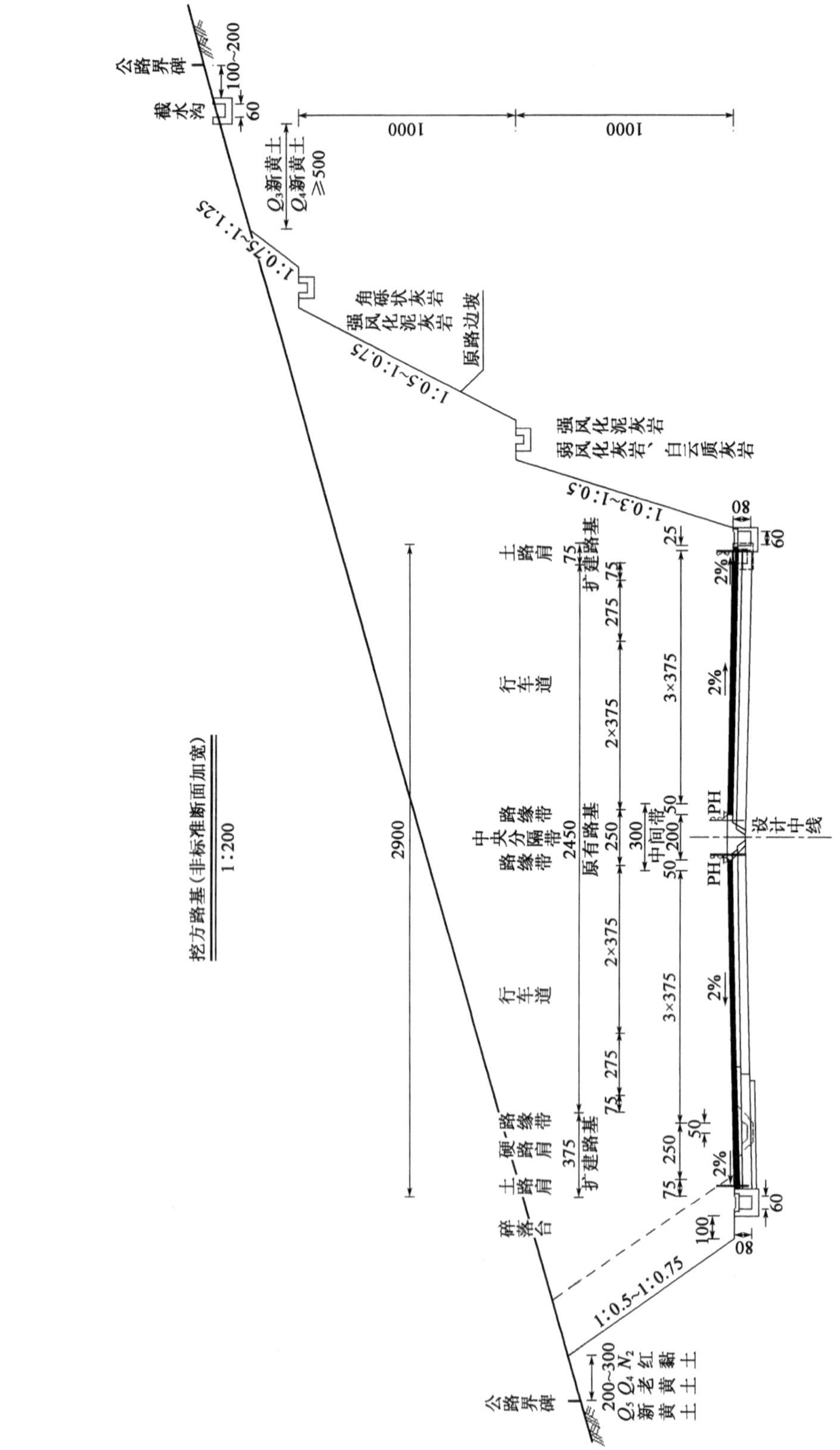

图 2.6　石质挖方非标准断面加宽方案(尺寸单位：mm)

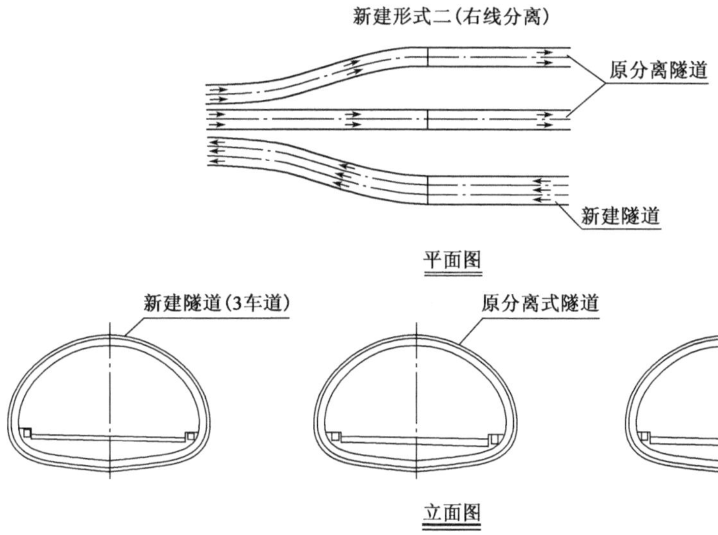

图 2.7 分离新建三车道隧道方案

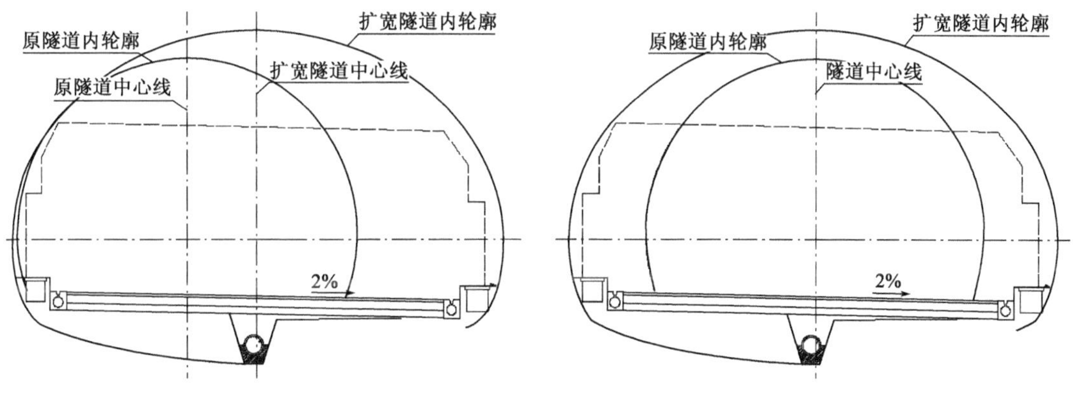

图 2.8 隧道扩挖方案

该方案最不利因素是对运营交通的干扰,施工衬砌拆除、爆破作业难度较大,尤其是原隧道施工期间出现大塌方地段、不良地质地段以及出现渗漏水与开裂地段。

既有隧道扩挖方案,投资较新建 3 车道隧道方案大,施工难度大,对运营交通存在干扰,综合考虑推荐采用分离新建 3 车道隧道方案。

2.5 施工图路线方案优化情况

施工图设计阶段路线基本采用初步设计推荐方案,根据现场地形及工点设置情况对初步设计路线方案进行了适当优化、调整,尽量减少路基高填及深挖工程、调整平纵线形缩短桥长,通过以上措施降低工程造价,节约投资,并注意保护环境,同时注意线形连续,指标均衡,平纵组合得当。

(1)Z1K733 +000 ~ Z1K734 +900(BK904 ~ BK906)段:该段线位的优化主要是考虑到该段落内挖方数量较大,挖方边坡较高,且弃方困难,施工图设计阶段根据初步设计批复意见将该段平面线位向山下移动约 40m，充分优化平纵面设计，最大挖方边坡高度从 42.8m 降至 26.3m，挖方量减少 17.4 万方；缺点是线位向下湾村中心移动，对村庄干扰相对增大。

(2)Z1K735 + 500 ~ Z1K739 + 600(BK906 + 600 ~ BK911 + 700)段：该段施工图方案的优化主要是对初步设计东阳关特长隧道线形的优化，原初步设计方案在特长隧道中采用了三个交点，车辆行驶方向的隧道出口位于半径 1000m 与半径 900m“S”形搭接的圆曲线上，隧道中段设置一个 2500m 的半径，隧道进口位于 1500m 半径的圆曲线上，故而整个特长隧道呈大“S”形。施工图设计阶段考虑到特长隧道宜采用直线或大半径曲线，对初步设计该段线形进行了优化，在车辆行驶方向的隧道出口处减少一个交点，采用直线，同时将上湾隧道处圆曲线半径由 900m 调整至 1000m，为避开对既有隧道的影响，在隧道中段采用了 5000m 的大半径圆曲线，隧道进口处圆曲线半径由 1500m 调整至 1700m。

施工图方案极大地改善了东阳关特长隧道的平面线形，更有利于行车安全。路线总长度较初设线位减短 70.5m，上湾隧道长度不变，东阳关隧道由 3255m 增长至 3360m，增长了 105m。施工图方案 G309 改路自东阳关隧道顶部通过，优化掉初步设计改路方案 5 × 30m (24.5m宽)的上湾分离式立交。总体工程量相差不大。

(3)BK910 ~ BK913 段：在施工图阶段按照审查意见上抬了纵断高程，减少了挖方量。

(4)G5K933 ~ G5K935 段：按照审查意见对纵断进行了调整，减少了工程量。

(5)G5K941 ~ G5K943 段：在施工图阶段按照审查意见将线位适当左移，减少了挖方量。

2.6 交通安全设施设计

2.6.1 交通安全设施设计内容

交通安全设施是高速公路不可缺少的基本设施，它对发挥高速公路的效能，预防和减少交通事故的发生，起到十分重要的作用。为保证长邯高速公路的安全畅通和良好运营，针对该路段的道路特点和当地的地理、气候、环境，以及考虑到公路建设资金的合理利用等因素，安全设施设计共包括以下内容：

原有高速公路安全设施的设置情况、拆除及利用情况。主动引导车流的标志标线系统(标志、标线、反光突起路标、轮廓标)，被动安全防护系统(波形梁钢护栏)，隔离设施(隔离栅、防落物网、防眩设施)等。

2.6.2 设计方案

安全设施设计等级为 A 级。设计规模与公路主体相匹配。

安全设施系统设计包括标志、标线，护栏、隔离栅、防落物网、防眩设施及视线诱导设施等。

(1)交通标志

根据《公路交通标志和标线设置规范》(JTG D82—2009)，参考《国家高速公路网相关标志更换工作实施技术指南》，设置完善的交通标志，以便驾驶人员能获得准确、及时的交通信息。

(2)标线

根据《道路交通标志和标线》(GB 5768—2009)，标准路段标线由车行道边缘线(宽

20cm）和车行道分界线（宽15cm）组成；各立交出入口设出入口标线、匝道标线等；长下坡路段、收费广场处设置减速标线。配合标志布设情况设置车距确认标线等。

突起反光路标，在全线车行道边缘线的外侧设置突起反光路标。隧道内反光突起路标为双面反光。设置间距为：主线15m，匝道弯道段6m，直线段10m，隧道内6m。

（3）护栏

护栏是主要的安全防护设施，是一种"被动"的防护措施。根据"预防、容错、防护"的顺序，在采取防护措施之前，应先考虑"预防、容错"的可能。按照宽容的设计理念进行护栏的布设。在路侧设置波形梁钢护栏，局部挡墙或桥梁设置混凝土护栏，根据《公路交通安全设施设计细则》（JTG/T D81—2006）进行护栏布设。中央连续设置波形梁钢护栏，每2km左右有一活动开口，在活动开口处设置活动护栏。

（4）隔离设施

本高速公路实行全线控制出入口。一般路段采用刺钢丝隔离栅，配合种植绿篱。在服务区及立交范围采用镀塑焊接网隔离栅。

（5）防眩设施，防落物网等

一般路段采用植物防眩，大、中、小桥上采用玻璃钢防眩板，颜色为绿色。分离式路基桥梁相距9m，或高差相差2m以上时，不设防眩设施。在沿线主线下穿的立交桥设置安全防护网。另外在主线上跨，被交道为铁路或二级以上公路的桥梁设置安全防护网。视线诱导设施，防撞设施及其他安全设施依据规范进行设计。

2.6.3 交通标志

（1）设计理念

合理选择信息，设计遵循"安全、环保、舒适、和谐""以人为本，以车为本，安全至上"的设计理念，以完全不熟悉本高速公路及其周围路网体系的外地驾驶员为设计对象，标志的版面设计以驾驶人员按设计速度行驶时能及时辨认标志信息为基本原则，同时力求使版面美观、醒目；坚持"降低造价，节约资源，保护环境"的原则，标志的结构设计在"充分满足功能要求、尽量降低造价并适当考虑美观"的前提下，注意与监控、通信、收费、环境等其他沿线设施系统的协调配合；老路完全利用段标志尽量利用现有标志。

（2）布设原则

标志设置以《道路交通标志和标线》（GB 5768—2009）为基础，参照《国家高速公路网命名和编号规则》和《国家高速公路网相关标志更换工作实施技术指南》《公路交通标志和标线设置规范》（JTG D82—2009），根据本路的需要进行设置，尽量做到各类标志完善；在不影响功能的情况下，尽可能均衡布设，避免信息过载或信息不全的现象。在交通标志的布设上主要遵循以下总体原则。

①全段各类型标志统一布局，前后协调，考虑长邯高速及沿线互通的被交路情况，使之形成整体系统，真正实现高速公路快捷的作用；

②及时为驾驶员提供准确信息，重要信息要重复提示多级预告，同时避免提供过多信息，分散驾驶员注意力；

③设置必要的禁令、警告、指示标志，保证行车安全；

④在标志布设中，注意与监控、收费、环境等其他沿线设施的协调配合；

⑤原则上在路基右侧设置各类标志，但本项目（4+3车道）改建模式，原路4车道由原双向行驶改为单向行驶，在道路左侧对称设置标志，以提供完善的道路信息。

(3)交通标志的综合利用

高速公路改造工程中，原有高速公路已经设置有较为完善的交通标志系统，现有道路两侧加宽段路基拼宽时需要拆除原有高速公路所有标志牌，路基加宽后需重新设置标志。老路完善利用段由于双向行车变为单向行车，老路右侧标志2010年7月进行完国高网标志更换工作，因需可以完善利用；但其左侧标志需拆除后重新按右侧对称设置。对于标志的综合利用方案如下。

①老路完全利用段原有标志基本符合《道路交通标志和标线》（GB 5768—2009）的规定，本着节约的原则对其完善利用。

②现有道路交通标志的拆除，考虑现有高速公路已营运8年，路面及标志施工时其已运营至10年，再者道路施工期间需要一定的临时标志，将其加工为临时标志，重新制作新标志。

③本项目扩建后分别有8.587km、15.72km为单幅分离新建，对应老路及分离新建均为单向通行，且平面距离较远。而在道路发生紧急情况或养护维修作业时，存在单向通行的可能。该两段设计速度均为80km/h，施工期间高速公路设置的临时标志按字高50cm考虑，可以满足对应设计速度的字高要求。建议施工完成后将其回收，以备上述两段为单向通行时的临时标志。体现集约节约的原则。

2.6.4 交通标线

标线可确保车流分道行驶，导流交通行驶方向，指引车辆在汇合和分流前驶入合适的车道，加强行驶纪律和秩序，减少事故。根据本路实际情况，确定以下标线设计原则：

(1)车道边缘线为宽度20cm的实线，车道分界线的宽度为15cm，为6m画线9m空的“6-9”线。

(2)互通立交匝道及连接线的车道分界线为4m画线6m空的“4-6”线，宽度为15cm。互通立交匝道及连接线的车道边缘线均为实线，宽度为15cm。

(3)在匝道出入口的三角段设置斑马线（宽45cm），并在出口迎向车流方向的三角端处设置防撞设施。

(4)在收费岛岛头设置导流标线。

(5)ETC收费道采用专用黄色实线及纵向减速标线。

(6)被交道路平交道口设置渠化标线和减速让行标线、人行横道标线。

(7)在互通立交加速车道终点前及减速车道起点前分别设置导向箭头，用以指导车辆转换车道。

(8)隧道路段及出入口前后50m，车道分界线采用白色实线禁止超车；隧道入口侧壁设置立面标记；洞口设置彩色薄层防滑铺装。

(9)在长度大于1km桥梁外侧车道边缘线采用振动标线。

(10)在下陡坡、连续长下坡危险路段适当位置设置减速标线。

(11)立面标记设置天桥和立交跨线桥时设在主线中央分隔带的桥墩和其相邻的桥墩（台），在迎车方向一侧进行立面标记的涂装。

(12)在隧道入口两侧及桥梁中墩处设置立面标记。

(13)在隧道入口、避险车道入口三角端、收费岛头设置防撞桶。

综合比较各类标线性能,溶剂型标线成膜薄,寿命太短,水性型标线干结时间影响因素较多,成膜后的耐水性差,遇水易脱落,通过以上对比以及考虑本项目的地理位置,设计推荐采用热熔标线涂料,并掺有玻璃珠,其材料及配比应符合 JT/T 280—2004《路面标线涂料》的规定。

为了提高标线的视认性,在隧道内车行道边缘线及分界线上布设双面突起反光路标,突起路标的设置间距为 15m 或 6m。

防撞桶为聚乙烯一次成型材料,桶身为黄色,外贴红白相间二级反光膜。桶装细砂要求干燥无杂质。防撞桶材料应符合《公路防撞桶》(JT/T 596—2004)的规定。反光膜应符合《公路交通标志反光膜》(GB/T 18833—2002)的规定。

突起路标壳体采用铝合金材料,反光元件为棱镜,突起路标的色度性能、逆反射特性、机械性能、耐候性能、耐盐雾及腐蚀性能均应符合《突起路标》(JT/T 390—1999)的规定。

2.6.5 安全护栏

(1)设置原则

护栏的设置应满足以下功能要求:防止失控车辆越过中央分隔带或在路侧比较危险的路段冲出路基,不致发生二次事故;吸收能量,减轻事故车辆及人员的损伤程度;诱导视线,美化道路;根据以上要求,并结合本路的实际情况,本路护栏按照以下原则进行布设。

①中央分隔带连续设置 Am 级波形梁护栏;在中央分隔带开口处设置插拔式活动护栏。

②特大桥、大桥、中桥的路侧设置钢筋混凝土护栏。

③路侧填方 $H<3$m 路段,原则不设置护栏,如需设置,采用 A 级普通型波形梁护栏,立柱间距为 4m。

④路侧填方 $3\leqslant H<8$m 路段,采用 A 级加强型波形梁护栏,立柱间距为 2m。

⑤路侧填方 $8\leqslant H<16$m 路段,采用 SB 级三波形梁护栏,立柱间距为 2m。

⑥路侧填方 $H\geqslant16$m 及挡墙路段,采用钢筋混凝土护栏。

⑦在互通立交双向匝道根据中央分隔带宽度设置钢立柱护栏。

(2)护栏结构设计

①护栏采用有防阻块的波形梁钢板护栏。

②明涵、通道、小桥钢护栏采用预埋套筒结构。

③护栏螺栓采用防盗型螺栓,建议护栏安装、线形调整完成后进行点焊螺栓处理。

④护栏材料材质、厚度、防腐处理(热浸镀锌)等必须满足规范要求。

(3)活动护栏

推荐采用新型钢管预应力索防撞活动护栏。

(4)现有高速公路护栏综合利用方案

现有高速公路路侧及中央分隔带设有钢筋混凝土和波型梁护栏两种护栏,一般路段及明涵通道段设置波型梁钢护栏,桥梁段设置钢筋混凝土护栏。

桥梁 F 型混凝土护栏高度为 81cm(路面铺装层以上),护栏防护等级相当于 A 级。桥梁护栏的高度不满足现行的《公路安全设施设计规范》(JTG D81—2006)的要求。

波形梁钢护栏面板均为二波钢板,钢管立柱。路侧一般路段采用 A 型护栏(立柱间距为 4m),跨线桥、高填路堤、高挡墙段采用 S 型护栏(立柱间距为 2m)。E 型护栏立柱埋入土中 110cm,B 型护栏嵌入桥涵 80cm。中央分隔带设置有分设式波形梁护栏(桥梁段设有 F 型混凝土护栏),一般路段为 Am 级护栏,在中央分隔带开口端部各 15m 范围内设置 Sm 级护栏。互通立交及服务区大鼻端均未设护栏三角地带护栏均设置防撞垫及防撞桶。钢护栏立柱高度埋置深度不满足《公路交通安全设施设计规范》(JTG D81—2006)的要求。

本次拓建拼宽段按照规范重新设置护栏。老路完全利用段的中央分隔带护栏继续采用原护栏,板面及立柱外露部分重新进行防诱处理和外部喷漆。路侧护栏因立柱埋深不足、部分高填方仍采用普通 E 型护栏,原则上全部重新更换。

2.6.6 隔离栅

(1)设置原则

隔离栅的主要作用是将公路用地隔离出来,同时将可能影响交通安全的人和畜等与高速公路分离开来,保证高速公路的正常运营。隔离栅设置在公路地界线以内 30cm 处,在遇到桥梁、通道或天然障碍物时断开封死,不留有人、畜进入的空隙,如遇到小涵洞或小障碍物时,隔离栅则直接跨过。

(2)结构类型

隔离栅是保证高速公路行车安全的一种有效设施。其牢固性、美观性以及易维修性等各项指标已经越来越受到广大使用者的重视。目前已经竣工通车的高速公路,时常出现由于隔离栅强度较差而被盗,不仅给管理者造成经济上的损失,而且给驾驶员安全行车带来不利的影响。因此隔离栅形式的选择以牢固性为重点,兼顾其美观性及易维修性。

综合考虑实用性、经济性、美观性和耐腐蚀性,设计中采用浸塑焊接网和刺铁丝两种形式的隔离栅。在互通立交、服务区、停车区、主线收费站范围内采用镀塑隔离栅,在其他路段采用刺铁丝隔离栅。

焊接网隔离栅由立柱、网片、斜撑柱及紧固件等组成。每一卷焊接网的长度为 25m,可根据实际情况随意剪裁,这样可以使隔离栅能够在保证连续性的同时,仍能够很好地与地面形状相配合。焊接网的立柱间距为 3.0m,每隔 30m 设置一个端头立柱,并配合设置两个斜撑柱。网片与立柱之间及网片与网片之间均采用不锈钢卡子进行连接,安装非常方便迅速。螺栓、螺母、垫圈等紧固件采用热浸镀锌处理,其他所有钢构件均先进行热浸镀锌处理后再进行浸塑处理。

刺铁丝隔离栅的立柱为型钢,刺铁丝采用 12 号刺铁丝。隔离栅的立柱间距为 2.5m。所有钢构件均应进行热浸镀锌处理。隔离栅基础为 C20 混凝土。

(3)现有道路隔离栅综合利用

原有高速公路完全利用段除已损坏的隔离栅进行修补外,其余全部利用。双侧拼宽段重新设置。

2.6.7 防眩设施

(1)防眩设施的作用

防眩设施安装在高速公路中央分隔带上,用来防止和减少对向车辆前照灯对驾驶员眼睛所产生的眩光。在交通量较大时,安装防眩设施,能有效地防止和减少眩光,对改善高速公路夜间行车条件,降低夜间的事故率和事故严重程度是非常有意义的。

(2)形式选择

高速公路上使用的防眩设施主要有植树、防眩网和防眩板。对这三种防眩设施进行了综合比较。植树防眩美观、景观效果好。对于防眩网来说,由于其防眩效果较差,施工困难,景观效果不好,加上交通量较大时,眩光问题必然非常突出,所以也不推荐采用防眩网形式。防眩板能有效防止和减少对向车辆前照灯所产生的眩光。本项目高速公路沿线所经地区属于干旱少雨地区,防眩板比植树防眩经济性好,并且养护工作量少。所以本项目防眩型式推荐采用防眩板。

(3)防眩板的设置

现有高速公路在桥梁、小半径曲线段中央分隔带设置了钢筋混凝土护栏的路段,设置了PVC防眩板,防眩板高度为0.8m,宽度20cm,间距为1m,可满足相关规范和设计细则的要求。本次仅对其进行修补,仅在分离路基较近段进行增设。

2.6.8 桥梁防落网

桥上设置安全防落网的目的,其一是为了防止在上跨桥(主线下穿)上通行的车辆或其载物落入高速公路;其二是在沿线设有人行通道的桥梁上,为了防止行人进入高速公路。因此,在沿线主线下穿的立交天桥桥梁两侧均设置安全防落网。当主线上跨且被交道路为二级及二级以上公路或铁路时,在主线桥两侧设置防落网。桥梁防落网采用焊接网,沿跨线桥两侧纵向连续设置。老路完全利用段为防落网进行修补;拼宽及新建桥梁重新增设防落网。

2.6.9 视线诱导标

视线诱导标,主要借用标线、护栏进行视线诱导,另外采用轮廓标和线形诱导标志,隧道内灯光也可作为视线诱导设施。

(1)轮廓标

国外研究表明,道路交通事故1/3发生在夜间,而重大交通事故则有1/2发生在夜间。对沿线无照明设施的高速公路而言(高速公路若设照明,事故率将下降40% ~60%),利用汽车前照灯提供沿线交通信息是最为有效的措施。轮廓标依靠其独特的反光性能,得以在夜间提供给道路使用者以清晰的道路边缘轮廓,避免发生车辆越出路外事故。

钢护栏上设栏式(附着式)轮廓标,桥梁护栏上设附着式轮廓标。主线轮廓标设置间距直线段为50m,曲线段为30m,隧道内轮廓标设置间距为8m,立交匝道轮廓标设置间距根据曲线半径确定。顺着行车方向,主线轮廓标颜色为左黄右白,连接线轮廓标颜色为左白右白。

(2)线形诱导标志

高速公路对主线平曲线半径小于700m的路段及各立交出口匝道上均设置一定数量的线形诱导标。线形诱导标采用绿底白图案,高强级反光膜。

2.6.10 防撞设施

互通立交出口采用防撞垫及防撞桶。收费站岛头,隧道入洞口右壁墙等处采用防撞桶,天桥桥墩、门架标志及大型可变情报板立柱等设置护栏进行保护。

2.6.11 里程标、百米标

里程标志布设在整公里处,百米标布设在两个里程标间的整百米处,里程标和百米标均设置于路侧。

根据设置位置的不同,里程标采用了三种类型,分别适用于路基段、小桥波形梁护栏路段、混凝土护栏段和隧道内;百米标采用了三种类型,分别适用于波形梁护栏和柱式轮廓标段、混凝土护栏和隧道段。里程标采用类似标志的结构,标志板采用 3mm 厚 LF2-M(5A02)铝合金板制成,通过抱箍和立柱相连。反光膜的颜色为绿底白字,数字和底衬均为二级(高强级)反光膜。百米标采用直接贴膜或圆形钢片焊接钢板的结构。反光膜的颜色为上半部分白底绿字,下半部分绿底白字。里程标基础采用 C25 钢筋混凝土。

2.6.12 公路界碑

公路界碑是标明公路用地范围的一种设施,沿征地线设置,普通路段设置间距为 200m,在公路用地突变点处增设一处。公路界碑为钢筋混凝土结构,采用 C25 混凝土,总高 1.2m,地上部分四面均应刻有“公路界”三个凹字。

2.6.13 其他安全设施

其他设施设计依据国标及相关规范执行,根据实际路况及可能,在施工图阶段可增设弹性警示柱等其他安全设施。

2.6.14 重点路段安全设施设计

(1)长距离连续下坡

本项目改建后,单幅分离新建侧牛王垴至浊漳河存在 14.237km、东阳关至河北境存在 10.091km 长距离连续下坡,设置限速标志、减速标线、连续下坡标志(多次提示)、大型车靠右标志等,增加提示警示作用,规范交通。

(2)车道变化路段

改扩建完成后 K928 +500 ~ K929 +000 将由双向整体式路基过渡为现有 4 车道高速公路 + 分离新建 3 车道(双向 8 车道变为双向 7 车道,邯郸至长治方向由单幅 4 车道过渡为 2 + 2 模式,单向由现有高速公路中央分隔带行驶);K911 +700 ~ K912 +400、K942 +950 ~ K944 +400 将由现有 4 车道高速公路 + 分离新建 3 车道(双向车道 7 车道过渡为双向 6 车道,2 +2 模式即单向由现有高速公路中央分隔带行驶合并为单向 3 车道行驶);K957 +140 ~ K657 +670 为本项目终点,由双向 6 车道过渡为双向 4 车道。上述路段因车道数发生变化或单向行车模式变化,需重点加强安全设施设计,引导车辆安全行驶。K928 +500 ~ K929 +000 段长治至邯郸方向由单向 3 车道过渡为单向 4 车道。

①由 2 +2 模式过渡为单向 3 车道

该种模式由于单向车道数由四个过渡为三个,同时由现有高速公路中央分隔带位置合并,需加强相应路段的安全设施设计,本次设计通过加强标志提醒、增加地面文字标记、设置相应隔离设施的措施处理。

在车道变化基准点前300～600m处设置两组道路变窄提示标志，在车道合并之前设置车道减少标志；同时在行车道方向左侧置线形诱导标志；根据主线线形设计，重新设计置车道边缘线，同向车道分界线、车道边缘线，增加左转（右转）合流标线、地面文字标记；在车道边缘线处设置橡胶弹性警示柱，引导车辆安全行驶。同时根据纵坡条件（纵坡大于3%时），增设横向振动减速标线。

②单向4车道过渡为单向4车道（2+2模式）

该种横式单向由整体行驶的三个车道过渡为单向四个车道，同时由现有高速公路中央分隔带分离。车辆将由单向整体行驶过渡为单向分离行驶，且由中央分隔带分离，对于路线不熟悉的车辆，在该段有个对路线的判断过程，容易发生交通事故。本次设计，通过加强标志提醒、增加地面文字标记、设置相应隔离设施的措施处理。

在车道变化基准点前300～600m处设置两组车辆分离行驶标志，配合大型货车靠右行驶标志；同时在行车道方向左侧设置线形诱导标志；根据主线线形设计，重新设计车道边缘线、同向车道分界线、车道边缘线，增加左转（右转）合流标线、地面文字标记；在车道边缘线处设置橡胶弹性警示柱，引导车辆安全行驶。

③双向6车道过渡为双向4车道

该段位于路线终点受长治北互通长治往太原方向匝道加速车道影响，同时需设置高速公路命名及行驶方向、限速标志等。在K957+500（终点前170m）设置道路变窄标志一组，同时在车道增加基准点前，设置车道减少标志，同时设置左转合流标线、五组横向振动减速标线。在K957+760左侧大里程方向，在K911+700左侧大里程方向，车道增加基准点前100m设置车道增加标志。

2.7 主要技术指标

本项目主要技术指标见表2.1。

主要技术指标表 表2.1

序号	指标名称	单位	K733+000～K773+100		K773+100～K786+526
			邯郸至长治方向	长治至邯郸方向	
1	公路等级	级	高速公路		
2	计算行车速度	km/h	80		100
3	路线长度	km	40.100	41.949	13.426
4	交点总数	个	38	27	8
5	平均每公里交点数	个	0.948	0.644	0.596
6	平曲线最小半径	m/处	614.500	690.941/1	737.267/1
7	曲线间最小距离（同向/反向）	m	480.846/159.793	482.438/229.963	752.986/257.425

续上表

<table>
<tr><th rowspan="2">序号</th><th colspan="2" rowspan="2">指 标 名 称</th><th rowspan="2">单位</th><th colspan="2">K733 +000 ~ K773 +100</th><th rowspan="2">K773 +100 ~ K786 +526</th></tr>
<tr><th>邯郸至长治方向</th><th>长治至邯郸方向</th></tr>
<tr><td>8</td><td colspan="2">最大直线长度</td><td>m</td><td>1512.615</td><td>1734.284</td><td>2997.345</td></tr>
<tr><td>9</td><td colspan="2">平曲线总长</td><td>m</td><td>28131.395</td><td>28643.815</td><td>6624.240</td></tr>
<tr><td>10</td><td colspan="2">平曲线占路线总长</td><td>%</td><td>70.153</td><td>68.282</td><td>49.339</td></tr>
<tr><td>11</td><td colspan="2">变坡点个数</td><td>个</td><td>81</td><td>63</td><td>26</td></tr>
<tr><td>12</td><td colspan="2">平均每公里纵坡变更次数</td><td>次</td><td>2.020</td><td>1.502</td><td>1.937</td></tr>
<tr><td>13</td><td colspan="2">最大纵坡</td><td>%/处</td><td>5/3</td><td>4.109/1</td><td>3.788/1</td></tr>
<tr><td>14</td><td colspan="2">最短坡长</td><td>m</td><td>200</td><td>203</td><td>260</td></tr>
<tr><td>15</td><td colspan="2">竖曲线总长</td><td>m</td><td>21712.864</td><td>20195.875</td><td>9168.033</td></tr>
<tr><td>16</td><td colspan="2">竖曲线占路线总长</td><td>%</td><td>54.147</td><td>48.144</td><td>68.286</td></tr>
<tr><td rowspan="2">17</td><td rowspan="2">竖曲线最小半径</td><td>凸形</td><td>m</td><td>5998.930/1</td><td>6000.000/1</td><td>7700.869/1</td></tr>
<tr><td>凹形</td><td>m</td><td>5195/1</td><td>5225.000/1</td><td>5064.032/1</td></tr>
</table>

2.8 小结

本章对路线的设计情况进行了总结，根据项目特点，提出了路线的总体设计原则以及平、纵面技术指标的确定方法；对本项目中道路拓宽所采用单侧加宽、双侧加宽、分离新建等改造方案进行了总结，阐述了施工图设计阶段对初步设计的优化；对本项目的交通安全设施相关设计内容进行了详细介绍。

第3章　路　　基

3.1　旧路检测评价

3.1.1　原有公路存在的主要问题及现状

长邯高速公路通车以来，没有发生较大的边坡垮塌或滑坡等路基失稳及边坡失稳现象，主要是部分填挖交界、高填及桥梁台背等出现了沉降变形。

3.1.1.1　原有公路路基现状

经过12年的运营，原有高速公路路基已经达到了稳定状态。局部路段沉降后，经过养护路面加铺修补，路基运营情况良好。现有路基防护基本良好，挖方路堑主要采用了护面墙及拱形骨架等防护措施，局部挖方骨架坍塌，主要原因是冲蚀破坏。路堤填方高度大于4m采用骨架植草防护，局部路段有冲蚀破坏，主要是菱形骨架菱形格尺寸不够合理，坡面汇水冲蚀预制混凝土截水板，造成截水板倾倒。排水设施基本完善，除勾缝砂浆有不同程度脱落外，基本良好，部分边沟出水口出现水毁及部分通道附近排水不畅等病害。

3.1.1.2　原有公路路基检测及分析

初步设计及施工图设计阶段，在原有公路路基选择典型断面布置了32个钻孔，主要沿填方段布设，在病害路段钻孔一般布设在路基病害位置，查明病害路基填料的含水率、密度、均匀性、强度、压实程度等状况；非病害路段的高填、低填、半填半挖等路段也适当布设路基钻孔，与病害段路基填料状况进行对比。钻孔深度均大于路基填土高度，并进行取样及相关土工试验，探明了路基填料类型、填土的常规物理指标（含水率、重度、液塑限等），原地表以下地基土的物理、力学指标等。

通过对旧路沿线地表岩土体的岩性调查以及对边坡上路基填料外露处的观察，结合路基钻探取样、现场坑探、土工试验资料，查明了路基填料的基本状况，旧路路基填料主要是就近取材，以邻近的挖方段开挖的土石及附近地区的残坡积土作为路基填料。路基填料含水率为16.5%～24.4%，最佳含水率12.9%～13.9%，干密度为1.65～1.73g/cm^3，路基钻孔表明填筑体多为硬塑状态，路床承载力为350kPa～400kPa，路基压实度为90%～94%。

旧路路基工后变形完成，路基基本稳定；旧路路基填料局部不均匀、密实度一般，含水率随季节周期性变化，路基与自然水分、气候环境形成了相对稳定的平衡关系。

根据养护部门提供的信息，全线除K767+950～K768+140段通车后沉降较大，近年有所减缓，其余路段路基沉陷变形已经完成。根据现场调查分析，K767+950～K768+140段主要是因为右侧弃土场压实度较差,坡面汇水从路界外弃土场下渗,水分迁移进入路堤填方体内,造成路基含水率过高,集中降雨季节路堤填土处于潮湿状态,发生了沉降变形。本次设计右侧原弃土场外围设置截水沟,拦截坡面汇水,右侧坡脚开挖深度不小于2m、边坡坡度为1:1的倒梯形边沟以加强排水。

3.1.2 原有公路排水工程的维修利用、加固、废弃情况

老路的排水设施较为完整,基本能够满足排水要求,结构完好,部分砂浆勾缝脱落,局部存在排水不畅,有淤积、堵塞,部分通道内积水。老路路堑边沟采用了高60cm、底宽60cm的梯形边沟和高和宽度均为60cm的矩形边沟,均未设盖板,碎落台侧均加高30cm,回填土后形成碎落台花坛;路堤排水沟采用高60cm、底宽60cm的梯形排水沟。中央分隔带内均铺设了防渗土工布,路线纵坡大于4%的段落设碎石渗沟。超高排水采用了中央分隔带开口明槽方式,开口间距10m,明槽宽0.5m。填方路段路肩设置了拦水带,每50m设一道急流槽,急流槽宽40cm,深40cm。

原有公路完全利用段,既有的排水设施维修后利用,根据调查设计中计列了维修加固工程数量,维修加固工程主要为局部加固及勾缝修补。两侧拼宽段原有排水设施需拆除,原沟底采用6%灰土回填,拆除的片石经处理后收集,就近用于拼宽后的圬工砌筑。

3.2 路基改扩建设计

3.2.1 填方路基设计

3.2.1.1 一般填方路基设计($H<20$m)

路基填方边坡坡率根据路基填料物理力学性质、边坡高度和地基工程地质条件确定,对于新建路段边坡高度$H<20$m的边坡坡率如下:

对于路堤边坡高度$H\leqslant 12$m时,8m以上采用1:1.5,8m以下部分采用1:1.75,采用折线坡;当边坡高度12m$<H\leqslant 20$m时,上部边坡8.0m采用1:1.5,下部边坡采用1:1.75,并在边坡高度为8m处设置1.5m的平台。对于地面横坡为1:5~1:1.25时,在原地面应开挖宽度不小于2m的台阶,并在台阶底部开挖向内侧倾斜4%的反坡。

3.2.1.2 路桥过渡路基设计

为减少构造物两侧路基产生不均匀沉降,减轻跳车现象,提高车辆行驶的舒适性,对桥梁、明涵、明通道两侧路基填筑需进行特殊处理。桥涵台背采用石灰土或开山石渣填筑,石灰土石灰掺入量为6%,压实度不低于96%。桥台顶部处理长度为$4+1.5H$,涵洞及涵式通道顶部处理长度为$2+1.5H$,路堤一侧纵向开挖台阶,台阶宽1.5m。桥台设置钢筋混凝土搭板,搭板下设置水泥稳定碎石过渡层,桥头搭板现浇时预埋ϕ25mm连接钢筋,与路面基层相连。

3.2.2 挖方路基设计

土质边坡设计根据边坡高度、土的湿度、密实度、地下水、地面水的情况、结合自然稳定山

坡和人工边坡的调查资料等因素确定。岩石挖方边坡设计综合考虑岩性、构造裂隙产状与路线关系、岩体风化程度、力学性质和开挖高度，以及地下水、地面水、既有人工边坡和自然边坡稳定状况，并兼顾地貌、土石方平衡等因素确定，本着经济合理的原则进行设计。一般挖方边坡坡率及平台宽度如下：

路堑边坡高度小于 12m 时，一坡到顶；边坡高度大于 12m 时，每 10m 分级，每级设挖方平台，平台宽 2.0m。连续土质路堑边坡最大高度小于 5m 时，考虑黄土直立性特点，为减少占地，边坡坡率采用 1:0.5，碎落台及坡顶采用植藤绿化坡面；其余土质路堑边坡坡率采用 1:1 ~ 1:1.25。

3.2.3 特殊路基设计

根据区域资料和地质调绘、钻探、挖探及土分析结果报告，低山区及盆地区地表覆盖有冲积成因的新黄土或黄土状土，其分布、埋深、厚度变化较大，介于 1.0 ~ 13.6m 之间，规律性不太明显，该层呈黄褐色、浅黄色。一般具有Ⅰ ~ Ⅱ级非自重湿陷性。湿陷性黄土结构疏松、孔隙发育，当在一定压力下受水浸湿，土结构会迅速破坏，产生较大附加下沉。基底受地表水浸湿影响时，应采取措施消除其湿陷性或隔断地表水的影响。消除其湿陷性的措施有振动压实、冲击碾压、重夯、强夯、碎石换填及灰土挤密桩等，各种措施消除湿陷性的影响深度不同。隔断地表水措施有截水沟、改沟、隔水墙等，其中截水沟及改沟主要是加强排水，避免积水，主动隔水；隔水墙起被动隔水作用，浆砌片石挡墙基础和浆砌片石护坡都有一定的隔水作用，考虑经济性，设计中采用了灰土隔水墙，掺灰 8%，厚度不小于 1m，深度取 2m。

在填筑体的重力荷载作用下，地基产生变形，随着荷载的增大，地基变形逐渐增大，应使地基土中应力处在弹性平衡状态。为避免基底承载力不足，造成路堤沉降变形过大，根据填土宽度、高度、坡率及重度等计算，提出正常使用极限状态时的地基承载力，即地基承载力的特征值，天然基底不满足地基承载力的特征值时，应采取措施提高承载力，新建线一般路堤地基承载力的特征值参照表 3.1。

地基承载力的特征值表 表 3.1

路基顶宽(m)	16	16	16	16	16	16	16	16	16
填土高度(m)	12	13	14	15	16	17	18	19	20
基底宽(m)	32.8	34.2	35.6	37.0	38.4	39.8	41.2	42.6	44.0
填料重度(kN/m^3)	18.5	18.5	18.5	18.5	18.5	18.5	18.5	18.5	18.5
承载力特征值(kPa)	165	177	188	199	210	220	231	242	252
填土高度(m)	21	22	23	24	25	26	27	28	29
基底宽(m)	45.40	46.80	48.20	49.60	51.00	52.40	53.80	55.20	56.60
填料重度(kN/m^3)	18.50	18.50	18.50	18.50	18.50	18.50	18.50	18.50	18.50
承载力特征值(kPa)	263	273	283	294	304	314	324	334	344

老路经过多年的运营，路基沉降基本稳定，而拓宽部分的填筑荷载作为附加荷载，对原有地基又会导致新的沉降，并会对老路路基和路面产生拉应力，甚至引起路面开裂或破坏。拼宽路基设计应选择合理的地基处理方案，提高路基的稳定性、减轻新路基沉降对旧路的附加影响、防止路面出现纵向裂缝、提高路面行车舒适性，保持路基稳定、密实、耐久。

3.2.3.1 重夯

重夯是利用重锤提升一定高度产生的势能，自由落下给地基以冲击和振动，从而提高地基土的强度并降低其压缩性，从而消除湿陷性。

(1)适用原则

①重夯适用于路基高 $H<12m$ 的Ⅰ级～Ⅱ级非自重湿陷性黄土路段及Ⅰ级自重湿陷性黄土路段基底处理，地基处理深度大于等于1.5m且不大于2.5m，消除湿陷性的同时提高地基承载力，处治宽度为路堤边沟外缘。重夯后回填30cm厚8%石灰土，其压实度不小于96%。

②重夯适用于Ⅰ级～Ⅱ级非自重湿陷性及Ⅰ级自重湿陷性黄土路段基底处理，连续处理长度小于100m，不能采用冲击碾压处治时。

(2)重夯设备、夯击次数及收锤标准

重夯夯能选用300kN·m，重锤锤重选取3t，锤径1.4m。夯击次序为一夯挨一夯进行，点夯梅花形布置，每一次夯击锤印重叠偏差不大于10cm。重夯夯击两遍，第一遍夯点单击5次，第二遍单击3次，两遍夯击间隔3～7天，每遍夯完用推土机将夯坑填平，最后用压路机压实基底。收锤标准为最后两击平均夯沉量不大于2cm，夯坑周围地面不出现过大隆起。

(3)重夯检测

施工完成7天后从夯面起向下2m范围每隔1m取样试验，测定湿陷系数，大于0.015时需补夯，取样频率为夯点个数的1%，每段不少于3个。路基土实测地表0～30cm范围的平均压实度≥96%，80cm范围的平均压实度>92%。

3.2.3.2 强夯

强夯是利用夯锤提升一定高度产生的势能，自由落下给地基以强大的冲击力和振动，从而提高地基土的强度并降低其压缩性，从而消除湿陷性的同时提高承载力。

(1)适用原则

①强夯适用于路基高 $H>12m$ 的Ⅰ级～Ⅱ级非自重湿陷性黄土路段及Ⅱ级自重湿陷性黄土路段的基底处理。强夯有效影响深度随夯能增大而加深。处治宽度为路堤边沟外缘。强夯后回填30cm厚8%石灰土，其压实度不小于96%。

②强夯虽较为经济，但往往受多种因素影响，如距离房屋及桥涵结构较近，不能采用。

(2)强夯设备、夯击次数及收锤标准

夯能选用1000～2500kN·m，强夯遍数为两遍，两遍完成后进行全幅满夯拍平，最后两击的平均夯沉量小于5cm，第一、二遍夯点之间应留不少于5天间歇时间，满夯拍平击数为2击，满夯锤印搭叠1/3夯锤直径。夯点采用正方形布置，夯点间距为4.0m，夯锤直径2.5m。

(3)强夯检测

强夯施工完成后不少于15天后方可进行施工验收，每段检测点不少于3个，检测有效影响深度范围的湿陷系数应小于0.015，承载力检测采用静荷载试验测定，不小于设计要求值。

3.2.3.3 灰土挤密桩

灰土挤密桩采用振动沉管成桩工艺，挤密后桩体的灰土对周围土层具有改良作用，提高地基土的强度，消除湿陷性，提高承载力。

(1)适用原则

①灰土挤密桩适用于路基附近有房屋及桥梁等结构物的湿陷性黄土路段。处治宽度为边沟外缘或坡脚外不小于2.0m。

②桥头过渡段3倍桥台台背填土高度范围基底采用灰土挤密桩处治。

(2)灰土挤密桩设计要点

桩长根据路基填高、湿陷等级及湿陷性黄土厚度等综合因素计算确定,复合地基承载力特征值不大于250kPa,灰土挤密桩按等边三角形布桩,桩径40cm,桩身材料为12%石灰土,桩间距90~120cm,桩长4~6m。桩身石灰土压实系数不小于0.97,桩间土平均挤密系数取值0.90~0.93。桩基施工完成后,在桩顶铺设30cm厚8%灰土垫层。

(3)灰土挤密桩检测

成桩后应抽样检验质量,抽样频率一般不小于桩总数的1%,检测桩深度范围桩体平均压实系数及桩间平均挤密系数,承载力检测采用复合地基荷载试验,施工及验收要求见《建筑地基处理技术规范》(JGJ 79—2012)。

3.2.3.4 黄土陷穴、窑洞、井及窖的处理

根据外业调查,分离新建线沿线分布有黄土陷穴和土窑洞,一般位于黄土区的沟间地边缘陡坡、陡崖地带,黄土陷穴为黄土沉积密实度不高,水流汇集冲蚀形成,一般断面尺寸较小,深度大,不易发现。土窑洞为人工开挖而成,一般空间尺寸较大,对路基稳定影响较大,采用如下的处理措施,确保路基的密实、稳定。

(1)根据路线平面和纵断面与窑洞的关系,分析窑洞的影响程度,因窑洞空间尺寸较大,对影响较大的窑洞一般采用明挖回填压实的方法,对影响较小的采用回填压实。

明挖回填压实:窑洞顶板距纵断设计高厚度小于等于5m时,明挖后回填掺灰6%灰土,小型机具压实,顶板开挖土方厚度计算时应减路槽及路面结构厚共1.7m,回填灰土方量为顶板开挖土方+窑洞体积。

回填压实:窑洞顶板距纵断设计高厚度大于5m时,窑洞顶部1.5m范围采用干砌片石,以下部分掺灰6%灰土填筑压实,小型机具压实。

(2)根据路线平面和纵断面与黄土陷穴的关系,确定陷穴的影响程度。路堤基底有直径大于2m的黄土陷穴时,回填掺灰6%灰土,小型机具压实;路堤基底有直径小于2m的陷穴时,回填碎石;断面尺寸很小时采用灌砂或灌泥浆方式处理。

(3)路基范围内的既有井窖,井窖直径小于2m时,地下水位以下回填石渣或碎石,然后回填土,距井口3m范围回填掺灰6%的灰土;水池直径大于2m时,掺灰6%灰土,小型机具压实。井不能废弃时设涵跨越。

3.2.4 高填深挖路基设计

3.2.4.1 高填路基设计

(1)工程概况

全线的高填路堤主要位于冲沟或洼地,地表覆盖第四系全新统粉质黏土(新黄土),基底土一般具有Ⅰ~Ⅱ级非自重湿陷性。根据湿陷性等级及厚度,采取强夯或灰土挤密桩处治,来

增强地基土的承载力及消除湿陷性，基底处理后回填30cm灰土。具体路段详见表3.2。

高填路段一览表　　表3.2

编号	起讫桩号	长度(m)	最大边坡高(m)	地质描述
1	Z1K733+860~Z1K734+060	200	27.99	冲沟表层主要为第四系全新统冲洪积碎石，层厚2.5m~4.0m；下伏奥陶系中统下马家沟组强~中风化灰岩
2	Z1K734+728~Z1K734+867	139	22.2	冲沟表层主要为第四系全新统冲洪积碎石，层厚2.5~4.0m；下伏奥陶系中统下马家沟组强~中风化灰岩

(2)坡率设计

边坡高度 H 大于10m且小于18m时，在8m处设平台；H 大于18m且小于30m时，分别在8m、16m高处设2m宽平台；边坡高度 $H>30$m时，分别在8m、16m、24m高处设2m宽平台。坡率一般采用1:1.5~1:1.75~1:1.75~1:2.0。

(3)稳定性验算及主要工程措施

根据设计的边坡坡率、断面条件及试验力学参数，采用圆弧滑动法搜索滑动面，圆弧分析采用简化Bishop法，验算高填路堤稳定性。

根据地形、基底地质条件和填料性质，路床顶面以下每填筑4.0m采用重夯补强或每填筑2.0m采用冲击碾压补强。路床铺设两层双向土工格栅，间距50cm，避免路基不均匀沉降和引起路面开裂。

(4)边坡监测

高路堤边坡沿线路方向每隔30~50m设置监测断面，每个断面分别于土路肩边缘、边坡平台及坡脚，并在边坡可能破坏的范围外30m设照准点和置镜点。监测采用水准仪及经纬仪或全站仪测量，监测边坡水平、垂直位移等变形状态。监测频率：监测桩埋设后应观测几次，确定稳定的起始基准值；路堤填筑施工期，1次/天；路堤填筑间歇期1次/3天；施工完后1~3个月，1~2次/周；3个月以上，1~2次/月。观测频率根据边坡工程安全等级、边坡稳定性和施工进程及监测类型等实际情况对监测频率进行了适当调整。

3.2.4.2 深挖路基设计

(1)工程概况

当土质边坡高度大于20m，石质边坡高度大于30m时为深挖路堑，逐段工点用力学分析法进行验算边坡稳定性，并结合防护、支挡形式等综合设计路堑边坡。具体路段详见表3.3。

(2)坡率设计

土质(全风化石质)路段为1:0.75~1:1.25；强~全风化的软质岩石为1:0.75~1:1.0；弱~强风化的硬质岩石为1:0.3~1:0.75。边坡稳定性较差时适当调整。

(3)稳定性验算及主要工程措施

土质边坡采用圆弧滑动法搜索滑动面，圆弧分析采用简化Bishop法。石质边坡采用极射投影法分析稳定性；岩体分层存在软弱滑动面时采用简单平面滑动分析，极限平衡法计算安全系数；二元结构时，分别按照土质和石质进行分析稳定性。安全系数分别按照正常工况和非正常工况Ⅰ进行计算，正常工况安全系数不小于1.2，非正常工况Ⅰ时不小于1.1。

深挖路堑路段一览表

表3.3

编号	起讫桩号	位置	长度（m）	最大边坡高度（m）	地质描述
1	Z1K733 +200 ~ Z1K733 +365	左侧	165	21.04	地层岩性主要为第四系上更新统冲洪积新黄土，层厚1.2 ~ 3.8m；第四系中更新统冲洪积老黄土，层厚10.1 ~ 19.5m；卵石，层厚2.9 ~ 19m；奥陶系中统下马家沟组灰岩，最大揭露层厚4.8m
2	Z1K734 +260 ~ Z1K734 +485	右侧	225	30.39	Z1K734 +260 ~ Z1K734 +360段地层为上部含碎石粉质黏土，层厚0 ~ 6.5m，其下为5m厚强风化灰岩，以下为中风化灰岩； Z1K734 +360 ~ Z1K734 +485段地层为5 ~ 6.4m强风化灰岩，以下为中风化灰岩
3	Z1K735 +985 ~ Z1K736 +050	左侧	65	16.79	地层岩性主要为含碎石粉质黏土，稍湿，层厚8.1 ~ 10.6m，以下18.4m为含碎石粉质黏土，硬塑

挖方边坡采用台阶形开挖，每10m分级并设挖方平台，石质平台宽1.5m，土质平台一般宽2.0m，根据边坡稳定情况，部分边坡中部平台加宽至3 ~ 4m，每级挖方平台设置了截水沟，拦截坡面汇水通过急流槽（兼踏步）排入边沟，坡面有向堑顶汇水较多时，设置截水沟。

土质边坡主要采用拱形骨架防护及植草灌木防护，边坡稳定性不足或需收陡边坡时设置路堑墙。石质边坡主要采用光面爆破 + 植藤绿化及主动柔性防护网防护。

（4）边坡监测

深挖路堑边坡沿线路方向每隔50 ~ 80m设置监测断面，每个断面分别于堑顶及边坡平台，并在边坡可能破坏的范围外30m，通视条件良好的位置设照准点和置镜点。监测采用水准仪及经纬仪或全站仪测量，监测边坡水平、垂直位移等变形状态。监测频率：监测桩埋设后应观测几次，确定稳定的起始基准值；路堤填筑施工期，1次/天；路堤填筑间歇期1次/3天；施工完后1 ~ 3个月，1 ~ 2次/周；3个月以上，1 ~ 2次/月。观测频率根据边坡工程安全等级、边坡稳定性和施工进程及监测类型等实际情况对监测频率进行适当调整。

3.2.5 陡坡路堤或填挖交界处理

陡坡路堤设计结合地形、地质条件、边坡高度等进行综合考虑。当地面横坡陡于1:2.5时，应预防路堤整体沿基底及基底下软弱层滑动。针对可能出现的下滑情况和不利条件对陡坡路堤进行滑动的稳定性分析，滑动稳定系数参考《公路路基设计规范》（JTG D30—2015）表3.6.8的规定值。

当地面坡度陡于1:5时，横向及纵向填挖交界均采用开挖不小于2m宽台阶搭接处理，当路基横向地面坡度陡于1:2.5且有8m以上高差的半填半挖交界处，以及纵向地面坡度陡于1:2.5且有5m以上高差的纵向填挖交界处，为加强路堤的稳定性及避免差异沉降产生路面开裂，路床应进行超挖，并采用土工格栅加筋处理，路床回填掺灰6%的灰土分层碾压。

纵向填挖交界时，土质路段填高5m≤H≤8m时路床内土工格栅设置一层，填高H>8m时土工格栅设置两层，土工格栅嵌入挖方区长度应不小于4.5m，伸入填方区长度应不小于8m；石质路段时路床内土工格栅共设2层，土工格栅嵌入挖方区长度应不小于3m，伸入填方区长度应不小于5m。半填半挖且填挖线在路面范围时，在开挖台阶的结合部设置土工格栅，路堤每填筑约150～200cm厚在开挖的台阶上加铺一层，并在路床内设置两层土工格栅，当坡脚较平坦且宽度不小于0.4倍填高时，路堤内土工格栅间距调整为4m。

采用双向拉伸聚乙烯土工格栅，极限抗拉强度不低于50kN/m，2%伸长率时抗拉强度大于20kN/m，幅宽250cm。场地铺设格栅之前应压实平整，无凸凹及尖刺杂物，土工格栅幅宽搭接不小于20cm，用塑料带捆扎，上下层错列铺设，锚固采用ϕ10mm钢筋钉，每2m固定一处。

半填半挖的陡坡路段且有8m以上高差或挖方地下水有出露时，在基底平缓处设置50cm厚碎石或石渣排水层，井格式布置，一般横向间距50m，纵向间距50m，及时排除路基内部水。纵向填挖交界时，对于存在有地下水的填挖交界段，为了减小地下水对路基的破坏，在填挖交界处设置横向渗沟，并与挖方路段纵向渗沟连接共同排除地下水。

为减少沉降和加强路堤的整体性，路堤填料的压实度上路堤为95%，下路堤为94%，基底压实度不小于92%。为减小差异沉降，土质纵向填挖交界时，过渡段内填料采用渗水性好的开山石渣、砂砾及碎石等，可根据料源分布情况选择，过渡段底长为2倍的填高，顶部长度为3.5倍的填高；石质纵向填挖交界时，填石渣路基作为过渡段，过渡段底长为2倍的填高，顶部长度为3倍的填高；半填半挖路基，挖方侧为石质时，填方侧填料选用沉降变形小的开山石渣。基底为软弱土及湿陷性黄土等特殊地基时按特殊路基处治，以减小基底沉降。

3.2.6 低填浅挖及挖方路床处理

路床采用石灰土处治，可达到提高土基模量，有效减小半刚性结构层底面拉应力，隔断毛细水，延长结构抗疲劳使用寿命的目的。新旧路基拼接段，拼接部分的路床采用石灰土处治，可减少新旧路基的差异沉降。旧路拼宽部分及新建线的填方路堤，路床80cm填筑的素土掺6%生石灰；低填段土质基底不足路床部分采用超挖，土质挖方路段路床80cm超挖，掺6%生石灰回填碾压。

3.3 路基支挡、加固及防护工程设计

3.3.1 原有路基防护的主要形式及其使用状况

现有公路填方段防护形式，以植草和骨架+紫穗槐护坡为主，拱形骨架护坡基本完整，菱形骨架护坡有损毁现象，截水性失效。填石路基段采用了浆砌片石护坡，结构完好，局部勾缝脱落。土质挖方路段有3m高护面墙或一级边坡护面墙，二级以上种草或拱形骨架护坡防护，除草皮生长不理想外，各圬工防护措施结构基本稳定，使用状况良好。沿线石质挖方岩层完整性好，坡率取值在1:0.3～1:0.75间，采用了光面爆破技术，边坡稳定，部分路段采用攀岩植物绿化，部分覆盖坡面，在一些因风化落石存在潜在危险的坡面，养护单位敷设了主动防护网。

老路挡土墙除在K767+992～K768+142左侧有变形，现已经加固，其他路段均稳定，使用状况良好，没有明显的变形和损坏。

3.3.2 路基防护工程

路基防护工程按照“安全、环保、和谐”且施工方便为原则，在满足安全的前提下尽量选用环保、绿化的形式，突出植被护坡绿化的效果。在路基边坡绿化上应体现恢复自然尽量减少人工痕迹的宗旨，提供良好的视觉效果。

3.3.2.1 路堤边坡防护

路堤边坡防护以坡面防冲刷为主要目的，设计以经济、实用、美观大方且施工方便为原则。采用了以下防护形式：

(1)植草、灌木护坡：路堤边坡高度 $H \leqslant 5.0$m，为保持与周围环境融为一体，尽量减少人工痕迹，采用植草、灌木防护，防止水土流失，增强路基稳定性。选择根系发达，茎矮叶茂，生长繁殖迅速，易成活的当地植物，灌木采用紫穗槐。

(2)浆砌片石骨架护坡结合草、灌木防护：当 $H > 5.0$m，采用 M7.5 浆砌片石拱形骨架护坡结合紫穗槐防护。

(3)浆砌片石护坡：填方路基侧有狭窄冲沟，暴雨时冲沟中洪流易冲蚀、浸泡路基，采用 M7.5 浆砌片石护坡。

(4)浆砌片石护肩：对于填方自然放坡较远，填方高度小于 2m，且路肩距自然地面高度小于 1m 时设置护肩。

(5)坡脚矮墙：为了保护基本农田，避免二次征地，设置坡脚矮挡墙收缩坡脚。两侧加宽为 8 车道路段，不可避免地需新增占地，故不考虑设置坡脚矮挡墙，两侧加宽为 6 车道路段，黎城盆地段主线填方路段，设置外露地面 1.5m 高坡脚矮挡墙，长治盆地段主线填方路段，设置外露地面 2.0m 高坡脚矮挡墙，边沟采用与矮挡墙相接的梯形沟。

3.3.2.2 路堑边坡防护

公路的开挖破坏了现有地表植被，开挖面易产生冲刷，发生水土流失，同时影响到边坡稳定，所以路堑边坡应考虑边坡防护，以减小环境破坏，保证边坡稳定。黄土直立性较好，但绿化困难，本项目结合黄土的特点，从环境保护、景观设计等角度考虑，根据挖方路堑高度，与排水设计相结合，采用多种工程防护与植物防护类型，努力将本项目建设成为景观路、生态路、旅游路。采用植草灌木、拱形骨架＋植草灌木、护面墙、护脚墙、主动柔性防护网及路堑墙防护。

(1)土质及全风化石质边坡

①植草、灌木防护：适用于高度 $H \leqslant 5$m 的土质或强风化、全风化岩质挖方边坡，边坡坡率放缓为 1:1，边坡采用植草、灌木防护。

②$H > 5$m 时，采用 M7.5 浆砌片石拱形骨架＋植草灌木防护，拱间距 3.5m，每 4 个拱设置沉降缝，每约 100m 设置一道踏步，踏步兼急流槽排水功能。

(2)石质边坡

挖方石质边坡，以灰岩和泥质灰岩为主。设计中按照“在保证边坡安全的前提下，以植物防护为主，工程防护和植物防护相结合”的主体思想。

主动柔性防护网：易风化碎落的石质坡面采用主动柔性防护网，结合在碎落台上种植攀岩植物达到绿化作用。

光面爆破:对中风化和弱风化的石质边坡,采用光面爆破工艺,碎落台及挖方平台种植攀爬类植物绿化坡面。

3.3.3 路基支挡防护设计

3.3.3.1 路肩墙及路堤墙设计

受地形、地物限制需要收缩坡脚的填方路段设置路堤墙或路肩墙,本项目挡墙基底一般为新黄土,故采用仰斜式,墙身材料选用 M7.5 浆砌片石,10 号水泥砂浆勾缝,挡土墙墙背回填 50cm 厚碎石、石渣作为排水层,内摩擦角要求不小于 35°,考虑仰斜式墙背不易压实的因素,排水层后 1m 范围采用掺 6% 生石灰的灰土回填,小型压实机具压实。

挡墙基础应埋置于地面线下不小于 1.5m,施工时根据基础开挖情况验证地质情况,地基必须满足设计承载力的要求,当地基不满足承载力要求时,必须先处理地基(如加深、换填等方法处理地基),达到要求后,才能施工挡土墙,必要时及时通知设计代表,动态设计。设计中对挡墙基底采用换填灰土处治,湿陷性黄土路段,路基基底处理包含挡墙基底,墙高大于 6m 路段采用灰土挤密桩处治。

路肩挡土墙墙高大于 6m 时,墙顶设置混凝土安全护栏,混凝土护栏基础采用 C30 水泥混凝土,并需要预埋护栏钢筋。墙高小于 6m 时,墙顶设置波形梁护栏,波形梁护栏每 2m 预留基础。挡墙施工至墙顶护栏基础底面时,施工中应注意与交通安全设施施工单位沟通。

湿陷性黄土路段挡墙处于陡坡时,墙底地面设置浆砌片石铺砌,防止冲刷基础;处于缓坡时,地表水汇向挡墙时,应设置边沟拦截地表水。

3.3.3.2 路堑墙设计

为减小开挖或坡顶有地物限制,需收坡的土质路堑段设置路堑墙,路堑墙采用 M7.5 浆砌片石砌筑,10 号水泥砂浆勾缝。路堑墙地基承载力不小于 250kPa。一般路段路堑墙埋深 1.5m,边沟加深时路堑墙埋深也应适当增加。泄水孔梅花状布设,间距为 3m,最下一层设置于碎落台上方 0.3m 处。路堑墙每隔 10m 设伸缩缝一道,缝宽 2cm,用沥青麻絮沿墙的内、外、顶三侧填塞,深度为 20cm。

3.4 路基、路面排水系统设计

3.4.1 原有公路排水工程的维修利用、加固、废弃情况

老路的排水设施较为完整,基本能够满足排水要求,结构完好,部分砂浆勾缝脱落,局部存在排水不畅,有淤积、堵塞,部分通道内积水。老路路堑边沟采用了高 60cm、底宽 60cm 的梯形边沟和高和宽度均为 60cm 的矩形边沟,均未设盖板,碎落台侧均加高 30cm,回填土后形成碎落台花坛;路堤边沟采用了高 60cm、底宽 60cm 的梯形边沟。中央分隔带内均铺设了防渗土工布,路线纵坡大于 4% 的路段设碎石渗沟。超高排水采用了中央分隔带开口明槽方式,开口间距 10m,明槽宽 0.5m。填方路段路肩设置了拦水带,每 50m 设一道急流槽,急流槽宽 40cm,深 40cm。

原有公路完全利用段,既有的排水设施维修后利用,根据调查设计中计列了维修加固工程数量,维修加固工程主要为局部加固及勾缝修补。两侧拼宽段原有排水设施需拆除,原沟底采用6%灰土回填,拆除的片石经处理后收集,就近用于拼宽后的圬工砌筑。

3.4.2 路基路面排水设计

为保证路基和路面的稳定,防止路基路面水影响行车安全,通过设置完善的排水设施并对各类设施进行综合设计,以实现迅速排除路基、路面范围内的地表水和地下水。通过设置由路堑边沟、路堤边沟、截水沟、纵向排水涵、急流槽、渗沟、蒸发池等组成的较为完善的排水系统,将路基、路面、边坡的地下水排至路基外,避免冲刷路基,污染农田,并与自然河沟连接,避免雨水冲刷路基及减少沿线水土流失。

3.4.2.1 路基排水设计

路基排水系统由边沟、截水沟、急流槽、渗沟、蒸发池及线外涵等组成,与桥梁、涵洞相结合,将路基范围内或汇向路基的地表水迅速引离路基,排入天然河沟。

路堤边沟一般采用矩形,尺寸为底宽0.6m,深0.6m,连续长度大于300m时采用底宽0.8m,高0.8m,M7.5浆砌片石砌筑。一般在500m内通过涵洞或沿线沟渠排离。

路堑边沟一般采用矩形盖板边沟,尺寸为底宽0.6m,深0.8m,M7.5浆砌片石砌筑,具有湿陷性的新黄土路段边沟底设置防渗土工布,长度大于300m时边沟加深至1.0m,一般在500m内通过路堤边沟、急流槽或涵洞排离。路面集中横向管排水或边沟反向排水需加深时,路堑边沟加深大于1.2m小于1.6m时,沟壁厚度尺寸加大,边沟加深至1.6m时,设置钢筋混凝土横支撑加固边沟,横支撑每隔1.0m设置一道,竖向位置为距沟底1/2沟深处,且小于1m。

土质路段路堑边沟底部设置宽40cm,深40cm矩形渗沟,以降低地下水位,使路床处于较干燥状态。渗沟内回填渗水性回填料,可采用粒径在2~4cm的碎石,最大粒径不大于4cm,粒径在2.36mm以下的含量不应超过5%,靠近沟底设置RCP纵向集水管,渗沟基础采用现浇C10混凝土。

坡顶截水沟、挖方及填方平台截水沟均采用矩形底宽0.4m,深0.4m,M7.5浆砌片石砌筑。路基水不能直接排入河、沟及渠或准水源保护区时,在排水沟出口设置沉砂池及蒸发池进行沉淀过滤拦截后再经溢水坝排出,在消力槛顶上设置一道镀锌钢丝网,以便拦截漂浮物。对于漂浮物、油污及沉砂应及时清理干净,理论拦油污效率90%。

部分通道排水不畅处治措施:经外业调查及走访询问,原路部分通道暴雨时排水不畅,通道内形成积水,本次改扩建设计将采取措施予以解决,一是适当调整通道处改路的纵坡,减少降雨时地表水进入通道,调整高速路边沟排水方式,避免边沟水流入通道处断头;二是通道附近有地势低洼时,开挖排水沟或埋置管涵,将雨水引出通道范围,排入地势低洼处。

3.4.2.2 路面排水设计

(1)路肩排水

土路肩采用6cm厚C20混凝土硬化,挖方路段在路肩下设置碎石盲沟,收集路面渗水,并通过挖方边沟内壁的预留PVC排水管将路面渗水排出,从而改善路面结构内部干湿状态。

(2)路面表面排水

路面水在一般挖方路段通过路拱分散方式排入路堑边沟,在填方路段通过路拱排向路肩,经过拦水带汇集后通过急流槽排入路堤边沟。

老路超高排水方式为中央分隔带过水明槽,一般每10m设置开口,过水明槽宽0.5m。老路完全利用段,超高排水方式不变。根据排水计算,加宽至6车道路段,超高3%且路线纵坡小于3.5%时,中央分隔带开口明槽不能满足积水不浸入行车道的原则,本次设计在原开口明槽间增设一道开口明槽。

(3)中央分隔带排水

根据外业调查和竣工图纸收集,路线纵坡大于4%时,老路中央分隔带内设置了纵向盲沟和横向PVC排水管,并设置了防渗土工布,其他路段仅设置了防渗土工布。根据外业调查,原中央分隔带排水方式可行,可以不进行改造。

3.5 主要工程项目的施工方案、方法与技术措施

3.5.1 路基工程施工方案、施工方法

3.5.1.1 总体施工方案

(1)路基土石方施工采用机械化施工。土方采用正铲或反铲开挖,石方采用小型或松动控制爆破开挖;挖掘机和装载机挖装,自卸汽车运输;大功率推土机和平地机整平;重型振动压路机碾压,实行机械化一条龙作业。

(2)路基防护与排水工程应紧密配合路基土石方的施工。路堤土石方开工前,该段的护坡基础及各种特殊地基处理工程均早于路基开工,尤其对于不良地质路基地段,及早做好排水工程;对于边坡的防护在该段路基完成后,随即进行;对于深挖方地段做到随挖随护,防止雨水冲刷和边坡失稳造成坍塌。

3.5.1.2 路基填筑施工方法

路基填筑采取"三阶段、四区段、八流程"的作业方式组织施工。按照施工准备、基底处理、分层填筑、摊铺整平、洒水或晾晒、机械碾压、路基检测、路基面整修的流程填筑。

3.5.1.3 特殊路基施工方法

(1)基底处理

特殊路段的路基进行施工前,如软土地基、淤泥质路段等,首先需要对基底进行处理。灰土挤密桩是一种应用较广的基底处理方法,其施工方法如下:

①备料

施工前应将施工所用土和生石灰准备好,土为天然的黏性土及塑性指数大于9的粉土,无有机杂质,生石灰用水闷透后,消解成石灰粉,采用5mm筛子过筛后与土拌和。夯填土和石灰应提前送试验室做原材试验及击实试验,求得最大干密度和最优含水率,石灰和土料要按3:7体积比进行均匀拌和,拌和后,用15mm的筛子过筛,过筛后方可在工程中使用。达到颜色一致,并使含水率控制在最优含水率的±3%左右。实地可用"手握成团,落地开花"的标准来鉴

定含水率,备好的灰土料应做到不隔日使用,雨天用塑料布苫盖。

当填土含水率低于12%时,应用水均匀增湿到最优含水率。且每次拌和的灰土量不宜过多,随用随拌。

为了保证施工质量及工期,本次施工3:7灰土采用机械装载、拌和及运料。3:7灰土指按消石灰和土的体积比为3:7进行拌和的土。

②成孔

调整和检查机械后开始成孔,此时要注意桩位的偏差。在成孔过程中,根据地层软硬情况及时调整重锤落距。从整个场地来看,应依次逐排由外向内进行,以确保桩间的挤密效果。

③夯填成桩

施工顺序为清底夯-灰土拌和-虚填-夯击-成桩;安装好夯填机,调整和检查好机械夯打,填料前进行孔底夯实至少5击,填料时采用0.05m³ 6击。填写好成孔记录和夯填记录,特别是成孔锤击和夯填夯击数、灰土填入量等记录。

④灰土挤密桩施工注意事项

a.施工前应选择试验段进行试桩,根据实验段的检测成果,对设计参数进行验证和调整,再进行大面积地基处理施工。

b.灰土挤密桩施工前,应先对原地面进行清表处理,并对路基范围内的坑穴回填夯实。清表厚度为30cm,并将清表中的种植土集中堆放,便于竣工后坡面和取土场绿化和复耕时使用。

(2)低填浅挖路基施工方法

对于填高小于1.5m和挖深小于1.5m的路基按低填浅挖路基处治。低填土路段应超挖至路床顶面以下0.8m进行回填碾压处理,压实度不小于96%;土质及全风化石质挖方段,应在路面底面以下超挖0.8m并回填碾压处理,压实度不小于96%。地下水丰富地段考虑回填砂砾。

(3)填挖交界路基施工方法

认真清理半填断面的原地面,将半填断面清表后的地表面翻松,并将半挖断面的原地面清理后挖成台阶,再进行分层填筑。横坡陡峻地段的半填半挖路基,必须在山坡上从填方坡脚向上挖成向内倾斜的台节,台阶宽度不应小于2m。当挖方区为土质时,应优先采用渗水性好的材料填筑,同时对挖方区路床0.8m范围内的原状土进行超挖(或翻挖)、回填、碾压,或采取强夯或冲击压实工艺,使之达到路床压实度的要求,并在填挖交界处按图纸要求铺设土工格栅;填方区路床填料及压实度应满足路床施工要求。

填筑时,必须从最低一层台阶填起逐步向高处分层摊铺碾压,将所有台阶填完后,即可按照一般填土进行。施工时应特别注意填、挖交界处的拼接,碾压要做到密实无拼痕。

3.5.1.4 填土路基施工方法

(1)准备工作

主要里程桩位采用全站仪坐标法放样与校核,一般里程桩位采用普通经纬仪,直线段用穿线法,曲线段用偏角法放样校核;高程用水准仪测设校核。

(2)地基表层处理

路堤处于水田、池塘或泥沼地时,应采取抽水或开挖排水沟的办法先疏干积水,将淤泥及腐烂的植物根茎挖至设计要求，换填水稳性好的粒料后才能进行路堤填筑。

对于岩溶地段，采用回填片石或碎石处理。

(3)试验路段

选取施工区段内具有代表性的不小于200m长的一段路堤作为试验段，进行现场填筑压实试验，通过试验段来确定不同机具压实不同填料的最佳含水率、适宜的松铺厚度及相应的碾压遍数、最佳的机械组合和施工组织等技术参数。

(4)填筑施工

采用挖掘机装土，自卸车运输至填筑地点。根据松铺厚度和自卸车的斗容量提前画好方格，卸料时严格按方格倒土，保证松铺厚度满足要求。填土最大松铺厚度一般不大于30cm，每层填料铺设的宽度，超过设计宽度至少50cm，以便进行超宽碾压，填土方式为按路基横断面全宽水平分层填土。工程施工中严格控制“三线四度”，即中线、两侧边线及厚度、压实度、平整度、拱度。

(5)摊铺整平

使用推土机粗平，然后压路机静压一遍，以暴露潜在的不平整，然后平地机进行细平。对于非渗水性填料，平整面时，做成坡面向两侧4%的横向排水坡。为有效控制每层填筑厚度，初平时应用水平仪控制每层的虚铺厚度。

(6)振动碾压

采用重型振动式结合冲击式振动压路机碾压，碾压遍数按试验路段所确定的参数进行并及时检验压实度。碾压原则是直线段先两边，后中间；曲线段先外侧，后内侧；先静压，后振压，再静压。碾压时，前后两次轮迹须重叠20～30cm，并应特别注意均匀。

(7)检测验收

按检测标准要求进行自检，将检查结果汇总分析，并将评价结果及时反馈给现场施工人员，及时修整。当各项指标经检查均满足要求后，报监理工程师验收。

3.5.1.5 高填方路基施工方法

当路基条件好，不存在地基工后残余沉降或残余沉降极微且地面横坡不陡于1:2.5的填高大于16m的高填路堤，为避免路堤自身不均匀沉降致使路面开裂，于路面底面以下铺设三层土工格栅(上路床顶面、上路床底面及下路床底面)；若地面横坡陡于1:5，土质或软质岩地段应先清除表层植被土，底部开挖成台阶状；岩质地段当覆盖层较薄时，应将其完全清除后将岩石凿成台阶，台阶宽不小于200cm，向内倾斜2%～4%。

铺设好土工格栅时，应注意格栅间连接拉直平顺。格栅的纵横接缝用专用U形钉连接，铺好的土工格栅每隔一个单元格间距用U形钢筋固定于地面。

铺完土工格栅后，及时(48小时内)填筑填料，每层填筑遵循“先两边后中间”的原则对称进行，严禁先填中部。填料不允许直接卸在土工格栅上，一切车辆、施工机械不得在铺好的土工格栅上行走。

高填路堤应先安排施工，填筑时间不少于6个月，施工时均速填筑。填料优先选用弱-中风化岩石渣。

为保证高填路堤压实度，沿线填高16m以上的填方路堤，每填高2m采用冲击碾压20遍补强，至94区再补压20遍。

当高填方路基填土高度大于20m时，为保证路基整体稳定，避免不均匀沉降和开裂，如遇基底为土质或松软堆积物时，基底应强夯加强，加固宽度为坡脚以外3m以上。

3.5.1.6 路基强夯施工方法

(1)试夯

施工准备完成后，选择有代表性路段进行试夯，以确定合理的强夯参数与工艺，试夯区的夯点布置不小于5×5个夯点，且不小于500m²。根据试夯结果确定出最佳夯击能、间歇时间、夯点间距等参数，在初步施工方案的基础上编制正式施工方案，以指导大面积施工。

(2)施工作业

第一步：清理平整施工现场；

第二步：标明第一遍夯点的位置，并测量地面高程；

第三步：施工机械就位，使夯锤对准夯点位置；

第四步：测量夯前锤顶高程；

第五步：将夯锤起吊至预定高度，待夯锤脱钩自由下落后，放下吊钩，测量锤顶高程，如锤顶倾斜，应及时将坑底整平；

第六步：重复步骤五，按设计规定的夯击次数及控制标准，完成一个夯点的夯实。

第七步：重复步骤三～步骤六，完成第一遍全部夯点的夯击；

第八步：用推土机将夯坑填平，并测量场地高程；

第九步：在规定的时间间隔后，按上述步骤逐次完成全部夯击遍数，最后用低夯满拍，将场地表层松土夯实或用压路机压实，并测量夯后场地高程。

(3)强夯施工注意事项

①强夯前，应先对原地面进行清表处理，并对路基范围内的坑穴回填夯实；清表厚度为30cm，并将清表中的种植土集中堆放，便于竣工后坡面和取土场绿化和复耕。

②地基处理前选择有代表性地段进行试夯，根据实验段的检测结果，对设计参数进行验证和调整，再进行大面积地基处理施工。

③在有小型构造物的路段，宜在地基强夯完成后再进行构造物施工。

④强夯施工对建筑物有影响，施工前应对影响进行现场测试。设计原则是距离建筑物小于150m不能强夯，大于150m小于200m在对处理边界外开挖减震沟，减震沟沟深不小于2m，宽1.2m。强夯施工对建筑物的影响，受地形地貌、地质情况、夯能及建筑物结构类型等因素影响较为复杂，由于规范中没有明确规定距离，施工中应对设计进行试夯验证，信息及时反馈设计代表，以便动态设计。

3.5.1.7 路堑开挖施工方法

开挖路堑前先挖好截水沟，保证排水畅通，并排除挖土范围内的积水。路堑采用纵向全宽开挖，按设计横断面由上而下逐层开挖，开挖采用推土机、挖掘机进行就近移挖作填。长距离运输时，采用挖掘机取土，自卸车运输的方法。施工过程中及时测量检查避免超欠挖，边挖边修整边坡，自上向下及时防护以防坍塌。

开挖土方，路床面以下土质不良时，修改施工方案及挖方边坡，按图纸所示及监理工程师的指示，采取挖除后换填好土或其他措施进行处理。居民区附近的开挖，施工时采取有效措施,以保护房屋及保证居民和施工人员的安全,为附近居民生活及交通提供临时便道或便桥。

3.5.1.8 台背回填施工方法

结构物达到设计图纸或规范规定的强度,且隐蔽工程验收合格后,方可开始进行台背回填施工。回填应分层对称填筑,回填范围应严格遵照设计图纸和规范要求进行。

回填材料采用碎石土等透水性材料。涵洞两侧对称、均匀、分层摊铺回填材料,分层松铺厚度不宜超过150mm。压路机配合手扶震动夯压实,压实度要求从填方基底或涵洞顶部至路床顶面均为96%,并保持结构物完好无损。

3.5.2 路基施工技术措施

3.5.2.1 保证达到压实标准技术措施

(1)选用重型振动压路机为路基填筑的压实机械,台后填筑压实配合小型振动压路机,在进行大面积填筑前,选取有代表性的地段和部位,对不同性质填料分别进行填筑工艺试验,试验填料碾压含水率、摊铺厚度、碾压机械、碾压遍数等施工工艺参数,压实质量经检验满足设计要求后,确定施工工艺参数,再进行大面积路基填筑。

(2)路基填筑施工严格按工艺试验确定的参数施工,严格过程监控和质量检验、记录。

(3)填筑时路基两侧各加宽50cm,保证边坡压实质量。

3.5.2.2 保证路基填筑施工的技术措施

(1)地基处理:每种地基施工前,先进行工艺试验,取得工艺参数后,再全面铺开;强化多种软基处理措施的工艺监控,采用无损检测仪器对地基进行承载力和完整性检测,保证施工质量。

(2)地基处理验收:每段地基处理后,由项目部组织监理、设计和施工单位进行验收评价,依据施工单位自检记录和监理检查验收记录进行评判,形成验收记录并共同签字,合格后方可进行路基填筑施工。

(3)路基填筑施工:严格填料筛选和检验,保证材质、级配等满足要求;推行样板工程引路、工艺试验先行做法,在取得有关工艺参数后,再大面积施工铺设;填筑采用网格分配摊铺方法,保证填料铺摊均匀、厚度一致。

(4)沉降观测:在地基、填筑施工中,严格按设计要求埋设沉降观测仪器和元器件,建立科学规范的观测系统,做好原始记录,保证观测结果真实、可靠、有效。

(5)沉降评估:组织有关单位和专家对路基沉降观测数据和结果进行评估,就沉降是否稳定、是否可以进入下道工序施工等做出判断。

3.6 路基加宽工程施工工艺

路基拼宽按施工工序为:切割旧路面结构层→挖机挖除老路基→补填上路床挖出旧路基下第一层灰土→铺设土工格栅→布设素土方格网→上土摊铺→布设石灰方格网→铺灰→拌和→检测灰剂量→整形→检测含水率→碾压→压实度检测。

3.6.1 切割旧路面

采用切割机切割，保证切割面为一条直线。分两次切割完成，第一次切割厚度为沥青和水稳厚度，第二次切割厚度为路床厚度。

3.6.2 挖掘机挖除旧路路床

挖掘机挖除旧路路床，便于新旧路基形成一个整体，受力均匀。

3.6.3 土工格栅施工

拼接路堤高 $4m \leq H < 8m$ 时路床底设一层土工格栅，拼接路堤高 $H \geq 8m$ 时，路床内设两层土工格栅。土工格栅采用双向拉伸聚乙烯整体土工格栅，极限抗拉强度不低于50kN/m，2%伸长率时抗拉强度大于20kN/m。幅宽250cm。土工格栅纵、横向均采用捆扎法施工，搭接宽度不小于30cm。

3.6.4 路床施工

路床采用80cm掺6%生石灰处治。路床、路堤石灰土施工前按质量验收标准准备下承层，表面应平整、密实，具有规定的路拱，平整度、压实度、高程均应符合规范要求。路床施工前上路堤应复压并洒水湿润，报监理工程师验收，合格后即可进行灰土施工。灰土分层施工，每层控制压实厚度为20cm。施工时先做试验段，其目的是确定灰土在生产过程中各种原材料的用量和布料方法，确定灰土的松铺厚度、拌和遍数及含水率的控制方法，掌握灰土的整形方法，确定灰土的碾压工艺（碾压时的机械组合、碾压遍数和碾压时间），了解灰土的养生情况及生产能力，对配合比进行验证。施工要点如下：

（1）机械准备

需配备足够数量的稳定土路拌机、压路机、平地机、推土机、洒水车及配套的运输设备。

（2）土的准备

根据配合比及击实试验结果计算土及石灰的用量。从取土场取土运至已交验的路基上，先用推土机初步整平，配合人工捡除土中杂物，再用平地机精平并稳压成型，在整个施工段落内抽取若干个点，测出各个点土的每平方米重量、厚度和含水率，计算出土的松方重度和平均厚度，以便准确控制用土量。

（3）撒布石灰

提前将石灰消解过筛，施工时计算好每延米用灰量，人工沿线路方向，在半幅路基中心码方，用卡尺检查，保证每米的用灰量，然后人工布灰。布灰时应采用扣锨法布灰，严禁铁锨抛撒。最后用刮板刮平，避免因布灰不匀而造成拌和后的灰窝、灰带现象，量测石灰的松铺厚度，根据石灰的含水率和松密度，检验石灰用量是否合适。

（4）拌和

石灰撒布好后，用路拌机拌和，先拌和1遍，测定混合料的含水率，若含水率过小，根据需水量洒水，并将灰土的含水率控制在比最佳含水率高1～2个百分点。闷料半小时，再用路拌机翻拌1～2遍；在每次翻拌过程中，应有2～3人挖槽检查路拌机是否将灰土拌匀拌透，灰土底部是否有素土夹层和漏拌的灰带。灰土拌匀后，抽取试样检测灰剂量，做标准击实试验，用试验配合比校核现场灰土的配合比是否准确，并成型灰土强度试件。

(5)整形

拌和好灰土后，用推土机的履带稳压1~2遍，消除灰土潜在的压实不均匀现象(特别是路拌机轮胎压过的地方)，然后用轻型压路机再稳压一遍，用平地机整形。

(6)碾压

精平后检测高程，用重型压路机(12~15t)静压，稳压1~2遍。稳压后用振动压路机弱振(高频低幅，激振力约200kN)2~3遍，之后强振(低频高幅，激振力约330kN)1~2遍，然后用光轮压路机(18~20t)静压，最后用胶轮压路机终压1~2遍。

(7)压实度检测

为了保证压实度达到规范要求，通过击实试验得到的含水率与干密度关系曲线，选择灰土的含水率在最佳含水率的±2%之内，碾压完成后试验人员采取灌砂法检测压实度，检测合格后方可进行下一层施工。

(8)养生

及时洒水养生，封闭交通，除洒水养护车外，禁止其他车辆通行，7天后开放交通。

(9)施工注意事项

施工时加强质量检测，对含水率、灰剂量、压实度及强度等主要指标加强检测。首先要严格控制原材料质量，随时检查石灰的钙、镁含量，严格控制好土、石灰的每延米数量，布灰时应严格整平，保证布灰均匀。其次对于土、混合料应控制好含水率，混合料碾压前含水率宜比最佳含水率高1%~2%。路拌时要严格控制拌和深度，拌和时要侵入下承层5~10mm，防止出现素土和夹层。最后养生采用洒水养生，要经常保持表面湿润，以防开裂。

3.7 与原高速公路拼接处理

为尽可能减小与原高速公路拼接加宽因老路路基地基强度与填料强度、压实度不同产生的不均匀沉降及纵向裂缝，在新老路基拼接处采用挖台阶、铺设钢塑土工格栅的处理方案，以尽量减小拼接处的差异沉降，加强拼接路基的整体性。

3.7.1 拼宽路基施工流程

(1)拆除清理

拼宽路基施工前应拆除原有边坡防护，清除老路边坡耕植土、松散土(平均按30cm计)，挖除原边沟，边沟挖除后采用素土回填。

(2)老路开挖

清除完成后，进行老路部分的台阶式开挖。台阶形式设计为竖向外倾式，台阶背向坡面坡比控制为10:1，台阶设向内倾斜3%的横坡。

台阶开挖由下而上，台阶开挖分三个阶段：第一阶段，开挖老路坡脚部位，即最下面一层台阶高度为1m，宽度1.5m，整平后进行软基处理；第二阶段，软基处理结束并填土至第一个台阶顶后，开挖老路中部边坡，中部台阶尺寸宽度≥1m，开挖台阶高度为60cm；第三阶段，路基顶施工时开挖接近老路土路肩,老路土路肩向外20cm左右宽不进行挖除,进行路基顶层(路床顶的施工)。

(3)铺设钢塑格栅

为减少拼接处的不均匀沉降,在路基底部和路床顶部各铺设一层土工格栅。

(4)路床填筑

在老路拼接处进行台阶式施工,保证水泥石灰土路基顶层搭接有最少1m的宽度,以防止新旧路面出现纵向裂缝。

3.7.2 施工期路基排水

路基施工期排水对于保证路基拼接质量非常重要,其主要目的在于排除施工期落入路基范围内的雨水,主要有老路面表面、老路基坡面和新路基坡面的雨水。因此,应沿老路面硬路肩砌拦水埂,并通过老路基坡面急流槽排除,对于老路基坡面急流槽失效或因清表破坏的,应采用砂浆或小石子混凝土按照原防护排水通道设置临时的引水通道,老路基临时排水系统如图3.1所示;对于新填路堤,通过表面横坡将雨水引出,若降雨量大且距下一层施工时间久,还应在新填路基表面挖临时排水槽排水;在新填路基边坡每隔20m左右构筑临时急流槽,并通过在边部堆土或砌砖形成的拦水埂集中汇水,进而通过急流槽将老路面表面雨水、老路基坡面雨水和新路基坡面雨水排除至新路基坡脚临时排水沟内,新路基临时排水系统如图3.2所示。临时排水沟也可用作永久排水沟。

图3.1 老路基临时排水系统

图3.2 新路基临时排水系统

3.7.3 路基拼接施工注意事项

(1)道路施工应遵循分段施工的原则,开挖后应及时回填,最大限度地避免路基长时间的暴露,以防受雨水浸泡。

(2)开挖至底基层部分后,应尽快进行底基层施工;如不能及时进行,宜在设计高程以上预留至少30cm厚的保护层。

(3)路基在填筑前对原场地耕植土进行清除,平均厚度为15cm,然后进行原地面翻挖掺灰压实。

(4)路基填土应不含有任何不适宜工程使用的土,如淤泥、沼泽土、含有残树根等腐殖质的土及含水率较大的土,必须全部清除。

(5)对河塘地段,清淤干净彻底,清淤后塘底基本同塘周围土质。

(6)路基填筑,必须根据设计断面,分层填筑、分层压实,分层的最大松铺厚度不超过30cm,填筑至路床顶面最后一层的最小压实厚度,不小于10cm。

(7)若路基填筑分几个作业段施工,两段交接处,不在同一时间填筑时,则先填地段,按1:1坡度分层留台阶。若两个地段同时填,则分层相互交叠连接,其搭接长度不应小于2m。

(8)压实度按《公路路基施工技术规范》(JTG D30—2015)压实标准执行,为保证均匀压实,施工中注意压实顺序,并经常检查土的含水率、掺灰剂量和均匀性。

(9)为了保证道路边坡的压实度,一般路段道路两侧应各加宽50cm的碾压宽度。

(10)为保证路基边部的强度和稳定,施工时每侧超宽50cm填土压实施工加宽与路堤同步填筑,严禁出现贴坡现象,掺灰剂量按同层次路基掺灰剂量控制。

(11)为了减少路基在桥梁两侧产生不均匀沉降而导致路面不平整,在桥梁两侧设置15m的过渡段。过渡段路基范围内的路基填料的CBR值除顶面以下0~30cm大于或等于8以外,其余均要求大于5,该范围的路基压实原则上要求不小于96%。对于大型压实机具压不到的地方,必须配以小型压实机具薄层碾压,以确保路基的压实度。

(12)施工中应保证对开挖台阶的及时填筑,拼宽路基拆除原边坡后,还应采用适当的防护措施,如覆盖彩条布、喷浆防护等,避免老路边坡受雨水侵袭。

(13)当台阶开挖遇到路基填料为粉土时,台阶开挖不易成型,影响拼接质量,如在填土到达该层台阶高度前下雨,台阶容易遭水毁坍塌,可采用M15砂浆喷浆护壁或进行注浆处理,以确保老路路基坡脚的稳定。

(14)拼接宽度较小的路段必要时应超宽填筑,以满足机具最小压实宽度要求,台阶内侧重型压路机碾压不到的接缝部位应使用小型振动夯机夯压密实。任何拼接路基施工可能影响到老路稳定性时,必须做好防范措施,必要时应设置临时防护。

(15)上跨桥梁在被交道道路中的承台回填应采用小型振动夯机夯实压密。

(16)当两相近涵洞间路基压实不能满足要求时,在两涵洞间填碎石土夯实,填筑厚度为较低涵洞基底至较高涵洞顶。

(17)其他未尽事宜见《公路路基施工技术规范》(JTG D30—2015)有关规定。

3.8 拼宽路堤沉降变形现场测试研究

目前在我国高速公路改扩建工程中,新路堤填筑期间的沉降以及工后的沉降是当前改扩建控制和研究关注的重点。故本节在本项目中选取典型高填方断面,对地基进行长期沉降以及水平位移监测。

采用横剖管检测方法、测斜管检测方法,对本项目K741+500、K741+923、K753+284以及K757+633断面进行了长期的沉降监测,另对K741+500断面进行了长期的地基水平位移监测,监控填筑期间的沉降,控制填筑的速率,保证填筑过程安全有序地进行。根据监测的结果,分析单侧拓宽、双侧拓宽,双侧拓宽有挡土墙和双侧拓宽渐变段不同填筑高度地基的变形规律以及填筑完成后变形随时间变化的规律。

3.8.1 拓宽路堤变形现场测试方案

(1)地基沉降监控

①观测点位的布设

横剖管变形观测点位设置在新路堤的底部,用综合测试仪进行检测,两次检测得出的数据进行比较,求得沉降差。观测点具体布设位置如图3.3所示。

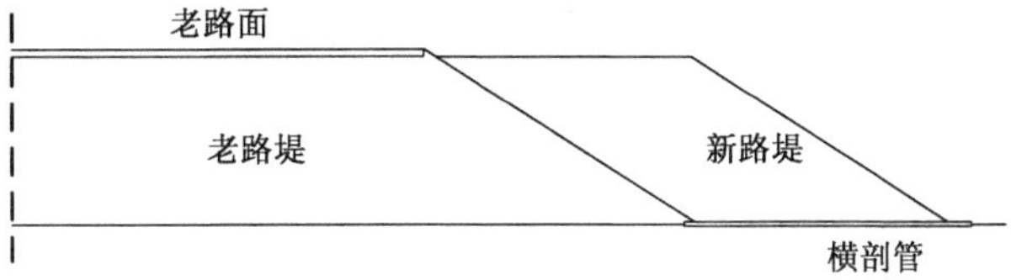

图3.3 拓宽断面沉降观测点布置示意图

②沉降监测点的设置及埋设

本项目对K741+500、K741+923、K753+284、K757+633断面沉降进行变形监测,采用剖面沉降检测方法。

剖面沉降观测是通过插入埋设在路堤底部的沉降管中的剖面沉降仪进行的,具有不受地面施工影响、可连续多点观测、精度可达0.5mm等优点。该仪器由水平探头、电缆线和读数仪组成(图3.4)。探头通过设置在其上的两个间距为50cm的轮子在管中行走。探头一端通过电缆线(其上有50cm间隔的标记)与读数仪相连。并可直接测得前、后测轮连线的倾角,不同位置时的倾角是个变数,通过仪器中的软件,将测得的倾角换算成测轮前、后两个接触点的高差,并在存储仪采集获得数据,再通过专用数据线传输到电脑中,最后将连续观测的高差值与水准点相比较、求得各点高程与沉降量。剖面沉降仪的埋设见图3.5。

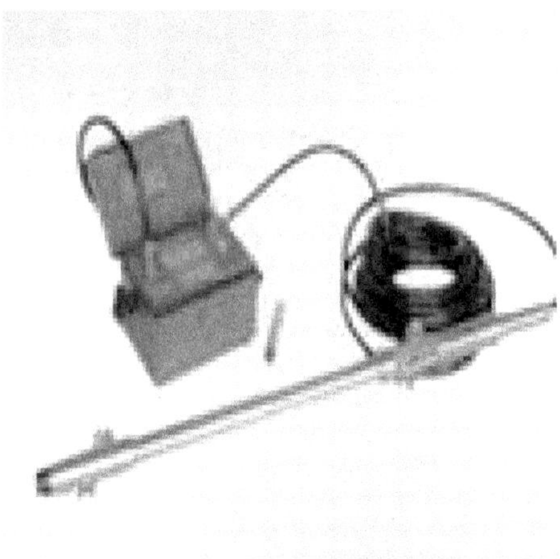

图3.4 剖面沉降仪组成

图3.5 剖面沉降仪埋设

沉降管横断面为圆形断面,内壁均匀光滑并具有良好的挠性、柔性和刚性。其埋设步骤为:

a.在原地面上挖沟,沟深约为30~40cm;

b. 将横剖管底部和周边用砂、土将沟填平、夯实；

c. 横剖管在管口处做一平台(约 40cm × 40cm)作为参照平面；

d. 在横剖管外延 50m 处设一固定水准点，每次观测时与管口现浇水准点连测可求得各前、后测轮接触点的高程变量。

现场埋设流程如图 3.6 所示。

图 3.6　横剖管埋设现场

③观测频率

在路堤填筑期间，一般每填筑 1 ~ 2 层或 5 ~ 10d 观测一次；预压初期(1 ~ 2 个月)每月观测 2 ~ 3 次。通车运行期，一般一个月内的沉降在 0 ~ 1mm 之间，观测频率放宽至 3 个月观测一次。

④动态控制标准

在路堤填筑施工期，仍可采用新建道路的路堤施工动态控制标准，即监控断面的沉降速率每日不大于 10mm。拓宽路段路面结构施工时的控制标准[1]为：拼接路堤施工至 96 区顶后，路面中心(人孔井)按二等水准观测标准的实测沉降速率每月应小于 2mm；底基层施工时的沉降速率为两个月平均月沉降小于 3mm；沥青面层拼接施工期的沉降速率为每月应小于 1mm。

(2)地基水平位移监控

①测点及其测斜管的布设

为考察拓宽路堤对地基的影响，选择典型断面在新路堤边坡坡脚处设置一根测斜管进行地基深层水平位移测试。每根测斜管深度以进入硬层为止(根据各断面的工程地质条件并结合现场钻孔情况而定)。

②测斜管的埋设方法

测斜管埋设时一般采用小型钻机打孔,直径110cm为宜,竖直偏差率不大于1.5%。本研究采用的测斜管深度为10m,选取典型断面进行埋设。选定在K741+500单侧拓宽断面。

③动态控制标准

在路堤填筑施工期,可采用新建道路的路堤施工动态控制标准,即监控断面的水平位移速率为每日不超过5mm。

3.8.2 双侧拓宽段现场测试分析

双侧拓宽监控断面选取了K741+923断面。K741+923填土高度为12.7m,老路宽24.5m,两侧拓宽3.75m,路缘带0.5m,硬路肩2.5m,土路肩0.75m。横剖管长14m。地基部分为湿陷性黄土,采用了碎石换填,提高承载力。

根据对K741+923断面数值模拟填筑完成时的地基表面沉降结果与现场实测填筑完成时的结果,进行比较分析。分析数值模拟的可行性,以及变化规律[39]。比较结果见图3.7。

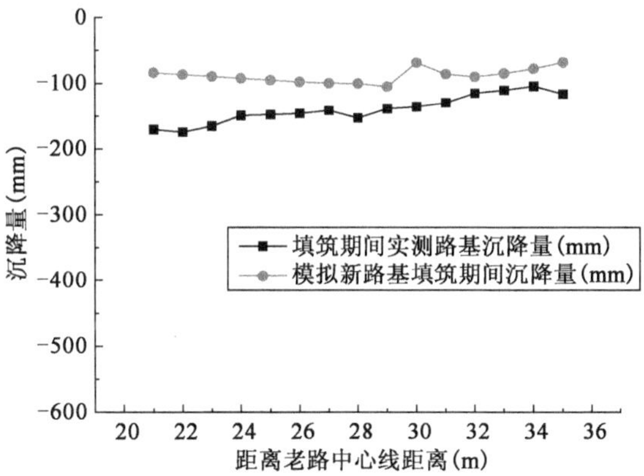

图3.7 地基表面沉降实测与模拟值比较

由图3.7可得:根据现场填筑完成时测得的横剖管得出的沉降与上文模拟填筑完成时的沉降进行比对,数值模拟中地基的竖向位移比实测的较小,差值在2.5~8.6cm之间,可以认为是接近一致的。说明模拟得出的数据是能够反映实际情况的。

根据现场对K741+923断面横剖管检测结果,得出每次监测时的地基沉降最大值及最小值,以及通过精密水准仪测量得到的横剖管上填土高度,分析路堤填筑过程与沉降变形的变化规律。结果见图3.8。

由图3.8沉降曲线图可得:由于该断面地基采用了碎石换填,填筑完成后,边坡外侧为沉降最小点,沉降较小,可以认为基本不变;沉降最大点为横剖管顶端即靠近老路堤台阶边缘的部分,填筑完成后也基本不变。此外,在填筑以及完工后的时间内,沉降最大点与沉降最小的差别不大,说明地基沉降均匀,地基碎石换填起到了很好的作用。地基处治效果良好。

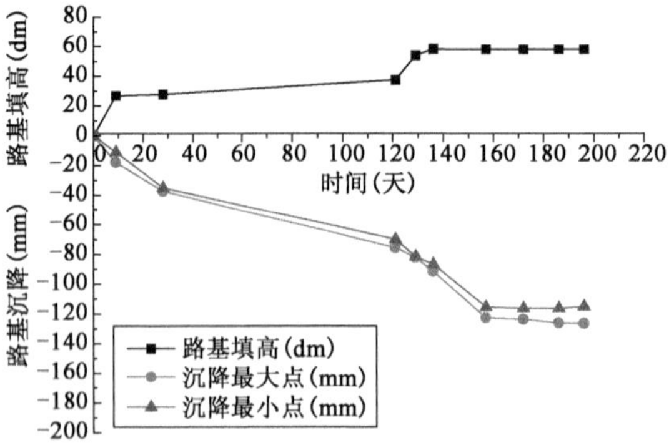

图 3.8　K741 +500 路堤填筑过程与沉降曲线图

3.8.3　单侧拓宽段现场测试分析

单侧拓宽断面监控是对本项目 K741 +500 左幅断面进行了长期沉降检测和水平位移检测，采用横剖管检测方法和测斜管检测方法。K741 +500 断面左幅填土高度为 12.7m，左幅拓宽 16m，右幅完全利用。此断面位于东阳关服务区靠近邯郸方向，横跨主线及 A、B 匝道。填方路堤，填料形式为就近调配的黄土，属于细粒土。该段属于工程地质分区 IV_1（黎城盆地平缓区），地势平坦开阔，底层岩性上部主要为第四系全新统冲洪积（Q_4^{al+pl}）黄土状土（粉质黏土）；地层岩性中部主要是第四系上更新统冲洪积（Q_3^{al+pl}）新黄土（粉质黏土）；下部为第四系中更新统冲洪积（Q_2^{al+pl}）老黄土（粉质黏土）。地下水埋藏较深，路堤稳定相较好。2015 年 10 月初，该断面开始填筑，在当年 10 月 9 日就行了沉降仪器的埋设，并进行了第一次检测。2015 年 11 月 11 日完成了填筑。横剖管长度 17m，端口位于新路堤坡脚，垂直于新建路堤行车方向插入路堤中。

（1）不同填筑高度竖向和水平位移现场测试结果分析

现场检测了 K741 +500 左幅断面填筑高度 1.3m、4.6m、7.6m、9.3m、10.3m 时的路堤整体沉降也就是竖向位移和水平位移，分析单侧拓宽断面路堤填筑高度与沉降变形以及水平位移的变化规律。路堤整体竖向位移随填筑高度的变化如图 3.9 所示。新路堤坡脚 10m 深度范围内水平位移随填筑高度的变化见图 3.10。

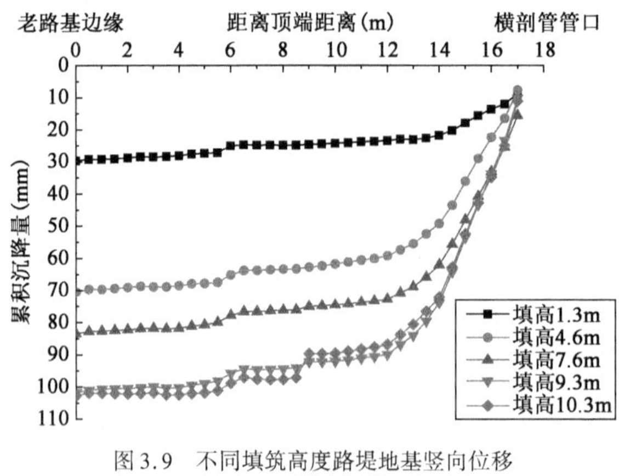

图 3.9　不同填筑高度路堤地基竖向位移

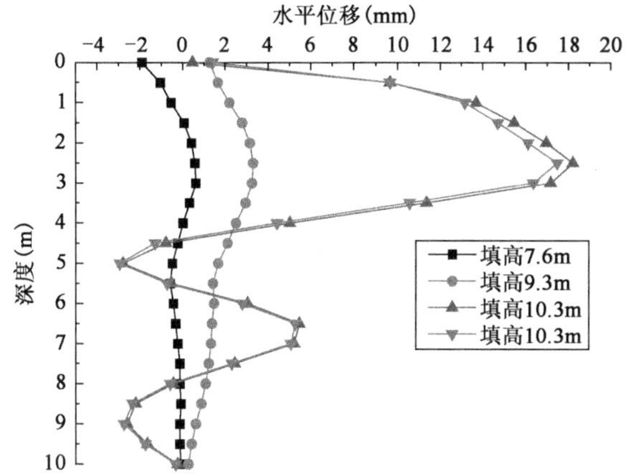

图3.10 不同填筑深度路堤坡脚水平位移

如图3.10所示:路堤的填土高度和路堤的竖向位移是正相关的。填筑1.3m时,沉降最大点发生在靠近老路堤即横剖管顶端处,沉降量为29.58mm,日平均沉降量为4.23mm;填筑4.6m时,沉降量最大点发生在距离顶端3.5m处,沉降量为45.86mm,日平均沉降为6.55mm;填筑7.6m时,沉降量最大点发生在距离顶端口4m处,沉降量为13.37mm,日平均沉降量为1.91mm;填筑9.3m时,沉降量最大点发生在距离顶端4m处,沉降量为24.06mm,日平均沉降量为4.81mm;填筑10.3m时,沉降量最大点发生在距离管口8m处,沉降量为3.35mm,日平均沉降0.37mm。

填筑完成时在横剖管顶端靠近老路堤的地方竖向位移最大,填筑完成时最大累积位移102mm,由老路堤向新路堤的方向逐渐变小,在距离横剖管顶端14m的位置出现明显的突变,急剧减小。填筑10.3m时,横剖管最大累积沉降102.66mm,并且处于较稳定状态,不再产生较大沉降。说明此时路堤逐渐趋于稳定状态。

图3.10所示的路堤坡脚水平位移图,采用的是测斜管检测技术,管深10m,路堤填筑不同高度时检测路堤坡脚处10m范围内的水平位移。可以很清楚地得出:在填筑高度7.6m时,路堤的水平位移不大,水平位移最大的地方为管口处-1.9mm,日平均水平位移-0.21mm,为从路堤边沿向路堤内侧收缩,4m深的地方位移为零,此时整体路堤的影响深度在4m左右。填筑9.3m高度处时,路堤整体位移向外偏移,水平位移最大处发生在3.5m处,水平位移为3.3mm,日平均水平位移0.55mm。当填筑到10.3m时,路堤发生较大水平变形,累积水平位移最大处发生在2.5m处,为18.2mm,日平均水平位移1.66mm,此时完成路堤填筑。从整体可以很清楚地看到路堤整体地基的水平挤压情况。坡脚处地面深度4.5m以内,地基被路堤整体向路堤边缘方向挤压,发生较大水平位移。在此地区进行地基处理时,可以着重处理4.5m深度以内的地基,尽量减少地基的水平位移,防止路堤边坡发生破坏,提高路堤整体的稳定性。

(2)填筑完成后竖向和水平位移随时间变化分析

填筑完成后继续进行观测,测得工后变形随时间的变化,与填筑期间变形进行比较确定路堤是否稳定[40]。填筑完成后路堤地基竖向位移随时间的变化如图3.11所示。填筑完成后新路堤坡脚10m深度范围内水平位移随时间的变化见图3.12。

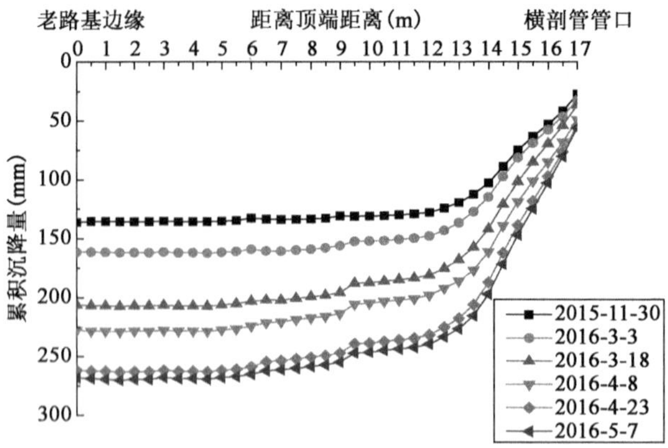

图 3.11 路堤地基竖向位移随时间的变化

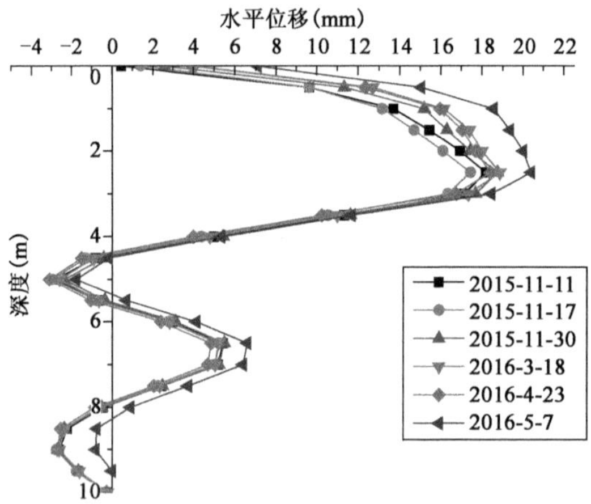

图 3.12 路堤坡脚水平位移随时间的变化

由以上两图可以得出,在停止填筑以后,路堤还在继续沉降,地基水平位移继续增加,均远小于填筑期间的沉降和水平位移。路堤的竖向位移均较小,并且逐渐趋于稳定,日平均沉降均远小于 10mm,符合规范要求。路堤坡脚 10m 深度的范围以内的水平位移较小,日平均水平位移不超过 1mm,说明完成填筑后路堤整体以下 10m 深的范围内的水平位移随时间逐渐趋于稳定,不再发生较大水平位移。

(3)填筑过程与沉降变形变化分析

根据对断面 K741 + 500 断面的现场横剖管沉降监测结果,得出每次测试时沉降量的最大值以及最小值,以及横剖管上填土高度,分析单侧拓宽段路堤填筑过程与地基沉降的变形规律[41]。结果见图 3.13。

根据图 3.13 得出:从填筑开始到填筑完成,新路堤最外侧坡脚的沉降最小,横剖管顶端靠近老路堤边坡坡脚的地方沉降变形最大。随着填筑的进行,新路堤外侧坡脚的沉降变形较小,变化很小,而横剖管顶端靠近老路堤坡脚的地方的沉降呈现接近直线式的下降,沉降明显。填筑完成以后新路堤坡脚的沉降趋于稳定的状态,靠近老路堤坡脚的地方在自重应力的作用下继续沉降,但曲线逐渐平缓,地基沉降趋于稳定。

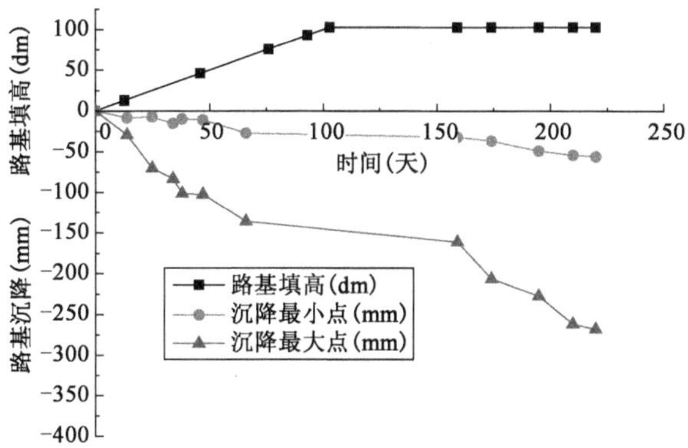

图 3.13 K741 +500 路堤填筑过程与沉降曲线图

3.8.4 双侧拓宽渐变段路堤现场测试分析

渐变拓宽段主要对本项目 K757 +633 左幅断面进行了沉降监测。左幅拓宽 4.5m +2.5m 应急车道 +0.75m 硬路肩,总计 7.75m。在该断面地基上埋设横剖管 14m,检测了填筑 4.8m, 7.3m,7.48m 时路堤整体的沉降变形。

(1)不同填筑高度竖向位移现场测试结果分析

根据对双侧拓宽渐变段 K757 +633 断面现场横剖管的沉降监测结果,分析双侧拓宽渐变段的路堤沉降变形与填土高度的变化规律,见图 3.14 所示。

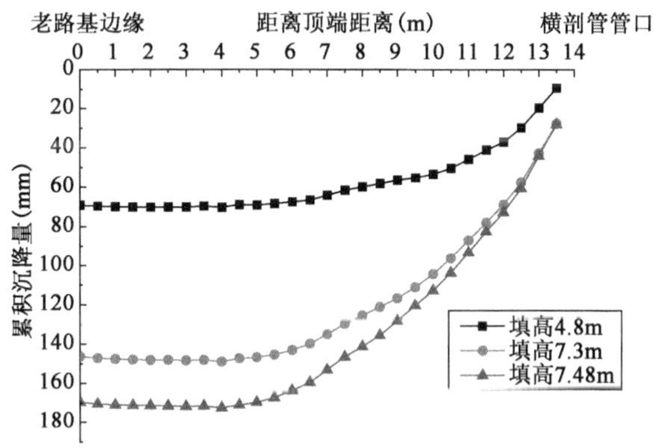

图 3.14 不同填筑高度路堤地基竖向位移

由图 3.14 可得:填筑 4.8m 时,沉降量最大点发生在距离顶端 2m 处,沉降量为 71.55mm,日平均沉降为 7.8mm;填筑到 7.3m 时路堤出现了较大沉降,沉降最大点出现在距离顶端 4m 处,日平均沉降达到 9.83mm,沉降速率较大。继续跟踪监测。填筑到 7.48m 时填筑完成,期间沉降最大的点位于距离顶端 4.5m 的位置,日平均沉降 2.37mm,沉降逐步趋于稳定,路堤处于较稳定状态。总体沉降变形从靠近老路堤向新路堤边缘减小。

(2)填筑完成后竖向位移随时间变化分析

现场 K757 +633 断面路堤填筑完成后,对路堤的沉降持续进行监测,分析双侧拓宽渐变段路堤地基变形随时间变化的规律,结果见图 3.15。

由图 3.15 可以得出渐变段完成填筑以后,路堤整体的沉降不大。靠近新路堤边缘的沉降很小,越靠近老路堤的边缘月平均沉降在 5cm 左右。

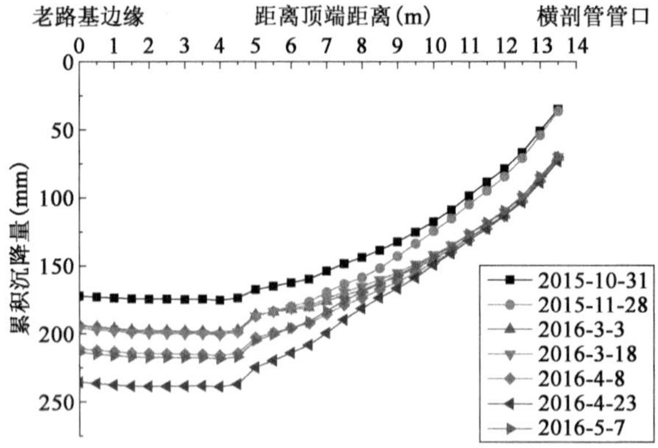

图 3.15　路堤地基竖向位移随时间的变化

(3)填筑过程与沉降变形变化分析

在对 K757 +633 断面持续监控的过程中,得出每次现场测试地基沉降的最大值和最小值,以及路堤填筑高度,分析双侧拓宽渐变段路堤填筑高度与地基沉降的变化规律。结果如图 3.16 所示。

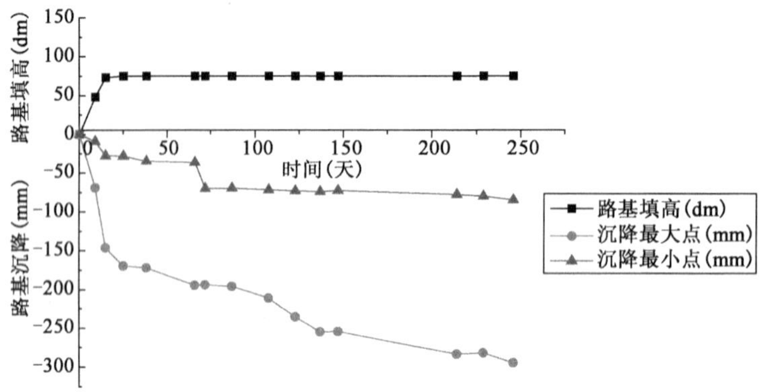

图 3.16　K757 +633 填筑过程与沉降曲线图

根据图 3.16 可得:随着填筑的开始边坡坡脚沉降增大不明显,靠近老路堤底层台阶部分,沉降增加明显。随着填筑的完成,新路堤边坡坡脚处,沉降变形不大,基本稳定,出现的突变是由于现场施工造成了破坏,虽然进行了修复,但影响了坡脚横坡管的高度。在以后的观测中可以发现,该处的变形也是稳定的。填筑完成以后老路堤底层台阶部分的沉降逐渐增大,但沉降曲线逐渐趋于平缓。

3.8.5　双面拓宽段有挡土墙断面现场测试分析

双面拓宽段有挡土墙段主要是对本项目 K753 +284 段面左幅进行了长期监测。左幅拓宽 7.5m。在边坡坡脚处设有挡土墙,高 2m,宽 1m,挡墙基底采用仰斜式,墙身材料选用 M7.5 浆砌片石,10 号水泥砂浆勾缝。

(1)不同填筑高度以及完成填筑后竖向位移现场测试结果分析

根据现场对 K753 +284 断面长期的监测结果,以及横剖管其上的填土高度,分析双侧拓宽有挡土墙断面地基沉降随填筑高度的变化规律,结果见图 3.17。

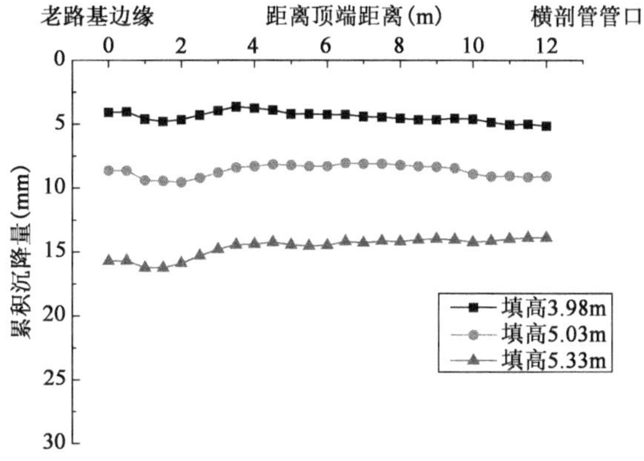

图 3.17 不同填筑高度路堤地基竖向位移

K753 +284 断面路堤填筑完成后,对该断面持续进行沉降监测,分析双侧拓宽有挡土墙断面路堤地基的沉降变形随时间变化规律,结果如图 3.18。

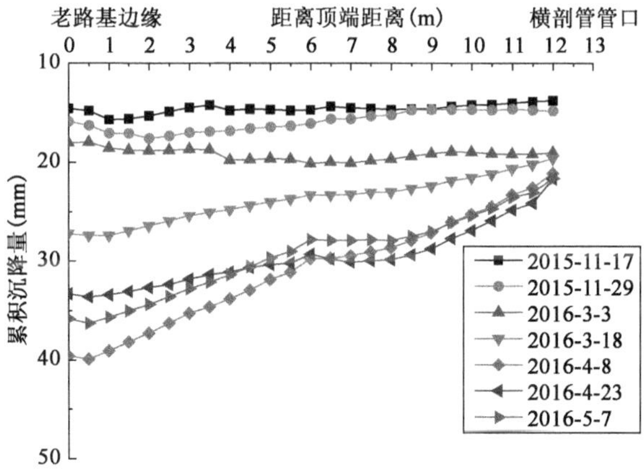

图 3.18 路堤地基竖向位移随时间的变化

图 3.18 可以得出:横剖管上填高 3.98m 时,沉降最大点位于距离横剖管顶端 1.5m 处,沉降量为 4.78mm,日平均沉降为 0.80mm;填高 5.03m 时,沉降最大点位于距离横剖管顶端 2m 处,沉降量为 4.91mm,日平均沉降为 0.49mm;填高 5.33m 时,完成填筑,沉降量最大点位于管口处,沉降量为 7.10mm,日平均沉降为 0.59mm。

完成填筑以后沉降量增加不大,日平均沉降量都在 0.5mm 以下,路堤处于较稳定状态。在距离横剖管顶端老路堤边缘 1 ~6m 的范围内沉降量出现一定的增加。越靠近新路堤边缘的方向整体沉降变化很小,几乎不再增加,可以认为已经处于稳定状态。

增设挡土墙以后,路堤的沉降呈现整体沉降的趋势,累积沉降量明显很小,越靠近新路堤边缘沉降量越小,没有出现边坡向外侧滑移的趋势,有利于保持边坡的整体稳定性。由此可见,在高填方地形复杂路段,可以采用增设挡土墙来保持路堤填筑的稳定性和边坡的稳定性。

(2)有无挡土墙断面竖向位移分析

在 K753 +284 和 K757 +633 拓宽宽度基本一致,填高差不多,且 K743 +284 边坡坡脚处设有挡土墙,高 2m,宽 1.4m,K57 +633 无挡土墙,且观测时间频率一致的情况下比较两个断面填高 5m 左右的累积沉降量以及填筑完成后随时间变化的累积沉降量。分析 K757 +633、K753 +284 断面填高 5m 路堤地基竖向位移变化规律见图 3.19。分析 K757 +633、K753 +284 断面路堤累计地基竖向位移的变化规律见图 3.20。

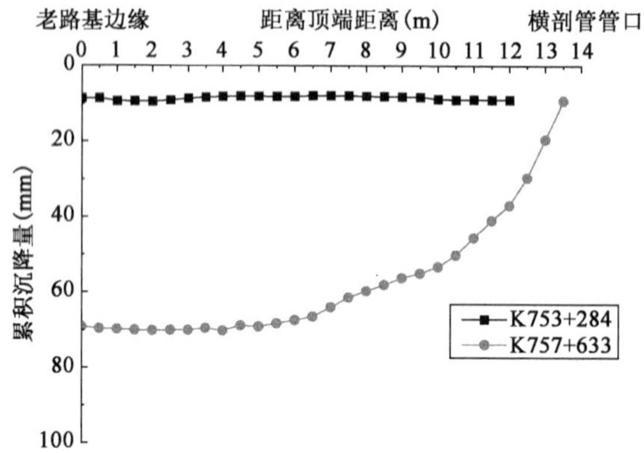

图 3.19 K757 +633 和 K753 +284 断面填高 5m 路堤地基竖向位移

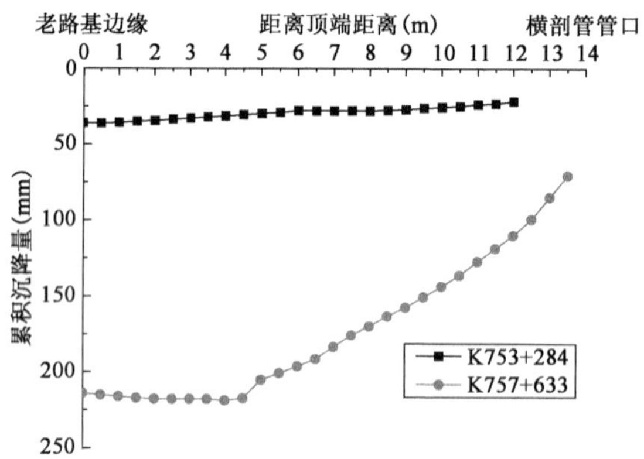

图 3.20 K757 +633 和 K753 +284 断面路堤累积地基竖向位移

图 3.19 与图 3.20,可以明显地得出无挡土墙的断面沉降量要远远比有挡土墙的断面大的多,最深处相差 60mm 左右。填筑完成以后,两个断面最大沉降量相差 170mm 左右。可见,在高填土方路段条件适宜的情况下,增设挡土墙对减少沉降量有很大帮助,有利于减少新老路堤结合部的沉降差。

(3)填筑过程与沉降变形变化分析

根据双侧拓宽有挡土墙断面 K753 +284 断面的跟踪沉降监测结果,得出每次沉降检测路堤沉降变形的最大值及最小值,以及路堤的填筑高度,分析双侧拓宽有挡土墙断面填筑过程与沉降变形的变化规律,结果见图 3.21。

由图 3.21 可得:随着填筑的进行,路堤保持整体沉降,填筑完成以后,沉降最小点边坡坡脚处沉降基本不变,沉降最大点新路堤最底层靠近老路堤台阶部分沉降在自重应力的作用下缓慢沉降，但是累积沉降很小。说明挡土墙起到了作用，能够减小路堤的沉降。

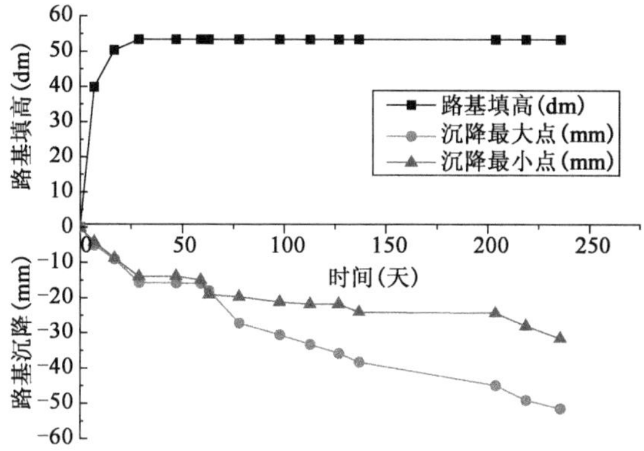

图3.21 K753+284填筑过程与沉降曲线图

3.9 小结

本章基于长邯高速公路改扩建工程的特点，结合旧路检测评价情况，对路基改扩建设计、路基支挡及加固、路基防护工程、路基路面排水设计等展开了讨论和研究，提出了路基拼宽的设计方法；通过对老路拼宽和拓宽路基的现场施工，提出了老路拼宽与新路扩宽的施工方法；通过在典型断面埋设元器件，现场测试并分析了拓宽路基的沉降变形。测试结果表明，拓宽路基变形前期较大，后期逐渐趋于稳定，且新老路基差异沉降较小，表明本项目的设计和施工方法具有良好效果，也证明了本项目中的新老路基拼接关键技术是有效的。

第4章　路　　面

4.1　路面结构设计

4.1.1　原有路面状况

4.1.1.1　原路面结构

原沥青路面结构见表4.1。

原有沥青路面结构表　　表4.1

路面结构	长治～邯郸(下行方向)			邯郸～长治(上行方向)		
	干燥	中湿	基岩	干燥	中湿	基岩
上面层(AC-13Ⅰ)/(SMA-13)	4cm	4cm	4cm	4cm	4cm	4cm
中面层(AC-20Ⅰ)	6cm	6cm	6cm	5cm	5cm	5cm
下面层(AC-25Ⅱ)	8cm	8cm	8cm	6cm	6cm	6cm
下封层(沥青表处)	1cm	1cm	1cm	1cm	1cm	1cm
上基层(5%水泥稳定碎石)	20cm	20cm	20cm	20cm	20cm	20cm
下基层(5%水泥稳定碎石)	16cm	16cm	—	—	—	—
底基层(10%石灰土)	27cm	32cm	—	—	—	—
底基层(综合稳定土)(土:石灰:水泥=90:10:2)	—	—	—	35cm	40cm	—
总厚度(cm)	82cm	87cm	39cm	71cm	76cm	36cm

注：K733+000～K749+309段左右幅上面层采用4cm厚SMA-13。

4.1.1.2　原沥青路面检测评价

对原有路面进行了检测，路面检测分为平整度检测、车辙检测、弯沉检测、抗滑性能检测及路面钻芯取样，检测内容及主要结论分别如下：

(1)路面平整度检测及主要结论

路面平整度的调查指标为国际平整度指数(IRI)。采用激光断面仪测试每个车道的IRI、车辙、表面构造深度等指标，评定其行车的舒适性。

路面行驶质量即路面平整度的结论：黎长高速上行及下行方向行车道RQI总平均值分别为96.67、96.37，上行及下行方向超车道RQI总平均值分别为97.00、96.71按现行规范评价，目前黎长高速公路双向行车道路面行驶质量状况为优。

(2)车辙检测及主要结论

采用美国威林克公司生产的多功能数据采集车所配备的激光车辙仪进行检测,每10m输出一个数据,每100m计算出路面左、右轮迹车辙深度,路面车辙用路面车辙深度指数(RDI)评价。

路面车辙检测结论为:上行方向行车道车辙整体状况为9.27mm,超车道为7.69mm,下行方向行车道车辙整体状况为11.62mm,超车道为10.81mm。上行方向行车道RDI总体平均值81.46,超车道RDI总体平均值84.63,目前黎长高速上行行车道和超车道总体评价为良;下行方向行车道RDI总体平均值76.83,超车道总体平均值为78.38,下行方向行车道路和超车道总体评价为中。总体来说超车道优于行车道。

(3)路面强度检测及主要结论

在沥青路面路表测试的回弹弯沉值可以反映路基路面的综合承载能力,本次检测采用贝克曼梁进行测试。

路面结构强度检测结论为:上行方向行车道整体代表弯沉值为19.55(0.01mm),路面结构强度PSSI总体平均值为88.9,优秀率66%,良好率17%,中等率6%,次及差等率11%;超车道代表弯沉值为13.57(0.01mm),路面结构强度PSSI总体平均值为96.33,优秀率88%,良好率6%,中等率2%,次及差等率4%;下行道方向行车道整体代表弯沉值为19.78(0.01mm),路面结构强度PSSI总体平均值为84.5,优秀率49%,良好率23%,中等率15%,次及差等率13%;超车道整体代表弯沉值为10.94(0.01mm),路面结构强度PSSI总体平均值为96.88;优秀率92%,良好率4%,次及差等率4%。按现行规范评价,目前行车道路面强度为良,超车道路面强度为优。

(4)路况破损调查及主要结论

路面破损的调查指标为综合破损率(DR)。采用先进的公路路面破损快速记录系统对每个车道的路表裂缝、坑槽、车辙以及其他病害进行普查。在采用设备检测的基础上,以人工方式全面对路面破损进行了调查,以便校核比对数据,准确评价路面破损情况。

调查严格按照规范的路面病害分类进行,按100m分段进行详细调查记录。路面损坏情况以一公里为一个评定路段,根据整个路段的综合破损率计算出路面状况指数PCI。

路面破损状况评价结论为:黎长高速上行方向优秀率11%,良好率43%,中等率36%,次及差等率11%,PCI总体平均值80.01,路面状况为良;下行方向优秀率6%,良好率30%,中等率38%,次等率21%,差等率4%,PCI总体平均值76.10,路面状况为中。上行方向优于下行方向。路面破坏类型以裂缝为主,并伴有少量沉陷、坑槽等其他类破损。

(5)摩擦系数检测及主要结论

检测仪器采用道路摩擦系数检测系统,采用符合ASTM标准E1844-96规定的测试轮胎,直接连续测试用于计算摩擦系数的垂直力和摩擦阻力,测试结果精度高;自动控制洒水量,确保测试路表水膜厚度要求。本次抗滑性能测试对左右两幅行车道和超车道进行检测。

路面抗滑性能评价结论为:上行方向行车道的优秀为37.8%,良好率为57.8%,中等率为4.4%;超车道的优秀率为8.9%,良好率为91.1%。下行方向行车道的良好率为84.4%,中等率为15.6%;超车道的优秀率为6.7%,良好率为71.1%,中等率为22.2%。

(6)路面钻芯取样及主要结论

按照《公路路基路面现场测试规程》(JTJ 059—95)中 T0901-95 进行。路面钻孔取芯机(直径 100mm),沿左、右幅行车道轮迹位置每 1000m 取一个芯样,必要时根据路面破坏类型钻取代表性试样。并进行物理性能,力学性能测定。

通过路面钻芯取样,芯样的室内试验分析结果表明,原路面结构层已经发生了一定的变化,特别是重车方向的行车道,油石比、沥青用量和级配都发生了不同程度的变异,混合料的沥青老化已经相当严重。面层网裂处基层破碎,面层重度裂缝处裂缝延伸至基层。

4.1.2 路面设计依据及原则

4.1.2.1 设计依据及标准

依据本项目工程可行性研究报告提供的各项基础资料,按照交通运输部颁发的设计规范、规程进行设计。

沥青路面结构计算采用双圆垂直均布荷载作用下的多层弹性体系理论,层间接触条件为完全连续体系,以路表面设计弯沉值和弯拉应力作为设计指标进行路面结构分析、计算。

设计标准:设计以双轮组单轴轴载 100kN 为标准轴载,沥青混凝土路面设计年限为 15 年。

4.1.2.2 自然区划

按《公路自然区划标准》(JTJ 003—86)的划分,项目区处于山西山地、盆地中冻区(Ⅲ1区)。根据沿线土质情况,路基土组主要为粉质土,干燥状态取稠度 1.05 时土基回弹模量取 54.0MPa,中湿状态取稠度 0.9 时天然土基回弹模量 36.5MPa。根据《公路沥青路面施工技术规范》(JTG F40—2004)的划分,气候分区为夏炎冬寒湿润 2－2－2 区。

4.1.2.3 设计交通量

(1)下行方向

当以设计弯沉值为指标及沥青层层底拉应力验算时:

路面竣工后第一年日平均当量轴次:17351 次

设计年限内一个车道上累计当量轴次:9.274704×10^7 次

当进行半刚性基层层底拉应力验算时:

路面竣工后第一年日平均当量轴次:44232 次

设计年限内一个车道上累计当量轴次:2.364352×10^8 次

路面设计交通等级为特重交通等级。

(2)上行方向

当以设计弯沉值为指标及沥青层层底拉应力验算时:

路面竣工后第一年日平均当量轴次:7285 次

设计年限内一个车道上累计当量轴次:3.894281×10^7 次

当进行半刚性基层层底拉应力验算时:

路面竣工后第一年日平均当量轴次:5541 次

设计年限内一个车道上累计当量轴次:2.963054×10^7 次

路面设计交通等级为特重交通等级。

经计算下行方向在设计年限内一个车道累计标准轴载当量轴次 $N_e=9.275\times10^7$ 次，设计弯沉值 $L_d=0.152$mm；上行方向在设计年限内一个车道累计标准轴载当量轴次 $N_e=3.894\times10^7$ 次，设计弯沉值 $L_d=0.182$mm。

4.1.3 新建路面结构

下行方向主线路面：采用4cm中粒式改性沥青玛蹄脂碎石（SMA-16）上面层＋6cm中粒式改性沥青混合料（AC-20）中面层＋12cm再生沥青碎石厂办热（ATB-30）下面层＋1cm改性沥青同步碎石下封层＋20cm水泥稳定碎石上基层＋22cm水泥稳定碎石下基层＋30cm水泥稳定碎石底基层（中湿）/23cm水泥稳定碎石底基层（干燥）。

上行方向主线路面：采用4cm中粒式改性沥青玛蹄脂碎石（SMA-16）上面层＋6cm中粒式改性沥青混合料（AC-20）中面层＋9cm沥青碎石厂办热再生（ATB-30）下面层＋1cm改性沥青同步碎石下封层＋20cm水泥稳定碎石上基层＋20cm水泥稳定碎石下基层＋20cm水泥稳定碎石底基层（中湿）/15cm水泥稳定碎石底基层（干燥）。

互通匝道路面：采用4cm改性沥青玛蹄脂（SMA-16）＋6cm中粒式改性沥青混合料（AC-20）＋1cm改性沥青同步碎石下封层＋20cm水泥稳定碎石上基层＋20cm水泥稳定碎石下基层＋23cm水泥稳定碎石底基层。

隧道路面：有仰拱时长、特长隧道路面采用30cmC40水泥混凝土＋20cmC20水泥混凝土；中、短隧道路面采用4cm中粒式改性沥青玛蹄脂碎石（SMA-16）＋6cm中粒式改性沥青混合料（AC-20）＋26cmC40水泥混凝土＋20cmC20水泥混凝土。无仰拱时路面增设15cm调平层贫混凝土。

桥面铺装：采用沥青混凝土桥面铺装：4cm中粒式改性沥青玛蹄脂碎石（SMA-16）＋6cm中粒式改性沥青混合料（AC-20）。

4.1.4 原路面改建

4.1.4.1 旧路弯沉检测

依据相似原则分段，将原路面的破损形态、弯沉值、破损原因相近的划分为一个路段。对检测数据进行温度修正，根据《公路路基路面现场测试规程》（JTG E60—2008）舍弃个别离散大的测定值，计算各路段的代表弯沉值，见表4.2和表4.3。

旧路弯沉检测情况（上行方向） 表4.2

序号	里程桩号	行车道	超车道	满足设计弯沉
1	K733.137～K733.887	17.56	5.43	是
2	K733.887～K734.887	19.93	6.64	否
3	K734.887～K735.887	15.53	6.7	是
4	K735.887～K736.887	19.15	9.32	否
5	K736.887～K737.987	18.17	12.2	否
6	K737.987～K738.587	东阳关隧道		

续上表

序号	里 程 桩 号	行 车 道	超 车 道	满足设计弯沉
7	K738.587 ~ K738.887	10.95	8	是
8	K738.887 ~ K739.757	10.49	8.4	是
9	K739.757 ~ K740.187	收费站		
10	K740.187 ~ K740.487	37.22	18.49	否
11	K740.487 ~ K740.887	18.2	18.23	否
12	K740.887 ~ K741.887	19.06	9.61	否
13	K741.887 ~ K742.887	14.68	8.96	是
14	K742.887 ~ K743.887	21.12	13.89	否
15	K743.887 ~ K744.887	19.69	11.31	否
16	K744.887 ~ K745.887	15.35	19.43	否
17	K745.887 ~ K746.587	11.6	11.43	是
18	K746.587 ~ K746.887	20.52	9.98	否
19	K746.887 ~ K747.887	11.35	7.96	是
20	K747.887 ~ K748.287	10.58	12.36	是
21	K748.287 ~ K748.737	19.55	14.91	否
22	K748.737 ~ K749.187	10.78	15.66	是
23	K749.187 ~ K749.937	21.91	11.25	否
24	K749.937 ~ K750.887	16.66	6.8	是
25	K750.887 ~ K751.887	14.13	13.67	是
26	K751.887 ~ K752.887	21.22	施工路段	否
27	K752.887 ~ K753.887	17.33	21.46	否
28	K753.887 ~ K754.887	19.62	13.59	否
29	K754.887 ~ K755.887	18.99	14.64	否
30	K755.887 ~ K756.887	20.15	15.42	否
31	K756.887 ~ K757.887	20.3	14.67	否
32	K757.887 ~ K758.722	15.07	13.83	是
33	K758.722 ~ K759.247	浊漳河大桥		
34	K759.247 ~ K759.887	18.33	14.03	否
35	K759.887 ~ K760.887	16.24	12.95	是
36	K760.887 ~ K761.887	17.04	16.04	是
37	K761.887 ~ K762.887	21.38	17.92	否
38	K762.887 ~ K763.887	29.75	29.31	否
39	K763.887 ~ K764.432	27.11	20.84	否
40	K764.432 ~ K764.712	太行大桥		
41	K764.712 ~ K765.167	21.74	19.23	否

续上表

序号	里程桩号	行车道	超车道	满足设计弯沉
42	K765.167 ~ K766.197	39.75	21.93	否
43	K766.197 ~ K766.412	12	19.19	是
44	K766.412 ~ K766.612	34.39	31.21	否
45	K766.612 ~ K766.937	12.85	11.2	是
46	K766.937 ~ K767.537	30.06	20.47	否
47	K767.537 ~ K768.327	18.46	15.93	否
48	K768.327 ~ K768.612	长兴大桥		
49	K768.612 ~ K769.497	12.24	13.23	是
50	K769.497 ~ K770.237	牛王垴隧道		
51	K770.237 ~ K770.887	10.63	10.45	是
52	K770.877 ~ K771.707	9.97	9	是
53	K771.707 ~ K771.827	天脊大桥		
54	K771.832 ~ K772.797	12.41	9.76	是
55	K772.797 ~ K773.397	18.72	13.47	否
56	K774.787 ~ K775.887	13.89	11.56	是
57	K775.887 ~ K776.087	14.71	7.54	是
58	K776.387 ~ K776.887	9.35	施工路段	是
59	K776.887 ~ K777.887	12.92	7.04	是
60	K777.887 ~ K778.887	11.17	6.5	是
61	K778.887 ~ K779.887	9.73	5.14	是
62	K779.887 ~ K780.887	12.59	8.31	是
63	K780.887 ~ K781.887	16.84	9.34	是
64	K781.887 ~ K782.887	9.78	9.18	是
65	K782.887 ~ K783.887	7.63	6.96	是
66	K783.887 ~ K784.887	9.62	6.73	是
67	K784.887 ~ K785.887	8.1	5.86	是

旧路弯沉检测情况(下行方向) 表4.3

序号	里程桩号	行车道	超车道	满足设计弯沉
1	K785.887 ~ K784.887	18.53	13.36	是
2	K784.887 ~ K783.887	18.09	9.49	是
3	K783.887 ~ K782.887	17.78	12.32	是
4	K782.887 ~ K781.887	14.15	9.47	是
5	K781.887 ~ K780.887	9.38	8.04	是
6	K780.887 ~ K779.887	10.06	5.64	是

续上表

序号	里程桩号	行车道	超车道	满足设计弯沉
7	K779.887 ~ K778.887	11.65	6.79	是
8	K778.887 ~ K777.887	13.93	11.13	是
9	K777.887 ~ K776.887	9.7	6.54	是
10	K776.887 ~ K775.887	9.34	8.69	是
11	K775.887 ~ K775.437	14.94	12.19	是
12	K775.437 ~ K774.637	施工路段	10.79	是
13	K774.637 ~ K773.887	8.57	16.62	是
14	K773.887 ~ K772.887	16.69	11.19	是
15	K772.887 ~ K771.827	17.94	10.75	是
16	K771.827 ~ K771.707	天脊大桥		
17	K771.707 ~ K770.887	18.53	6.97	是
18	K770.887 ~ K770.237	15.69	13.82	是
19	K770.237 ~ K769.637	牛王垴隧道		
20	K769.637 ~ K768.487	施工路段	17.17	是
21	K768.487 ~ K768.337	长兴大桥		
22	K768.337 ~ K767.887	18.28	6.1	是
23	K767.887 ~ K766.887	16.46	18.64	是
24	K766.887 ~ K765.887	14.62	6.8	是
25	K765.887 ~ K764.887	14.73	10.19	是
26	K764.887 ~ K764.712	9.8	5.01	是
27	K764.712 ~ K764.432	太行大桥		
28	K764.187 ~ K763.287	19.68	12.81	是
29	K763.287 ~ K762.617	15.06	10.77	是
30	K762.617 ~ K762.137	27.78	13.2	否
31	K762.137 ~ K761.687	18.87	13.6	是
32	K761.687 ~ K761.537	36.88	23.7	否
33	K761.537 ~ K761.287	13.27	23.9	是
34	K761.287 ~ K761.087	32.03	22.8	否
35	K761.087 ~ K760.937	17.06	16.15	是
36	K760.937 ~ K760.787	28.92	16.34	否
37	K760.787 ~ K760.537	15.53	12.42	是
38	K760.537 ~ K759.637	施工路段	12.67	是
39	K759.637 ~ K759.247	41.24	29.89	否
40	K759.247 ~ K758.717	浊漳河大桥		
41	K758.717 ~ K757.887	45.21	34.94	否

续上表

序号	里 程 桩 号	行 车 道	超 车 道	满足设计弯沉
42	K757.887 ~ K757.412	46.56	32.17	否
43	K757.387 ~ K756.887	17.65	14.6	是
44	K756.887 ~ K755.887	8.34	4.76	是
45	K755.887 ~ K754.887	15.29	9.01	是
46	K754.887 ~ K753.887	13.15	6.24	是
47	K753.887 ~ K752.887	16.16	20.63	是
48	K752.887 ~ K751.887	19.31	12.78	是
49	K751.887 ~ K750.887	19.12	12.89	是
50	K750.887 ~ K749.887	20.23	13.68	是
51	K749.887 ~ K748.887	18.4	10.82	是
52	K748.887 ~ K747.887	18.03	10.82	是
53	K747.887 ~ K746.887	11.78	6.5	是
54	K746.887 ~ K745.887	11.91	7.68	是
55	K745.887 ~ K744.887	11.83	7.58	是
56	K744.887 ~ K743.887	13.58	7.61	是
57	K743.887 ~ K742.887	16.84	8.28	是
58	K742.887 ~ K741.887	13.85	8.83	是
59	K741.887 ~ K741.587	14.67	11.11	是
60	K741.587 ~ K740.887	28.69	13.19	否
61	K740.887 ~ K740.687	19.59	12.34	是
62	K740.687 ~ K740.187	20.85	13.91	否
63	K740.187 ~ K739.767	收费站		
64	K739.767 ~ K738.887	18.77	8.97	是
65	K738.887 ~ K738.437	10.68	7.15	是
66	K738.437 ~ K738.057	东阳关隧道		
67	K738.057 ~ K737.887	12.05	8.67	是
68	K737.887 ~ K736.887	13.79	10.36	是
69	K736.887 ~ K735.887	15.34	3.46	是
70	K735.887 ~ K734.887	7.62	4.51	是
71	K734.887 ~ K733.887	6.64	4.34	是
72	K733.887 ~ 省界	7.71	5.04	是

4.1.4.2 旧路改善

老路评价代表弯沉值满足设计要求时，对老路超车道及行车道路面，原则上进行功能性修复的加铺，主要依据《公路沥青路面养护技术规范》(JTG E60—2008)进行设计。

(1)旧路病害处治

病害处治段落处理方案确定后,病害处理采取以下措施:

①裂缝

缝宽在5mm以内采用热沥青灌缝,并填入石屑碾压;缝宽在5mm以上时先除去已松动的裂缝边缘,裂缝边缘开挖宽度不小于30cm,再用热拌沥青混合料填入缝中捣实碾压。对产生病害的路面凿除修补时,开挖面及修补形状应呈矩形。

②车辙

考虑老路路面改建后,至少有一层4cm厚SMA-16新铺沥青混凝土面层,故只需将车辙段高出部分的面层铣刨清除。

③坑槽

仅面层有坑槽时,应按照"圆洞方补、斜洞正补"的原则,划出所需修补坑槽的轮廓线。沿所划轮廓线开凿至坑底稳定部分,其深度不得小于原坑槽的最大深度。清除槽底、槽壁的松动部分及粉尘、杂物,并涂刷黏层沥青。填入沥青混合料并整平。用小型压实机具将填补好的部分压(夯)实。新填补的部分略高于原路面。如果坑槽较深(7cm以上),应将沥青混合料分两次或三次摊铺和压实。若因基层局部强度不足等使基层破坏而形成坑槽,应先处治基层,再修复面层。

④麻面与松散

麻面与松散可在高温季节喷洒稠度较高的沥青,并撒适当粒径的嵌缝料,应使麻面部分中部的嵌缝料稍厚,周围与原路面接口要稍薄,定型要整齐,并碾压成型。

⑤泛油

只有轻微泛油的路段,可撒上3~5mm粒径的石屑或粗砂,并用压路机碾压。泛油较重的路段,可先撒5~10mm粒径的碎石,用压路机碾压。待稳定后,再撒3~5mm粒径的石屑或粗砂,并用压路机碾压。

(2)旧路加铺方案

根据检测资料及施工图路面病害调查,对老路路面进行评价,原超车道及评价优~良的行车道原则上局部病害处治后直接加铺4cm厚SMA-16;原行车道评价为中时铣刨4cm,局部病害处治后回补4cmAC-16,再加铺4cm厚SMA-16;原行车道评价为差时,根据路面破损程度,按照病害类型、程度及破损面积,进行局部病害处理后再统一加铺4cm厚SMA-16。

(3)路面补强设计方案

代表弯沉值不满足设计弯沉值要求时,进行路面补强设计。单层加铺能满足设计弯沉要求路段,处理单点病害加铺后不再进行功能性修复的加铺。经计算,原路面当量回弹模量在750~820MPa之间,路面直接再加铺4cm厚SMA-16。

单层加铺不能满足设计弯沉要求的路段,采用挖除旧路路面结构层重新铺筑补强设计。结合《钻芯取样报告》进行分析,代表弯沉值较小的段落,芯样显示沥青面层破坏,基层完好,经计算这些段落原路面当量回弹模量在600~750MPa之间。上行方向:挖除旧路沥青面层4cm+6cm+8cm,按新建路面结构回铺,即回铺4cmSMA-16+6cmAC-20+12cmATB-30。下行方向:挖除旧路三层沥青面层4cm+5cm+6cm,按新建路面结构回铺,即回铺4cmSMA-16+6cmAC-20+9cmATB-30。

单层加铺不能满足设计弯沉要求的路段，且代表弯沉值较大路段，芯样显示因基层松散、基层厚度不够、基层集料不均等基层破坏造成。经计算这些段落原路面当量回弹模量在400～600MPa之间。上行方向：采用挖除沥青路面及20cm水泥稳定碎石基层，回补20cm水泥稳定碎石基层后，重新按新建路面结构铺设4cmSMA-16＋6cmAC-20＋12cmATB-30沥青面层。下行方向：采用挖除沥青路面及20cm水泥稳定碎石基层，回补20cm水泥稳定碎石基层后，重新按新建路面结构铺设4cmSMA-16＋6cmAC-20＋9cmATB-30沥青面层。

4.2 水稳碎石基层设计与施工

4.2.1 基层配合比设计

4.2.1.1 原材料技术性质

(1)水泥

水泥为矿渣硅酸盐水泥P.S.A32.5，其性能指标见表4.4。

水泥物理力学性能指标　　表4.4

编号	物理性能			规定标准	试验结果
1	细度(%)			小于10	1.0
2	凝结时间	标准稠度(%)		/	27.6
		初凝时间(min)		≥180	259
		终凝时间(min)		≥360且≤600	383
3	安定性(雷氏夹)			≤5	1.0
4	胶砂强度(MPa)	抗折	3天	≥2.5	4.6
			28天	≥5.5	12.5
		抗压	3天	≥10.0	13.1
			28天	≥32.5	42.3

(2)集料

粗集料为19～26.5mm、9.5～19mm、4.75～9.5mm的碎石，细集料为0～4.75mm的石屑，其性能指标见表4.5和表4.6。

粗集料性能指标　　表4.5

试验项目	压碎值(%)	规格(mm)	针片状(%)	表观相对密度	<0.075mm颗粒含量(%)
试验记录	19.8	19～26.5	6.8	2.720	0.4
		9.5～19	7.3	2.705	0.6
		4.75～9.5	9.1	2.718	0.7
技术要求	≤26	—	≤20	—	≤2.0

细集料性能指标　表4.6

试验项目	规格(mm)	表观相对密度	吸水率(%)	<0.075mm通过率(%)	液限(%)	塑性指数
试验记录	0～4.75	2.703	0.87	6.2	22	4.8
技术要求	—	—	—	≤15	≤40	≤17

(3)水

水为饮用水。

4.2.1.2　矿质混合料组成设计

通过室内试验,各档集料的筛分结果和设计的水泥稳定碎石基层混合料的矿料级配见表4.7。矿料合成级配组成比例为:A料(20～30)占15.0%,B料(10～20)占30.0%,C料(5～10)占20.0%,D料(0～5)占35.0%。

各档集料的比例及合成级配　表4.7

筛孔／名称	掺配比例(%)	通过质量百分率(%)												
		31.5(mm)	26.5(mm)	19(mm)	16(mm)	13.2(mm)	9.5(mm)	4.75(mm)	2.36(mm)	1.18(mm)	0.6(mm)	0.3(mm)	0.15(mm)	0.075(mm)
19～26.5(mm)	15	100	98.1	4.8	0.7	0.4	0.4	0.4	0.4	0.4	0.4	0.4	0.4	0.4
9.5～19(mm)	30	100	100	91.3	66.1	38.1	7.9	0.6	0.6	0.6	0.6	0.6	0.6	0.6
4.75～9.5(mm)	20	100	100	100	100	100	96.7	6.8	2.2	0.6	0.6	0.6	0.6	0.6
0～4.75(mm)	35	100	100	100	100	100	100	96.9	70.8	47.2	29.1	14.2	9.2	6.4
合成级配		100	99.7	83.1	74.9	66.5	56.8	35.6	25.5	16.9	10.5	5.3	3.6	2.6

4.2.1.3　最佳含水率、最大干密度的确定

分别以水泥剂量为:2.0%、3.0%、4.0%、5.0%、6.0%的混合料进行击实试验,确定其最大干密度和最佳含水率,试验数据见表4.8。

按设计要求,用2.0%、3.0%、4.0%、5.0%、6.0%的水泥剂量、98%的压实度标准,按最佳含水率和最大干密度制备试件,标准养护6天,浸水24小时,进行无侧限抗压强度试验,结果见表4.8。

水泥稳定碎石混合料无侧限抗压强度　表4.8

水泥剂量(%)	最佳含水率(%)	最大干密度(g/cm^3)	7d无侧限抗压强度(MPa)	
			平均值	$R_c0.95$
2.0	4.6	2.318	2.4	2.0
3.0	4.8	2.340	3.5	3.2

续上表

水泥剂量(%)	最佳含水率(%)	最大干密度(g/cm^3)	7d无侧限抗压强度(MPa)	
			平均值	R_c0.95
4.0	5.0	2.358	4.7	4.2
5.0	5.2	2.369	5.7	5.1
6.0	5.3	2.376	6.5	5.9

水泥剂量为4.0%时各项技术指标均能满足《公路路面基层施工技术细则》(JTG/T F20—2015)和《山西省黎城(冀晋界)至长治公路改扩建工程两阶段施工图设计(第一册)》的要求,根据以上指标综合考虑选择4.0%的水泥剂量,拟采用施工配合比:水泥:集料=4.0%:100%,4.0%水泥剂量最大干密度为2.358(g/cm^3),最佳含水率为5.0%,无侧限抗压强度代表值4.2MPa满足《公路路面基层施工技术细则》(JTG/T F20—2015)要求;施工压实度≥98%。

4.2.2 基层施工

4.2.2.1 增强新老基层联结的措施

(1)采用喷洒水泥浆的方式来增加层间黏结效果,喷洒的水泥浆水灰比采用1.2,水泥净浆喷洒量为2~3kg/m^2。

(2)新老路接缝侧面使用水泥混凝土界面剂进行涂刷,涂刷量为4~6kg/m^2,界面剂由环氧乳液和水泥调配而成,其中环氧乳液:水泥=2:3,涂刷层厚约2~3mm,界面剂的使用极大增强了新旧路面侧向的黏结力,并铺设止水带。

(3)摊铺过程中为了避免和减少接缝处出现大料离析现象,在摊铺机前由人工将均匀的混合料用铁锨布在台阶上,呈倒三角形状,这样在摊铺时大料就不会集中在接缝处,大大减少了接缝处大料的离析现象。

(4)初压后由人工将挤压到台阶处的大料剔除,同时对缺料的位置用均匀的细料进行填补。

(5)人工布料后沿着接缝洒第1遍水泥浆,碾压后在接缝处洒第2遍水泥浆。

(6)新建基层碾压时在距离接缝50cm处将新铺料碾压密实,然后每次10cm向里碾压,将新铺料不断向接缝处推挤,从而使接缝处嵌挤密实。

(7)新旧路面接缝处特采用了1台15~18t的三钢轮压路机进行跨缝碾压,使接缝处混合料达到了密实的效果。

4.2.2.2 水泥稳定碎石的拌和

(1)水泥稳定碎石用强制式拌和机厂拌设备进行集中拌和,拌和能力400t/h。

(2)采用连续式的稳定土厂拌设备拌和,集料的最大粒径和级配符合配合比设计要求,配料准确。

(3)每天开始拌和前,检查场内各种集料的含水率,计算当天的配合比。为了确保水泥稳定碎石在最佳含水率下碾压，拌和厂的外加水与集料天然含水率的总和略高于最佳含水率。增加的用水量应根据气温、风力和空气湿度经试验确定。尽快将拌成的混合料运送到铺筑现场。基层的配合比以干质量为准，故施工时根据原材料含水率的变化而经常性地调节施工配合比，包括混合料的用水量。结合料的剂量是按双边波动界限控制，应加强混合料均匀性控制，确保结合料的剂量不超出波动范围。

(4)在正式拌制混合料之前，先调试所用的厂拌设备，使混合料的颗粒组成和含水率都达到规定的要求。

(5)每天开始搅拌之后，出料时要取样检查是否符合给定的配比，进行正式生产之后，每1～2小时检查一次拌和情况，抽检其配比、含水率是否变化。高温作业时，早晚与中午的含水率要有区别，要按温度变化及时调整。

(6)雨季施工时采用有效措施防止集料含水率增加，细集料采用棚盖以免遭雨淋。细集料出料孔堵塞时应停止拌和，排除故障后方可继续生产。根据集料和混合料含水率的大小，及时调整拌和的水量。

4.2.2.3 水泥稳定碎石的运输

(1)拌好的水泥稳定碎石采用30t的自卸汽车运输。从拌和机向运料车上放料时，分前、后、中3次挪动汽车位置，以减少粗细集料的离析现象。

(2)运料车采用篷布覆盖，用以保湿和防止污染，直至卸料时方可取下覆盖篷布。

(3)运输车的运量应较拌和能力或摊铺速度有所富余。对于基层，施工过程中摊铺机前方有运料车2～3辆在等候卸料。

(4)使用摊铺机连续摊铺时，运料车应在摊铺机前10～30cm处停住，不得撞击摊铺机。卸料过程中运料车挂空挡，靠摊铺机推动前进。

(5)拌和好的混合料要尽快摊铺。如运输车辆中途出现故障，立即以最短时间排除，当有困难时，车辆混合料不能在初凝时间内运到工地时，予以转车或废弃。

4.2.2.4 水泥稳定碎石的摊铺

(1)在施工时应不时地进行横向平整度的检查，要求横向平整度小于8mm。摊铺时尽量避免粗细集料离析现象，发现有离析现象时，设专人及时处理，特别是局部粗集料窝应该铲除，并用新拌混合料填补。上、下基层摊铺的纵向接缝错开50～100cm。相邻两幅摊铺时有10～20cm左右宽度的水泥稳定碎石搭接。

(2)摊铺机采用一侧钢丝绳引导的高程控制方式自动找平。

(3)水泥稳定碎石的松铺系数根据实际的混合料类型、施工机械和施工工艺等，由试铺试压确定。摊铺过程中随时检查摊铺层厚及路拱、横坡，并按使用的混合料总量与摊铺面积校验平均厚度，不符要求时根据铺筑情况及时进行调整。

(4)水泥稳定碎石缓慢、均匀、连续不间断地摊铺。摊铺过程中不得随意变换速度或中途停顿。

(5)摊铺机具有自动调节摊铺厚度及找平的装置。在熨平板按所需厚度固定后，不得随意调整。

(6)预先标定摊铺机行走速度与螺旋布料器转速的传动关系，摊铺过程中，保持螺旋布料器全范围内物料分布均匀,保证在摊铺机全宽度断面上不发生离析。螺旋布料器端部距物料挡板间距在 10 ~ 30cm 之间,参见图 4.1。

(7)水泥稳定碎石施工时避免每车料收斗一次的做法,仅当料斗内黏附较多混合料时方需收斗。收斗在运料车离去、料斗内尚存较多混合料时进行,收斗后立即连接满载的运料车向摊铺机内喂料。

图 4.1 基层摊铺

4.2.2.5 水泥稳定碎石的压实

(1)水泥稳定碎石底基层和基层摊铺后,首先用 14 ~ 16t 双钢轮振动压路机紧跟摊铺面及时进行碾压,然后用 26t 的轮胎压路机继续碾压至规定的压实度,最后用双钢轮压路机消除轮迹和表面细微裂缝。

每摊铺完 20 ~ 30m 后压路机开始碾压,碾压时,轮迹重叠 30 ~ 50cm,压路机手在停车之前先停振,每个碾压段落的终点呈斜线错开状,检查平整度时压路机宜停在已压好的地段,压路机禁止急停、急转弯。

(2)应在水泥稳定碎石材料处于最佳含水率时进行碾压,并达到重型击实法确定的压实度要求。在碾压过程中进行标高、平整度的及时跟踪检测,如发现严重超标,及时修整。碾压长度一般以不超过 80m 为宜。

(3)压路机应从外侧向中心碾压,最后碾压路中心部分,压完全幅为一遍。当边缘有挡板、路缘石、路肩等支挡时,应紧靠支挡碾压。

(4)振动压路机的振动频率和振幅经试验段试验确定,并根据混合料种类和层位选用。振动压路机倒车时先停止振动,并在向另一方向运动后再开始振动,以避免混合料形成鼓包。

(5)施工中,从加水拌和到碾压终了的延迟时间不得超过水泥终凝时间,按试验路段确定的合适的延迟时间严格施工,可参见图 4.2、图 4.3。

图 4.2 基层初压

图 4.3 基层复压

4.3　面层的拼接处置

4.3.1　拼接处置

为了保证新旧路的路面结构层有良好的衔接，避免或减少裂缝的发生，老路路面开挖成台阶状，在沥青层底面铺设2m宽的玻璃纤维格栅。设计速度80km/h路段老路沥青层将硬路肩部分全部挖除，设计时速在100km/h路段，由于中央分隔带扩宽及路缘带扩宽，老路硬路肩与行车道线向外50cm处向外挖除。基层开挖台阶宽度均为50cm，以便搭接过渡，可参见图4.4。

图4.4　挖台阶效果

4.3.2　新旧接缝洒热沥青

根据设计文件要求，新拓宽的部分需要加铺10cm沥青下面层ATB-30混合料。新旧沥青路面相接处容易产生纵向裂缝，为避免纵向裂缝的产生，在接缝喷洒40cm宽热沥青的方法将接缝封闭，沥青洒布量1.0～1.2kg/m^2，加热温度控制在160℃左右。具体施工方法：

(1)对于新铺面层小于或等于原旧路高程的部位，由人工清扫干净后可直接喷洒热沥青。

(2)对于新铺面层大于旧路高程的部位，先由人工将接缝处高出旧路的松散粒料刨除，然后人工清扫干净，再喷洒热沥青。喷洒过程中应保持匀速前进，线型直顺，喷洒均匀，做到不漏洒不多洒。

4.3.3　玻璃纤维格栅的铺设

玻璃纤维格栅具有延缓反射裂缝、防水、抗拉能力，用在新旧路面接缝处，能起到良好的效果，在下面层下铺设的玻璃纤维格栅参数要求：单位面积重≥120g/m^2，厚度≥0.8mm，抗拉强度：纵向≥6kN/m、横向≥5kN/m，断裂伸长率：纵向≤4.2%、横向≤4.2%，熔点≥220℃。

施工工艺：待铺设表面清扫→测量放线→喷洒热沥青→铺设玻璃纤维格栅→保养维修→铺筑新路面。

(1)待铺设表面清扫：在喷洒黏结料前，将旧路及拼宽层顶面清扫干净，保持工作面无水分，雨后必须待工作面干燥后方可施工。

(2)测量、画线：用钉子和白线沿着接缝外1m处每隔10m放一个点，曲线可5m一处，确保线形直顺。

(3)喷洒黏结料：在铺设设备就位后，将支架上的玻璃纤维格栅准备就绪，在地面画线范围内用沥青喷洒车洒布热黏结料，喷洒黏结料的横向范围要比玻璃纤维格栅宽出5～10cm，洒布热黏结料时，气温应在5℃以上，热黏结料应保持在165～180℃。洒布前调整好喷头，喷洒均匀，用量为1.0～1.5kg/m^2，在距离洒布车后30～40m铺设玻璃纤维格栅，禁止等黏结料冷却后再铺设，以免影响黏结效果，铺设过程中根据放的线形及时进行调整，若铺设时发生褶皱打折或转弯现象时，当及时用工具刀切开褶皱部位，然后在铺设方向上再搭接起来，用黏结料胶结并压实，用铁碾子在铺设的玻璃纤维格栅后面进行碾压，确保玻璃纤维格栅和黏结料很好地黏结，见图4.5。

图4.5 玻璃纤维格栅铺设

(4)保养维护：玻璃纤维格栅设施工完成后，在热黏结料未冷却至常温时应禁止行人或车辆进入，以防止由于车轮黏油将玻璃纤维格栅带起或破坏，禁止任何车辆在玻璃纤维格栅上行驶时突然制动或急转弯，以免对玻璃纤维格栅造成破坏。

4.4 厂拌热再生下面层设计与施工

厂拌热再生技术，是将再生料(RAP)运至沥青拌和厂(场、站)，经破碎筛分，以一定的比例与新集料、新沥青、再生剂(必要时)等拌制成热拌再生混合料铺筑路面技术。本项目改扩建过程中产生大量废料，通过铣刨或开挖等方式从沥青路面上获得的旧沥青混合料(reclaimed asphalt pavement，简称RAP)，堆积如山，RAP占地广，处理难，污染环境，为实现环境保护和节约成本的目的，本项目经研究决定，回收利用改扩建过程中所产生的RAP。

4.4.1 RAP的处理

4.4.1.1 RAP的回收

RAP的回收采用铣刨机铣刨的方式。每公里每车道取芯一次，通过肉眼观察钻芯取样的裂缝深度或层间薄弱结合面位置，以确定铣刨深度，见图4.6、图4.7。

图4.6 旧路面芯样

4.4.1.2 RAP的破碎与筛分

RAP有的来自沥青上、中、下三层沥青面层。不同料源的RAP,其级配组成、集料粒径大小、沥青含量都不同。为了使不同料源的RAP组成稳定,对其进行破碎,并筛分成两档,抽提后两档集料筛分结果见图4.8和表4.9。

图4.7 路面铣刨

图4.8 RAP筛分机

RAP筛分结果 表4.9

筛孔	31.5	26.5	19	16	13.2	9.5	4.75	2.36	1.18	0.6	0.3	0.15	0.075
10~20mm	100	100	99.4	98.6	91.7	67.2	39.3	27.8	23.1	18	10.6	6.9	3.9
0~10mm	100	100	100	100	100	99.6	75	49.6	37.9	27.9	15.1	9.9	5.9

4.4.1.3 RAP的存放

在库存区安装传送带。较大的颗粒因具有更大的动能,趋向于向料堆的底部滚动,导致更多沥青含量较低的粗颗粒积压在料堆底部,而沥青含量较高、质量较好的RAP堆积在料堆顶部。随着料堆高度的增大,可通过延长和上升索引式输送机输送带的端部去解决,如果分离效果显著,可用前端装载机再次处理料堆。

图4.9 RAP料堆存储

减少料堆水分含量的方法是设置棚盖盖住料堆,防止雨水流入料堆,见图4.9。可将料堆放在平整倾斜的地面,有助于排水。RAP料堆的高度限制不超过3m,以避免料堆自重积压。RAP应与其他集料分开堆放,避免RAP被污染。

4.4.2 RAP的掺加技术

4.4.2.1 热再生沥青混合料拌和工艺

在确定RAP的掺量之前,需对RAP材料性能进行检验。将RAP分为两档(0~10mm和10~20mm),通过燃烧法去除RAP中的沥青,然后进行筛分。热再生沥青混合料拌和参数的确定:

(1)RAP 掺配方式

根据本项目铣刨料的筛分结果发现,RAP 中最大公称粒径为 13.2mm,以 9.5mm 为界限筛孔将 RAP 分为两档,抽提后分别测试其油石比并对集料进行筛分,筛分结果见表 4.9。RAP 中两档料的质量比例为 1:3,因此将 10 ~ 20mm 和 0 ~ 10mm 的 RAP 按 1:3 的比例进行掺配。

(2)RAP 的加热温度

RAP 的加热温度对其在新沥青混合料中的分散均匀性起着至关重要的作用,常温下 RAP 包含不同粒径的集料,在旧沥青达到软化点后,集料与沥青分离与新集料混合。RAP 与新集料的理想拌和状态如图 4.10 所示。

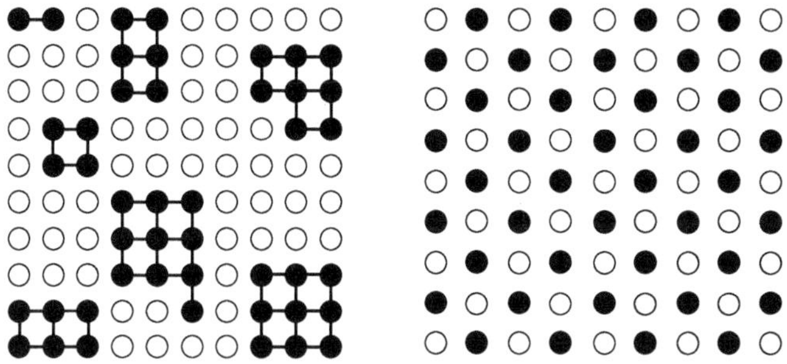

a)RAP与新集料(拌和前)　　b)均匀分散的理想状态(拌和后)

图 4.10 拌和过程简化模型

为了确定拌和前的最佳加热温度,现场进行了不同温度下的试拌试验。将 RAP 分别加热到 80℃、90℃、100℃、110℃和 120℃,将新集料加热到 185℃,然后 RAP 和新集料干拌 20 秒,湿拌时 45 秒。试验结果表明,当 RAP 加热温度低于 110℃时,沥青混合料出现花白料;当 RAP 加热温度高于 110℃时,沥青混合料分布均匀;因此,确定 RAP 加热温度为 110℃。

4.4.2.2 RAP 掺量的确定

热再生沥青混合料的性能受 RAP 掺量、旧沥青的老化程度、施工条件等影响较大,以 10% 为间隔成型试件,测试不同掺量下混合料的性能,并与新沥青混合料的性能进行对比。混合料试件制作流程为:RAP 与新集料拌和 2min,加入新沥青拌和 2min,成型试件。

应当注意的是,再生沥青混合料为新集料、新沥青、旧混合料的组合,而非新沥青、新集料、旧沥青、旧集料的组合,因此,在最佳沥青用量一定的条件下,添加新沥青时去掉了旧料中的沥青含量。

为了分析热再生沥青混合料的路用性能,根据表 4.7 确定的不同 RAP 掺量的目标配合比来拌制热再生沥青混合料,分别进行车辙、低温弯曲和浸水马歇尔等试验,以分别评价热再生沥青混合料的高温稳定性、低温抗裂性和水稳定性等路用性能,从而分析 RAP 掺量对各项路用性能的影响,以确定合理的 RAP 掺量,试验结果见表 4.10。

不同 RAP 掺量下沥青混合料路用性能 表 4.10

RAP 掺量(%)	高温稳定性	低温抗裂性	水稳定性
	动稳定度(次/min)	弯拉应变(με)	浸水残留稳定度(%)
0	1040	1420	87.2
10	1080	1342	85.6

续上表

RAP 掺量(%)	高温稳定性	低温抗裂性	水稳定性
	动稳定度(次/min)	弯拉应变(με)	浸水残留稳定度(%)
20	1127	1263	84.3
30	1588	1135	81.7
40	2436	1024	80.4

由表4.10可知：

(1)所有掺量下的动稳定度均大于规范要求的1000次/min,而且随着RAP掺量的增加,动稳定度逐渐增大,且增加幅度越来越大。这主要是因为相较于新沥青,RAP中的老化沥青软化点升高,黏度增大,针入度减小,使沥青混合料的动稳定度增大,说明RAP的掺入有助于提高沥青混合料的高温稳定性。

(2)随着RAP掺量的增加,弯拉应变呈线性减小,表明RAP的掺入降低了热再生沥青混合料的低温抗裂性。这主要是因为沥青老化后塑性大大降低,变硬发脆,致使热再生沥青混合料抵抗低温变形的能力减弱。

(3)浸水残留稳定度应满足不小于80%的技术要求,表明热再生沥青混合料具有良好的水稳定性。同时,随着RAP掺量的增加,浸水残留稳定度逐渐减小。

结果表明,随着RAP含量的增加,热再生沥青混合料的高温稳定性增加,而低温抗裂性和水稳定性降低,当RAP掺量为不高于20%时,对沥青混合料性能影响较小。因此,综合考虑RAP储量和再生沥青混合料的路用性能,新沥青混合料中RAP掺量选择20%。

4.4.3 RAP的配合比设计

4.4.3.1 集料级配设计

对铣刨回收RAP筛分成10~20mm,0~10mm两档,分别进行抽提试验,测得10~20mm档RAP中沥青含量为3.80%;0~10mm档RAP中沥青含量为4.30%;两档集料筛分结果见表4.11。由4.4.2节确定RAP掺量为20%,且10~20mm档与0~10mm档质量比为1:3。新集料筛分及级配设计结果见图4.11。

集料级配设计结果 表4.11

材料名称		20~30mm	10~20mm	5~10mm	0~5mm	10~20mm(RAP)	0~10mm(RAP)	矿粉	合成级配(%)	设计要求通过率(%)		
比例(%)		35	22	7	13	5	15	3		上限	中值	下限
通过下列筛孔质量百分率(%)	37.5	100.0	100.0	100.0	100.0	100.0	100.0	100.0	100.0	100.0	100.0	100.0
	31.5	97.9	100.0	100.0	100.0	100.0	100.0	100.0	99.3	100.0	95.0	90.0
	26.5	64.9	100.0	100.0	100.0	100.0	100.0	100.0	87.7	90.0	80.0	70.0
	19	9.0	91.5	100.0	100.0	99.4	100.0	100.0	66.3	72.0	62.5	53.0
	16	2.0	59.9	100.0	100.0	98.6	100.0	100.0	56.8	66.0	55.0	44.0
	13.2	0.4	33.6	100.0	100.0	91.7	100.0	100.0	50.1	60.0	49.5	39.0
	9.5	0.2	5.7	98.5	100.0	67.2	99.6	100.0	42.5	51.0	41.0	31.0

续上表

材料名称		20～30mm	10～20mm	5～10mm	0～5mm	10～20mm（RAP）	0～10mm（RAP）	矿粉	合成级配（%）	设计要求通过率（%）		
比例（%）		35	22	7	13	5	15	3		上限	中值	下限
通过下列筛孔质量百分率（%）	4.75	0.2	0.7	22.4	97.3	39.3	75.0	100.0	30.6	40.0	30.0	20.0
	2.36	0.2	0.7	1.2	67.3	27.8	49.6	100.0	20.9	32.0	23.5	15.0
	1.18	0.2	0.7	1.0	49.8	23.1	37.9	100.0	16.6	25.0	17.5	10.0
	0.6	0.2	0.7	0.9	34.6	18.0	27.9	100.0	12.9	18.0	13.0	8.0
	0.3	0.2	0.7	0.9	23.3	10.6	15.1	100.0	9.1	14.0	9.5	5.0
	0.15	0.2	0.7	0.9	14.9	6.9	9.9	96.0	6.9	10.0	6.5	3.0
	0.075	0.2	0.7	0.9	7.0	3.9	5.9	83.1	4.8	6.0	4.0	2.0

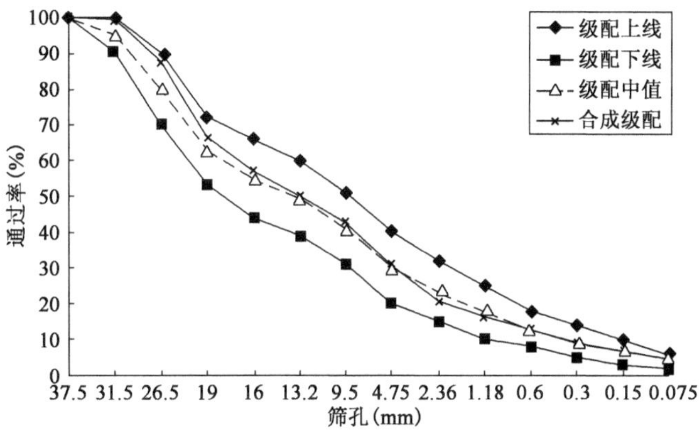

图4.11 ATB-30级配曲线

4.4.3.2 沥青用量确定

按设计集料级配，制备五种不同油石比（新沥青与旧沥青总和与新集料与旧集料总和质量百分比）的大马歇尔试件，沥青稳定碎石 ATB-30 马歇尔试验结果见表4.12 和图4.12 及表4.13。

不同油石比下沥青稳定碎石 ATB-30 技术性能 表4.12

油石比（%）	2.5	3.0	3.5	4.0	4.5	技术要求
新集料油石比（%）	2.04	2.66	3.29	3.91	4.54	
毛体积相对密度	2.438	2.445	2.460	2.458	2.450	—
空隙率（%）	6.3	5.4	4.2	3.1	2.5	3～6
矿料间隙率（%）	11.6	11.2	10.8	10.8	11.5	—
饱和度（%）	48.3	55.5	64.7	74.9	83.7	55～70
稳定度（kN）	18.54	21.76	24.12	22.49	20.19	≥15
流值（mm）	1.9	2.5	2.9	3.2	3.5	实测

注：1. 油石比：指新沥青与旧沥青总和与新集料与旧集料总和的质量百分比；
2. 新集料油石比：指除去回收沥青路面材料（RAP）中的沥青，新加沥青与新集料的质量比

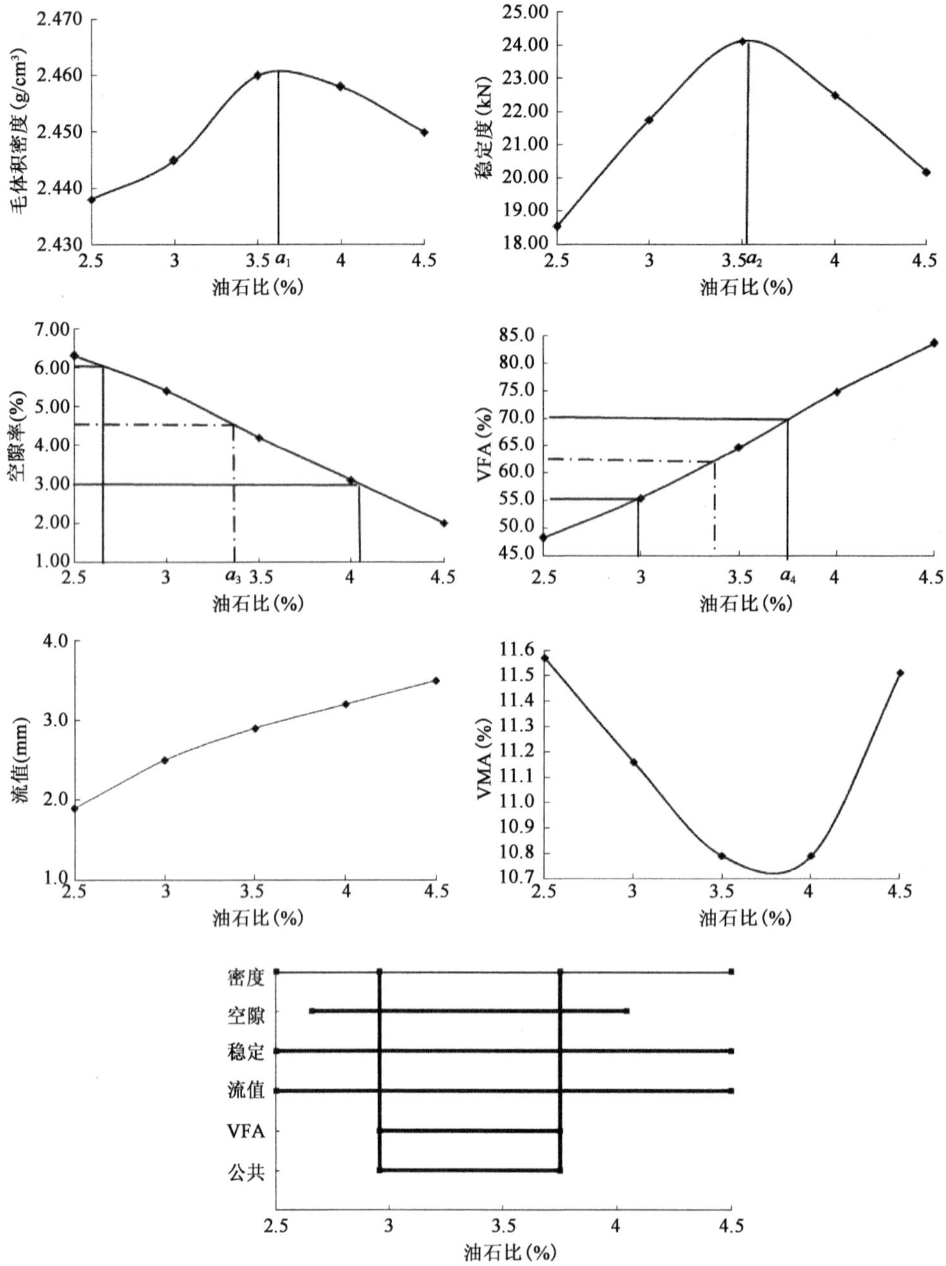

图 4.12 ATB-30 马歇尔试验结果

ATB-30 最佳油石比计算结果(单位:%) 表 4.13

a_1	a_2	a_3	a_4	OAC_1	OAC_{min}	OAC_{max}	OAC_2	OAC
3.58	3.53	3.34	3.35	3.51	2.94	3.72	3.33	3.4

注:a_1、a_2、a_3、a_4 分别指相应于密度最大值、稳定度最大值、目标空隙率(或中值)、沥青饱和度范围的中值的沥青用量,取平均值为 OAC_1,OAC_{min} 和 OAC_{max} 为各项指标均符合技术标准(不含 VMA)的沥青用量范围,取中值为 OAC_2,OAC_1 及 OAC_2 的中值为最佳沥青用量 OAC。

4.4.3.3 路用性能检测

路用性能检测情况见表4.14。

最佳油石比下ATB-30路用性能 表4.14

试验项目	最佳油石比(%)	空隙率(%)	稳定度(kN)	流值(mm)	残留稳定度(%)	动稳定度(次/mm)
试验结果	3.4	4.3	23.58	2.7	89.4	1351
技术要求	—	3~6	≥15	实测	80	≥1000
结论		合格	合格		合格	合格

4.4.4 RAP施工

4.4.4.1 混合料的拌和

(1)掺加设备:由于RAP需要加热到110℃,新集料需要加热到185℃,因此,拌和站需要有两套加热系统。为了满足RAP混合料拌和的需求,本项目在雪桃AMP5000-C型拌和站的基础上,对其加装了RAP的加热系统,见图4.13。

a)新集料加热系统 b)RAP加热系统

图4.13 改装后的拌和站

(2)掺加顺序:先将RAP与新集料拌和,再加入新沥青和矿粉拌和。

(3)拌和时间:干拌时间为20秒,湿拌时间为45秒。

(4)拌和温度:RAP加热温度为110℃,新集料加热温度为185℃,沥青加热温度为170℃,沥青混合料出料温度为160℃。

4.4.4.2 混合料的运输

(1)混合料的装载

装载混合料时应控制高度,混合料的堆积高度过高容易产生离析现象。卡车的料斗内应避免混合料的高度过高,如图4.14所示的装载方法较容易产生离析,为了减少离析现象,应该采用前、后、中顺序的方式装载,见图4.15。

图4.14 装料高度过高

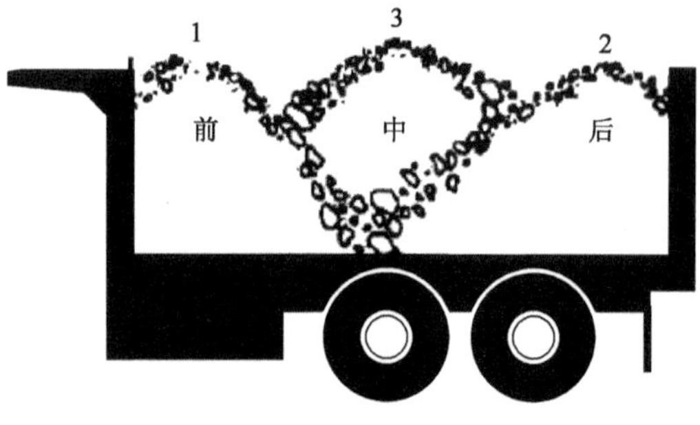

图4.15 前、后、中顺序装载混合料

(2)混合料的运输

①施工前应对全体驾驶员进行培训,加强对汽车保养,避免运输途中汽车抛锚,导致混合料冷却受损。

②所有沥青混合料在运输时必须采用覆盖,以减少其温度丧失。

③施工过程中摊铺机前方应有运料车在等候卸料,开始摊铺时在施工现场等候卸料的运料车不宜少于5辆,以保证连续摊铺。

④运料汽车应在摊铺机前10~30cm处停住,不得撞击摊铺机;卸料过程中运料汽车挂空挡,靠摊铺机推动匀速前进,以确保摊铺层的平整度。

4.4.4.3 混合料的摊铺

(1)摊铺前应清理下层泥土杂物,冲洗干净,提前0.5~1天洒布乳化沥青黏层油,洒布量以0.3~0.5kg/m^{2}为宜。混合料开始摊铺时应确保黏层油已破乳。

(2)摊铺前应根据松铺厚度、纵横坡度调整好摊铺机的初始状态。

(3)采用1台中大DT-1900型摊铺机,单向全幅面摊铺,以避免可能产生的纵向接缝开裂。

(4)摊铺机应配备容量足以保证均匀连续摊铺作业的受料斗,保证上一车卸料完后,下一车料能及时供料,不致中途停机待料。还应装上自动进料控制器,并适当调节到能在熨平板前方保持均匀厚度的沥青混合料。

图4.16 摊铺现场

(5)在摊铺过程中,料斗进料口应完全打开,摊铺机螺旋送料器应不停顿地转动,速度不宜太慢,且混合料高度等于大于螺旋布料器高度的1/2,但不得超过2/3,以减少混合料的离析;在烫平板按所需厚度固定后,不得随意调整,参见图4.16。

4.4.4.4 混合料的碾压

(1)碾压方案

初压2~4遍(30t胶轮压路机)+复压2~4遍(11t~13t振动压路机)+终压2~3遍(10t~13t钢轮压路机)。

(2)碾压长度

选用双钢轮压路机进行碾压,压路机在开启和停止振动过程中有一定的缓冲时间,缓冲时间一般5~6s左右。考虑到压路机的碾压效率和操作人员的施工时间,有效压实时间应控制在25s以上,而缓冲时间应不大于5s。

(3)碾压温度

在碾压过程中,沥青混合料的压实度与温度有很大关系,如果温度过高,混合料碾压后就会出现波浪等现象,如果温度过低,混合料将难以达到所需压实度。在碾压过程中碾压温度的控制按表4.15要求,初压见图4.17,复压见图4.18。

碾压温度 表4.15

施工过程	温度范围	施工过程	温度范围
初压(℃)	160到165之间	终碾结束(℃)	不低于90
复压(℃)	145到155之间		

图4.17 初压

图4.18 复压

4.5 SMA上面层设计与施工

4.5.1 SMA配合比设计

4.5.1.1 原材料技术性质

(1)沥青

沥青为SBS改性沥青,技术性质见表4.16。

SBS道路石油沥青技术指标 表4.16

试验项目	单位	技术要求	试验结果	试验依据
针入度(25℃,100g,5s)	0.1mm	40~70	62	T 0604—2011
延度(5cm/min,15℃)	cm	≥30	45	T 0605—2011
软化点(R&B)	℃	≥75	85.0	T 0606—2011
相对密度(15℃)	%	—	1.021	T 0603—2011
闪点	℃	≥230	310	T 0611—2011
质量损失	%	≤±1.0	-0.348	T 0610—2011

(2)集料

粗集料为9.5~13.2mm、4.75~9.5mm玄武岩碎石,细集料为0~2.36mm机制砂。技术性质分别见表4.17和表4.18。

粗集料技术指标　　表4.17

项　　目	单位	技术要求	测定结果	试验规程
石料压碎值	%	≤26	10.2	T 0316—2005
洛杉矶磨耗损失	%	≤28	8.8	T 0317—2005
表观相对密度	—	≥2.6	10~20mm:2.805	T 0304—2005
			5~10mm:2.813	
吸水率	%	≤2.0	10~20mm:0.27	T 0304—2005
			5~10mm:0.60	
针片状含量(混合料)	%	≤13	8.4	T 0304—2005
水洗法<0.075mm含量)	%	≤1	0.2	T 0310—2005

细集料技术指标　　表4.18

项　　目	单位	技术要求	测定结果	试验规程
表观相对密度	—	≥2.5	2.717	T 0328—2005
砂当量	%	≥60	74	T 0334—2005
棱角性(流动时间法)	%	≤30	44	T 0345—2005

(3)矿粉

填料为石灰岩磨细矿粉,技术性质见表4.19。

矿粉技术指标　　表4.19

项　　目	单位	技术要求	测定结果	试验规程
表观密度	t/m^3	≥2.50	2.750	T 0352—2000
含水率,不大于	%	≤1	0.40	T 0332—2000
粒度范围<0.6mm	%	100	100.0	T 0351—2000
<0.15mm	%	90~100	100.0	
<0.075mm	%	80~100	97.6	
外观	—	无团粒结块		

(4)纤维

纤维为絮状木质素纤维,技术性质见表4.20。

纤维技术指标 表4.20

项 目	单位	技 术 要 求	测 定 结 果	试 验 规 程
密度	g/cm^3	—	0.75	JT/T 533
纤维长度	mm	≤6	2.0	JT/T 533
灰分含量	%	18 ±5	15.6	JT/T 533
吸油性	%	≥500	732	JT/T 533
含水率	%	≤5	1.9	JT/T 533

4.5.1.2 矿质混合料组成设计

通过室内研究,设计的沥青混合料(SMA-16)的矿料级配见表4.21。矿料合成级配组成比例为:A料(10~20)占48.0%,B料(5~10)占29.0%,C料(0~5)占14.0%,矿粉占9.0%。

SMA-16 矿质混合料组成设计 表4.21

筛孔尺寸(mm)	推荐级配范围	合成级配(%)				合成级配(%)
		A料(10~20)	B料(5~10)	C料(0~5)	矿粉	
		48.0	29.0	14.0	9.0	
19	100	100.0	100.0	100.0	100.0	100.0
16	90~100	100.0	100.0	100.0	100.0	100.0
13.2	65~85	39.6	100.0	100.0	100.0	71.0
9.5	45~65	1.1	98.8	100.0	100.0	52.2
4.75	20~32	0.0	3.4	96.8	100.0	23.5
2.36	15~24	0.0	0.0	60.1	100.0	17.4
1.18	14~22	0.0	0.0	39.5	100.0	14.5
0.6	12~18	0.0	0.0	24.7	100.0	12.5
0.3	10~15	0.0	0.0	19.6	100.0	11.8
0.15	9~14	0.0	0.0	14.5	100.0	11.0
0.075	8~12	0.0	0.0	9.5	97.6	10.1

4.5.1.3 最佳沥青用量

经过室内试验确定,设计的集料级配最佳沥青含量为5.8%。最佳沥青含量下,SMA-16的性能指标见表4.22。

SMA-16 性能试验结果 表4.22

检 测 项 目	规 定 值	试 验 结 果	结 果 判 定
空隙率(%)	3.0~4.0	3.7	合格
马歇尔稳定度(kN)	≥6	8.21	合格
流值(mm)	—	3.4	—
矿料间隙率(%)	≥17.0	17.0	合格

续上表

检测项目	规定值	试验结果	结果判定
沥青饱和度(%)	75～85	78.3	合格
动稳定度(次/mm)	≥4000	5759	合格
浸水残留稳定度(%)	≥80	92.4	合格
构造深度(mm)	≥0.70	0.93	合格
渗水系数(ml/min)	≤80	0	合格

4.5.2 SMA 施工

4.5.2.1 下承层准备

下承层按《公路工程质量检验评定标准》(JTG F80/1—2004)内容检查验收合格。黏层在施工前一天进行洒布,黏层洒布完毕后,封闭交通,禁止车辆通行,防止污染。

4.5.2.2 混合料拌和

SMA-16 混合料的拌和采用雪桃 AMP5000-C 型拌和站拌和,额定拌和产量为 320t/h,拌和过程为全部电子自动化计量,能够满足施工需求,拌和技术要求如下:

(1)把规定数量的集料和沥青送进拌和机后,把这两种材料充分拌和直至所有集料颗粒完全均匀地被沥青均匀裹覆,沥青材料也完全均匀分布到整个混合料中,以混合料中无花白石子、无沥青团块,乌黑发亮为宜。

(2)拌和时间为:干拌时间 10s,湿拌时间 45s。

(3)纤维稳定剂采用专用纤维添加设备自动加入拌和机的拌和锅中,添加纤维与间歇式拌和机联动的拌和周期自动同步进行;添加纤维的专用设备带自动电子称重计量系统。

(4)矿料加热温度为 185℃,沥青加热温度为 180℃,沥青混合料出料温度为最低 175℃。

4.5.2.3 混合料的运输

混合料采用 10 辆 35t 运输车进行运输,施工前对所有运输车进行车况检查,确保运输安全。每辆车在装料前把车厢清理干净,并适当涂抹油隔离剂。

图 4.19 混合料到场后进行测温

车辆装料时,按序号排队成列,依次等候,不得拥挤,当听到控制室发出的响铃后方可驶入卸料斗下。为保证混合料装车的均匀性,装车时运输车前后中移动,分前面、后面、中间、中前、中后五次装料,避免混合料离析。每装一斗混合料以后,保持装料高度大致相同。

采用温度计检测沥青混合料的出厂温度和运到现场温度。在运料卡车侧面中部设专用检测孔,孔口距车箱底面 30cm,见图 4.19。

每辆自卸车都备有大小适宜的覆盖篷布,运输时覆盖在车顶上,并覆盖密实,切实起到保温、防雨、防污染的作用,杜绝因篷布覆盖“露头露尾”导致的局部严重温度离析现象。

卸料时,运料车在摊铺机前方 20～30cm 停车,设专人指挥运输车卸料,防止碰撞摊铺机,卸料过程中运料车挂空挡,靠摊铺机推动前进,卸料速度与摊铺速度相协调。

4.5.2.4 混合料的摊铺

采用1台中大DT-1900型摊铺机,单向全幅面摊铺。松铺系数按1.2,松铺厚度为4.8cm。上面层顶面标高采用非接触式平衡梁控制。

摊铺机开工前提前1小时将熨平板预热至规定温度(不低于100℃),摊铺机熨平板拼接紧密,无缝隙,防止卡入粒料将铺面拉出条痕。在每台摊铺机前的料车到达5辆后开始摊铺。摊铺时,先摊铺温度高的两辆车的料,摊铺速度控制在3m/min,保证拌和摊铺及压实机械施工连续。调整好螺旋布料器两端的自动料位器,并使料门开度、链板送料器的速度和螺旋布料器的转速相匹配。布料器中料的位置高于螺旋布料器2/3,同时螺旋布料器匀速旋转,避免摊铺层出现离析。摊铺机施工期间不收料斗两翼,做到连续供料,并避免粗料集中,以减少离析,参见图4.20。

4.5.2.5 混合料的碾压

碾压分初压、复压和终压三个步骤进行操作,遵循"紧跟、慢压、高频、低幅"的原则,按照先轻后重、由低向高的顺序进行。碾压方向与路中线平行。碾压时压路机应将驱动轮朝向摊铺机,碾压区长度控制在20~30m。初压用2台双钢轮压路机前进静压,后退弱振1遍,时速2~3km/h,复压用2台双钢轮压路机振动碾压3遍,时速3km/h~4.5km/h,终压用1台双钢轮压路机进行收面,直到消除轮迹为止,时速3km/h~6km/h,边部碾压不到的位置采用3t重小型钢轮压路机进行补压,可参见图4.21~图4.23。

图4.20 混合料的摊铺

图4.21 初压

图4.22 复压

图4.23 边部压实

4.6 路面施工质量监测系统

在以往的公路路面施工过程中，沥青混合料的用量、出料温度、压实度等指标需采用各种试验方法按规定频率进行抽检。这些指标的控制和监测往往都是由操作手的经验和现场管理人员的素质来判断，这样难以保证质量稳定可靠。

公路路面施工质量智能监测系统包括沥青混台料拌和站远程监控系统、沥青混合料运输监控系统、沥青混合料摊铺监控系统、沥青混合料实时压实导航系统。

沥青混合料监测系统从源头上控制材料质量，严格监测施工材料的生产过程，实现生产过程中的数据监测，并进行实时分析纠偏。能监测生产拌和过程中的生产级配、油石比、拌和温度、产量、掺配比等各项参数，并具有实时分析、实时纠偏的特色功能，能够监测施工作业面的施工质量数据，监测摊铺机的摊铺速度、面积、松铺厚度、温度，压路机的压实速度、轨迹遍数等数据。并且可以进行实时监测报警、纠偏。通过远程数据查看、短信报警进行远程管理，提供施工质量回溯手段采集施工过程的所有数据，并将其存储于云中心，后期可以使用原始数据对历史施工过程、施工参数、施工工艺进行回溯和重放参见图 4.24 和图 4.25。

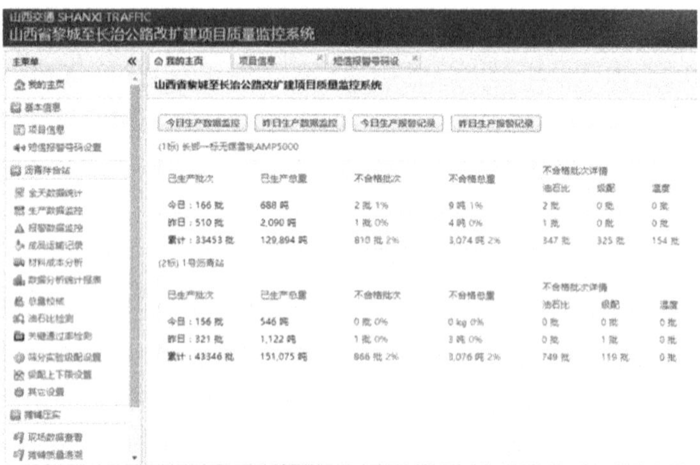

图 4.24　沥青混合料拌和站远程监控系统

图 4.25　沥青路面施工过程远程监控系统

本项目从实际需求出发，对高速公路施工过程中的路面摊铺现场等重点控制工程进行视频监控。采用最新的数字平台网络视频监控系统，在电脑上、手机 APP 上能实现对现场的实时查看，在实际应用过程中取得了良好的效果，在质量提升和保证工程顺利运行方面发挥了重要作用。

4.7 小结

本章首先根据工程自然条件和交通量设计了新建路段的沥青路面结构，根据原有路面路况和弯沉值，设计了旧路面改建的方案，总结了水泥稳定碎石基层、厂办热再生下面层和 SMA 上面层的组成设计与施工技术，介绍了沥青路面施工监控系统，形成了沥青路面加宽改建技术和实践总结，可为山西省高速公路沥青路面加宽改建提供参考。

第 5 章　桥梁与隧道

本章主要介绍改扩建涉及桥梁与隧道的科研、设计及施工情况；重点阐述桥梁拼宽方式的选择、桥梁沉降控制等相关科研工作以及桥梁与隧道施工新技术。

5.1　桥梁拼宽方法

5.1.1　桥梁拼宽原则

桥梁是线路的组成部分，桥梁的拼宽也要和线路拼宽后宽度保持一致，此外还要符合以下原则：

(1) 最大限度地利用原有结构。

(2) 桥梁两侧拼宽采用同结构、同类型、同跨径的方法予以拼接。

(3) 旧桥状况较差的大桥不做横向拼接，采用分离式新建桥。

(4) 原桥采用扩大基础的桥梁，其基础或地基必须做特殊处理或改为桩基础。

5.1.2　桥梁拼宽方案

长邯改扩建项目桥梁拼宽主要采用新旧桥梁的上部结构拼接、下部结构分离的结构形式，如图 5.1 所示。具体做法为：先将桥梁拼宽部分的新桥独立成桥，然后对新桥进行预压一段时

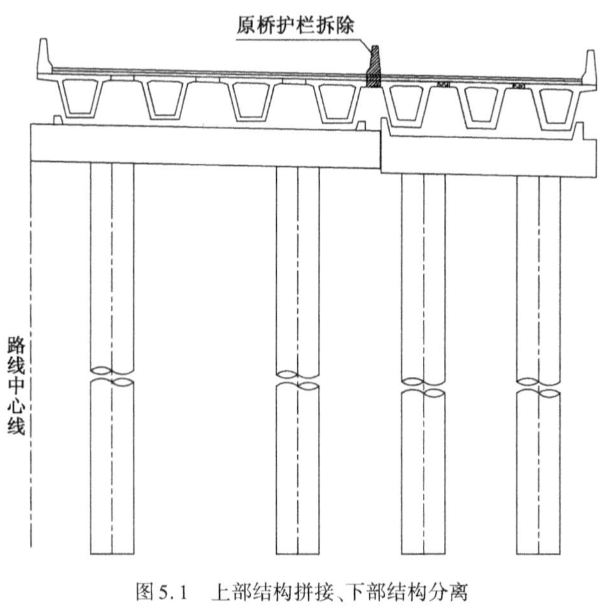

图 5.1　上部结构拼接、下部结构分离

间,加快新桥的基础沉降,待新桥基础沉降在预压过程中趋于基本稳定后,再将新桥的上部结构与旧桥上部结构通过主梁横向拼接构造拼接起来,最后统一桥面整体铺装。该拼宽方法既实现了良好的桥面行车效果,又控制了新旧桥梁正常使用后期的沉降差异。

5.1.3 小箱梁桥拼接构造的拟订方案

(1)拼宽横断面

为了保证拼宽后桥梁整体受力均匀,新拼宽箱梁采用旧桥结构形式。拼宽部分桥梁采用30m预应力混凝土小箱梁,梁高1.6m。旧桥为4片预制小箱梁,梁高为1.5m,全幅宽度为24.5m。通过两侧拼宽形成6车道,全幅宽度为39.5m。拼宽后单幅桥梁横断面见图5.2。

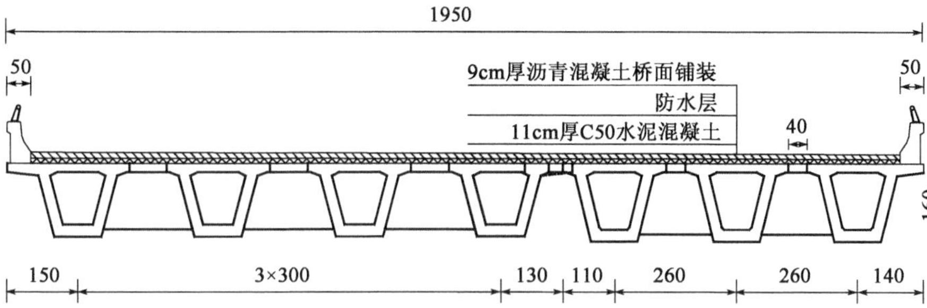

图5.2 箱梁拼宽后桥梁横断面图(尺寸单位:cm)

(2)拼接构造方案

①方案一(翼缘板混凝土铰接拼接)

对于30m预应力小箱梁进行新旧桥横向拼宽时,采用铰缝拼接的主要方法,将旧桥拼宽侧悬臂切割1m,把切割面混凝土凿毛,在混凝土切割面上植入钢筋并且涂刷一层界面胶,待新桥架设完3个月,收缩徐变和新桥基础沉降基本完成后,将新桥的预埋钢筋与旧桥切割面植入的钢筋绑扎拼接,然后浇筑掺入钢纤维的混凝土,现浇湿接缝后便形成混凝土铰接。其拼接部位示意见图5.3。

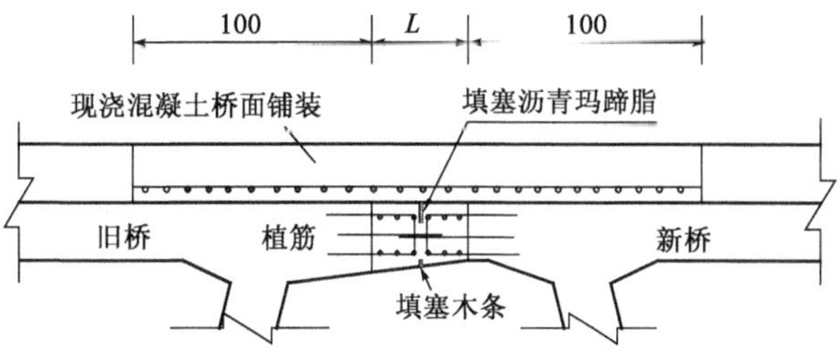

图5.3 混凝土铰钢筋构造图(尺寸单位:cm)

②方案二(翼缘板钢板搭接)

该方案为当架设新桥时,在新旧桥之间预留2cm的缝隙。在进行桥梁上部混凝土铺装层铺装时,新旧桥面距离纵向缝各留75cm不铺筑,待把搭接钢板粘贴(或锚栓)后,表面的搭接钢板与新建桥梁预埋件焊接成整体。钢板搭接尺寸的选取为:钢板宽25~30cm,厚度0.8~1.00cm,间隔2m布设一组。其拼接部位示意见图5.4。

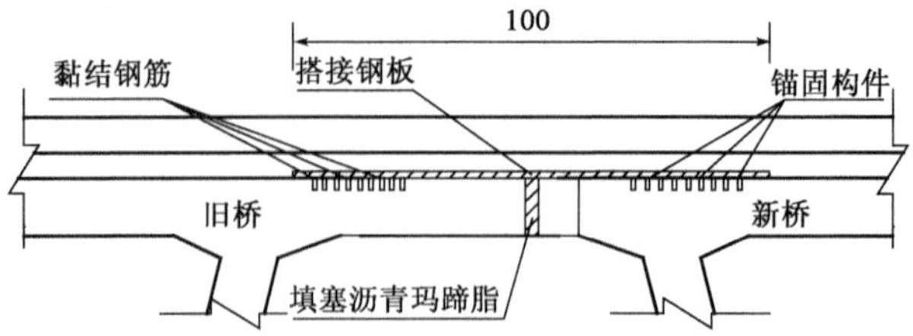

图 5.4　钢板搭接构造图(尺寸单位:cm)

采用此方法的优点在于:其整体共同受力性能较好,新建部分桥的不均匀沉降对原桥的影响也比较小;同一断面的新老桥活载会产生的不同挠度,可以通过钢板进行协调变形。而这种方法的不足之处是:在反复活载作用下钢板的锚固存在一定的问题;钢板翘曲脱落可能造成该处桥面沥青混凝土铺装破损。

③方案三(翼缘板弱刚性拼接)

该方案与方案一不同之处在于该方案中湿接缝处不设置铰缝,湿接缝处的绑扎钢筋方式与方案一也略有不同。其拼接部位示意见图 5.5。

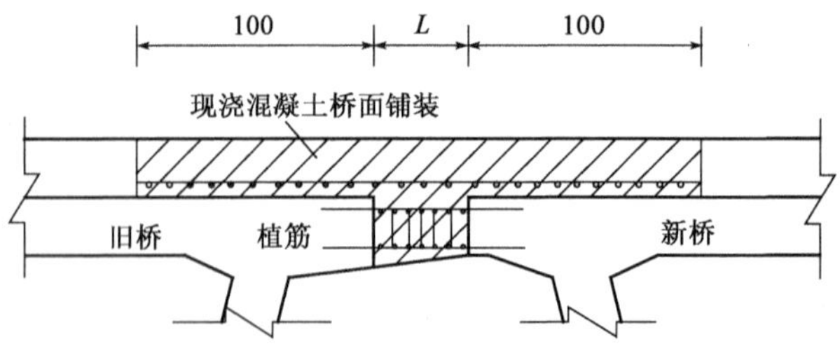

图 5.5　弱刚性拼接钢筋构造图(尺寸单位:cm)

采用此方案的优点在于:其整体性较好,这样可以确保新旧结构整体共同受力;并且拼宽后桥面比较美观、行车较为舒适;后期养护成本低。但不足之处在于:新旧桥拼宽拼接后,新桥与旧桥下部基础产生不均匀沉降时,对新桥和旧桥的影响更大,该方案对下部结构不均匀沉降要求较高。

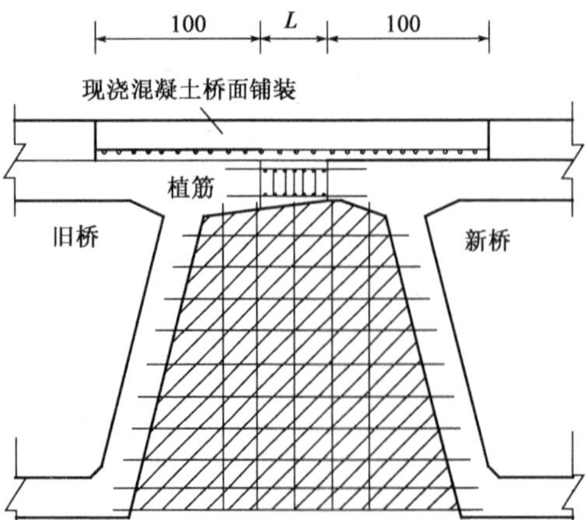

图 5.6　强刚性拼接钢筋构造图(尺寸单位:cm)

④方案四(强刚性拼接)

该方案是在方案三的基础上,在新旧主梁腹板上植筋,并绑扎后浇筑混凝土形成横隔板。其拼接部位示意见图 5.6。

采用该方案的优点在于:其整体性更好,这样更加可以确保新旧结构整体受力。但不足之处是:新旧桥下部基础产生的不均匀沉降差,对二者影响较大;在施工过程中因需箱梁腹板植筋,施工难度较大,且易对梁体腹板造成损害。

5.1.4 预制空心板桥加宽拼接设计

(1)加宽横断面

为了保证拓宽后桥梁整体受力均匀,新拓宽预制空心板梁要按照旧桥结构型式进行拼接。本工程中所采用的梁按照新的通用图,拓宽部分新桥采用13m钢筋混凝土空心板,梁高为0.7m,通过两侧拓宽形成8车道,全幅宽度为39.5m。

(2)拼接方案

①方案一(湿接缝连接)

新旧桥之间通过边板悬臂现浇湿接缝连接,连接后上部形成整体结构,在梁端设置一道50cm厚的横隔梁,用来加强横向连接刚度。为了减少混凝土收缩徐变和下部基础的不均匀沉降差产生的应力,建议加宽桥架设3个月后再进行湿接缝连接。

②方案二(铰缝连接)

当旧桥加宽侧边板上有悬臂时,需要切除旧桥边板悬臂,凿除边板加宽侧腹板混凝土。在架设新桥板梁时,在新旧桥之间预留5cm隔离缝,使新桥与旧桥靠近连接处形成铰缝,然后再通过现浇湿接缝把新旧桥连接形成整体结构。如果采用了上述加宽方法,必须要在新桥假设3个月后再对新旧板进行铰缝连接,可以减少因上部板梁混凝土收缩、徐变差异和下部桩基础不均匀沉降带来的附加内力。

③方案三(横隔板连接)

在新旧桥拓宽侧增加混凝土现浇横隔板连接,然后再通过桥面连续和桥面铺装层将新旧桥连接为整体。增设的混凝土现浇横隔板设置原则为:在每片板端及距板端2m处设置一道横隔板,其他部分每4m设置一道横隔板。现浇横隔板的宽度应与旧桥加宽侧边板悬臂宽度保持一致,且现浇横隔板宽度不宜大于50cm,假如旧桥加宽侧边板未设悬臂或者是悬臂小于25cm时,新桥加宽侧边板应该设置悬臂,且两片边板悬臂值之和不宜大于50cm。

5.2 桥梁拼宽关键技术研究

5.2.1 横向拼接方式对桥梁结构的影响分析

采用数值分析方法,以断面如图5.2所示的3×30m小箱梁为例,从荷载横向分布规律和内力、变形方面,分析不同横向拼接方式对拼接桥梁结构受力性能的影响,并同时对桥梁横向拼宽前的旧桥、拼宽后的新旧混合桥梁进行动力分析,对比桥梁模态参数在拼宽前后的变化和特征。

5.2.1.1 横向分布系数对比分析

选取边跨跨中截面作为分析对象,拼宽前后主梁的横向分布系数对比见图5.7。

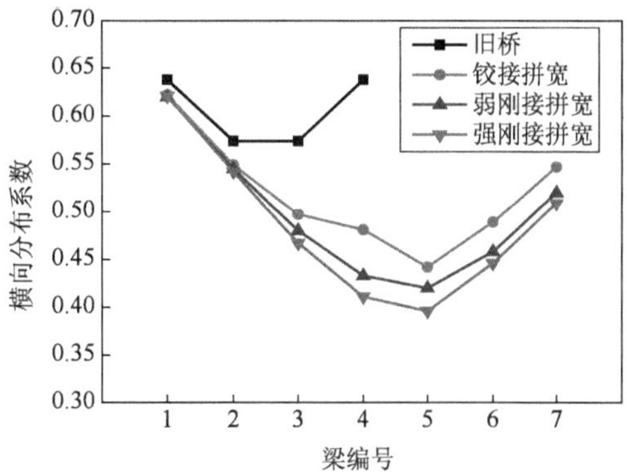

图5.7 不同拼宽方式下边跨主梁的最不利横向分布系数对比图

由图 5.7 可以得知：采用不同横向拼接方式拼宽改建后，旧桥各梁的横向分布系数均明显低于拼宽前旧桥中各梁的横向分布系数，结果表明拼宽后拼宽部分新桥承担了部分活载，减轻了旧桥主梁所承担的荷载，拼宽后结构的整体工作性能得到了改善，结构承载能力得到提高。从图中可以看出，拼宽后的旧桥部分的横向分布系数比新桥部分大，说明拼宽后起控制作用的仍然是旧桥部分的梁。

5.2.1.2　控制截面内力及挠度对比分析

通过对比不同横向拼接方式拼宽后的新旧桥混合结构各梁的横向分布系数，可以看出，旧桥的边梁（①号梁）的横向分布系数最大，承担的荷载最大。因此旧桥的边梁（①号梁）作为研究对象，分析小箱梁拼宽后对旧桥边梁的改善程度，比较评判不同拼宽方式的箱梁受力。

（1）内力对比分析

由表 5.1 可以得知：旧桥边梁（①号梁）的各控制截面弯矩值拼宽后比拼宽前有所降低。三种不同横向拼接方式对原桥边梁的受力有一定改善，且改善程度按铰接、弱刚接、强刚接拼宽方式依次增强，但增加的程度稍小。强刚接拼宽方式下，边跨跨中的正弯矩值降低了6.3%，墩顶的负弯矩值降低了 3.8%；中跨跨中的正弯矩值降低了 2.5%，墩顶的负弯矩值降低了 0.5%。

旧桥及铰接、刚接后边梁（①号梁）各控制截面弯矩对比（单位：kN·m）　　表 5.1

控制截面	旧桥	铰接拼宽	弱刚接拼宽	强刚接拼宽
边跨跨中	2738.39	2577	2576.1	2566.17
墩顶	-2188.74	-2109.33	-2108.76	-2104.35
中跨跨中	2456.75	2404.28	2403.44	2394.66
墩顶	-2014.4	-2009.19	-2008.65	-2004.84

（2）挠度对比分析

由表 5.2 可以得知：旧桥边梁（①号梁）的各控制截面挠度值在拼宽后比拼宽前有较小程度降低。三种不同横向拼接方式对原桥边梁的挠度有一定改善，且改善程度按铰接、弱刚接、强刚接拼宽方式依次增强，但增加的程度稍小。强刚接拼宽方式下，边跨跨中的下挠度值减小了 9.7%；中跨跨中的下挠度值减小了 3.8%。

旧桥及铰接、刚接后边梁各控制截面挠度对比（单位：mm）　　表 5.2

控制截面	旧桥	铰接拼宽	弱刚接拼宽	强刚接拼宽
边跨跨中	-17.633	-16.0046	-15.99753	-15.9196
主跨跨中	-14.6559	-14.1715	-14.16495	-14.0974

5.2.1.3　模态参数对比分析

文中采用 MIDAS 模态分析方法对原桥、铰接拼宽的新桥、弱刚接拼宽的新桥、强刚接拼宽的新桥进行模态分析，提取相关模型计算下的自振频率见表 5.3。

从表 5.3 中可知，旧桥拼宽后其一阶竖向、横向和纵向频率值均有不同程度增大，说明新桥拼宽后桥梁整体刚度有所提高；而铰接、弱刚接、强刚接这三种横向拼接方式新桥频率相差不大,说明横向拼接方式对拼宽桥梁的刚度变化影响较小。从上述数据可知,刚性拼宽模型的各阶竖向频率略大于铰接拼宽模型,说明刚接拼宽桥梁的整体刚度要大于铰接拼宽桥梁。

原桥及铰接、刚接拼宽的新桥自振频率(单位:Hz)　　表5.3

模态阶数		旧桥	铰接拼宽	弱刚接拼宽	强刚接拼宽
竖向	1阶	3.28	3.37	3.37	3.37
	2阶	12.79	13.03	13.03	13.03
	3阶	27.60	28.98	28.98	28.98
扭转	1阶	5.64	4.53	4.54	4.60
	2阶	14.25	15.95	15.95	16.04
	3阶	32.56	33.66	33.68	33.91
横向	1阶	3.28	3.37	3.37	3.37
	2阶	14.25	13.89	13.89	13.03
纵向	1阶	3.28	3.37	3.37	3.37
	2阶	10.39	7.91	7.92	8.12

5.2.2 新旧桥基础不均匀沉降对拼宽桥梁的影响

应用有限元数值分析软件,研究当上部结构的沉降方式为不同沉降模式时,不同横向拼接方式对拼宽后新旧桥整体工作的影响,以及在下部结构产生不同程度沉降变形条件下对上部拼接构造的受力影响。为旧桥拼宽过程中,上部结构拼接方式的选择和已有拼宽工程因下部沉降差引起的病害的原因分析提供理论依据。

本节的分析均以单个墩柱处发生沉降为研究对象,其上部结构的沉降规律分为以下2种沉降模式。

沉降模式1:整体沉降,新建桥梁上部结构各主梁的沉降值相同。

沉降模式2:线性沉降,新建桥梁上部结构各主梁的沉降值由内到外按线性递增。

5.2.2.1 不同拼接方式下新旧桥的允许沉降差

通过有限元软件建立实体模型,对采用不同横向拼接方式进行拼宽后的新、旧桥基础采用不同的沉降差,来分析新旧桥下部基础沉降差异对新、旧桥拼接部位的影响和上部结构受力情况,进一步研究,当新旧桥基础沉降差异一定时,不同横向拼接方式对整体结构的受力影响。

(1)横桥向正应力对比分析

以内支座截面为控制截面,以箱梁顶板的上缘处为研究对象,在两种沉降模式下分析不同横向拼接方式及沉降差下内支座截面的横向正应力沿横桥向的变化曲线见图5.8。

新桥、拼接段、旧桥分别位于横桥向坐标范围0~7.7m、7.7~8.0m、8.0~19.5m。

从图5.8中可知:

①在线性沉降模式下,强刚接拼宽的箱梁顶板横向应力极值出现在靠近拼接部位的新主梁顶板中心位置,而弱刚接、半刚接、铰接等拼宽的箱梁顶板横向应力极值出现在拼接部位。

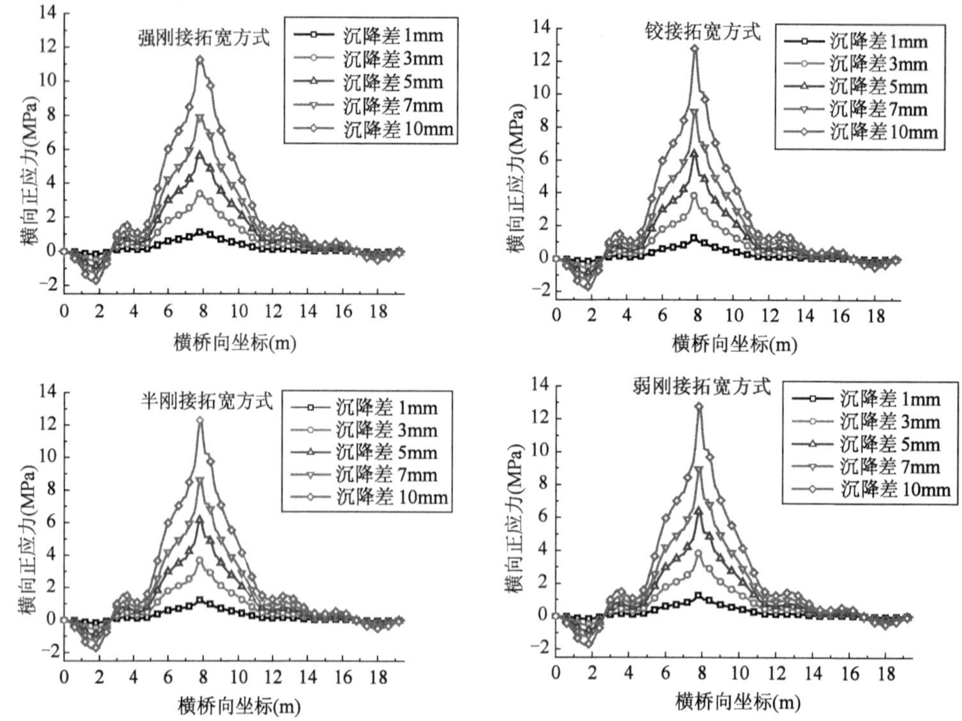

a) 线性沉降模式

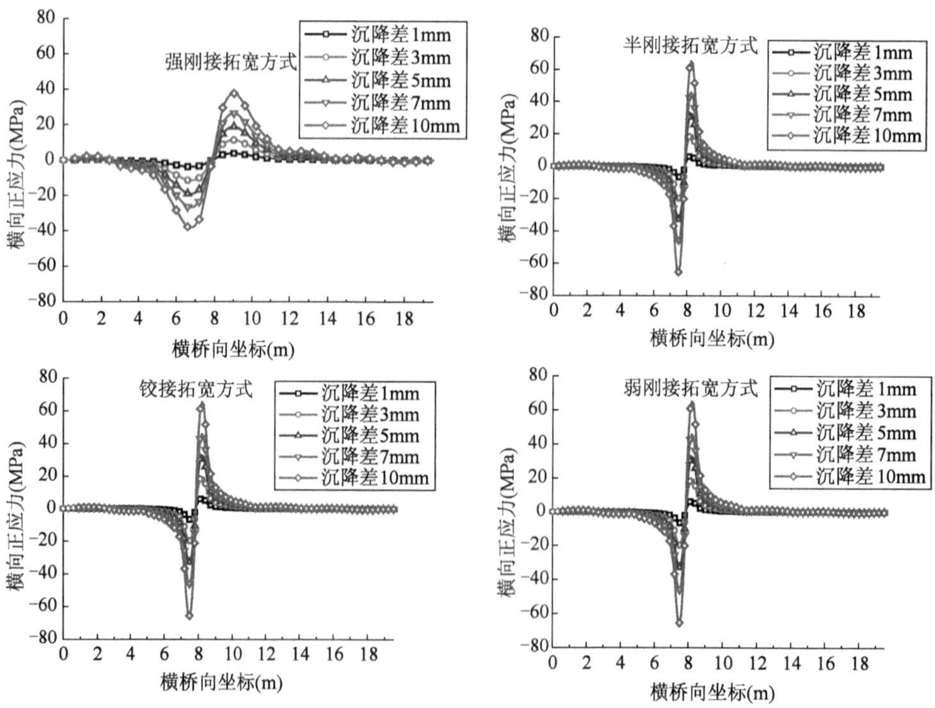

b) 整体沉降模式

图 5.8　不同沉降差下箱梁顶板上缘的横向正应力沿横桥向变化

②在整体沉降模式下，强刚接拼宽的箱梁顶板横向应力极值出现在靠近拼接部位的新旧主梁顶板中心位置，而弱刚接、半刚接、铰接等拼宽的箱梁顶板横向应力极值出现在靠近拼接部位的新旧梁翼缘根部。

③不管是整体沉降模式，还是线性沉降模式，从不同横向拼接方式拼宽的箱梁顶板上缘的横向应力沿横桥向的分布规律看，均是在靠近拼接缝的新旧主梁受基础沉降差作用影响最大，远离拼接缝的主梁所受影响很小。

(2)挠度对比分析

以内支座截面为控制截面，以箱梁顶板的上缘处的挠度为研究对象，绘制内支座截面的挠度沿横桥向的变化曲线见图5.9。

新桥、拼接段、旧桥分别位于横桥向坐标范围0～7.7m、7.7～8.0m、8.0～19.5m。

从图5.9中可知：

①不同沉降差作用下，新旧桥的挠度沿横桥向分布规律相同；随着沉降差越大，拼宽部分新桥的挠度也相应增大。

②线性沉降模式下，强刚接、弱刚接、半刚接、铰接这几种拼宽方式所对应的挠度变化规律相同，而在整体沉降模式下，强刚接拼宽方式的挠度变化由旧桥平缓下降经过拼接部位至拼宽新桥；弱刚接、半刚接、铰接这三种拼宽方式所对应的挠度变化规律相似，均由旧桥急剧下降经过拼接部位至拼宽新桥。

③不管基础沉降是线性沉降，还是整体沉降，拼宽新桥发生基础沉降对远离拼接部位的旧桥主梁的挠度几乎不产生影响。

(3)纵向正应力对比分析

为了了解新旧桥基础不均匀沉降对原有旧桥受力的影响，本小节取当新旧桥基础沉降差为5mm时，分析不同横向拼接方式对新旧桥各主梁梁底的纵向正应力沿纵桥向的变化规律影响，见图5.10、图5.11。

从图5.10、图5.11中所的各主梁梁底沿纵桥向的纵向正应力变化规律可知：

①强刚接拼宽、弱刚接拼宽、半刚接拼宽和铰接拼宽对新旧桥各主梁的纵向应力在纵桥向变化规律一致。

②弱刚接拼宽、半刚接拼宽和铰接拼宽对主梁梁底的纵向应力的影响程度近乎相同；相比其他三种横向拼接方式，强刚接拼宽方式会造成各主梁梁底的纵向应力均有所增大，尤其对靠近拼接部位的主梁影响更大。

③从数据上分析，相比其他三种横向拼接方式，采用强刚接拼宽方式会导致5#梁梁底的纵向正应力在内支座截面处增大51.3%；4#梁梁底的纵向正应力在内支座截面处增大21.4%。

5.2.2.2 基础沉降差控制标准的确定

上节已分析出强刚接拼宽方式不利于由基础沉降作用引起的整体结构的受力，所以不分析强刚接拼宽方式下的新旧桥基础沉降差。只分析在线性沉降模式下弱刚接拼宽、半刚接拼宽、铰接拼宽等方式所对应的新旧桥允许基础沉降差。在弱刚接拼宽、半刚接拼宽、铰接拼宽等方式下，不同沉降差下所对应拼接部位的横向正应力极值见表5.4。

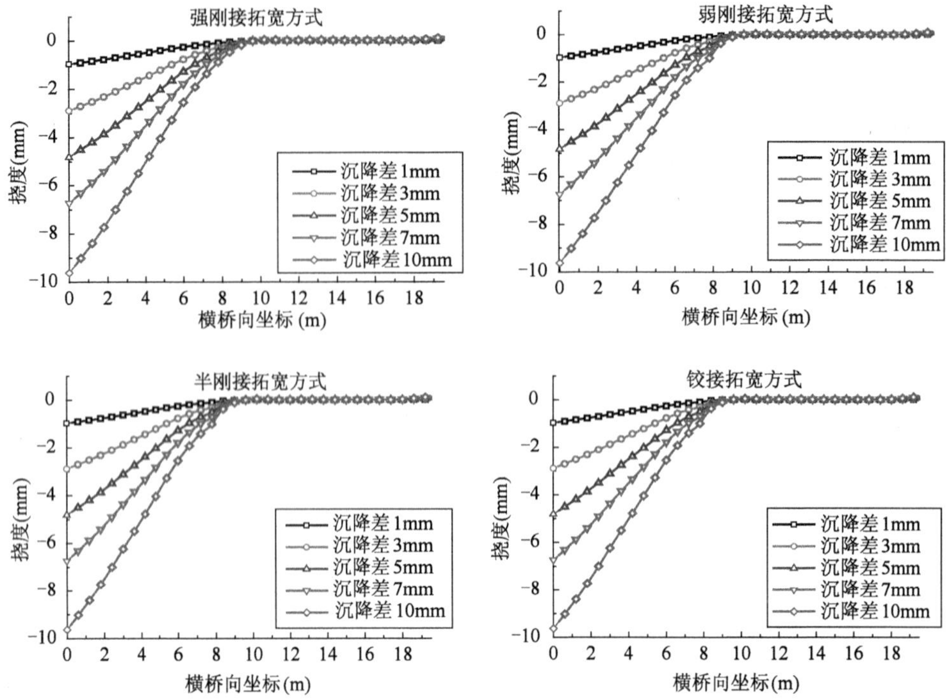

a)线性沉降模式

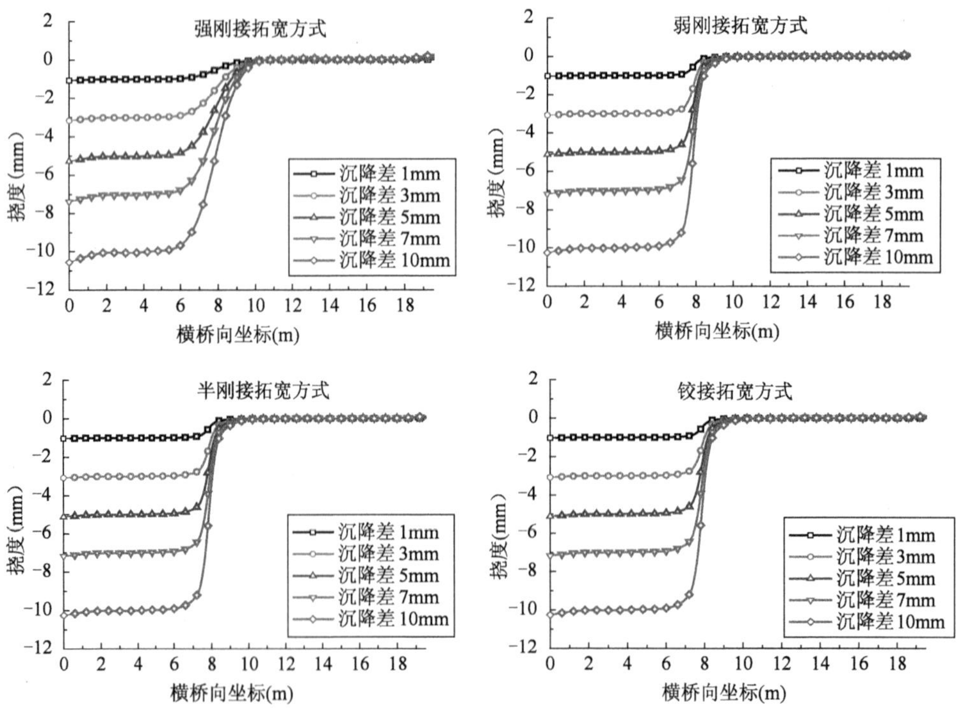

b)整体沉降模式

图5.9 不同横向拼接方式下箱梁顶板上缘的挠度沿横桥向变化

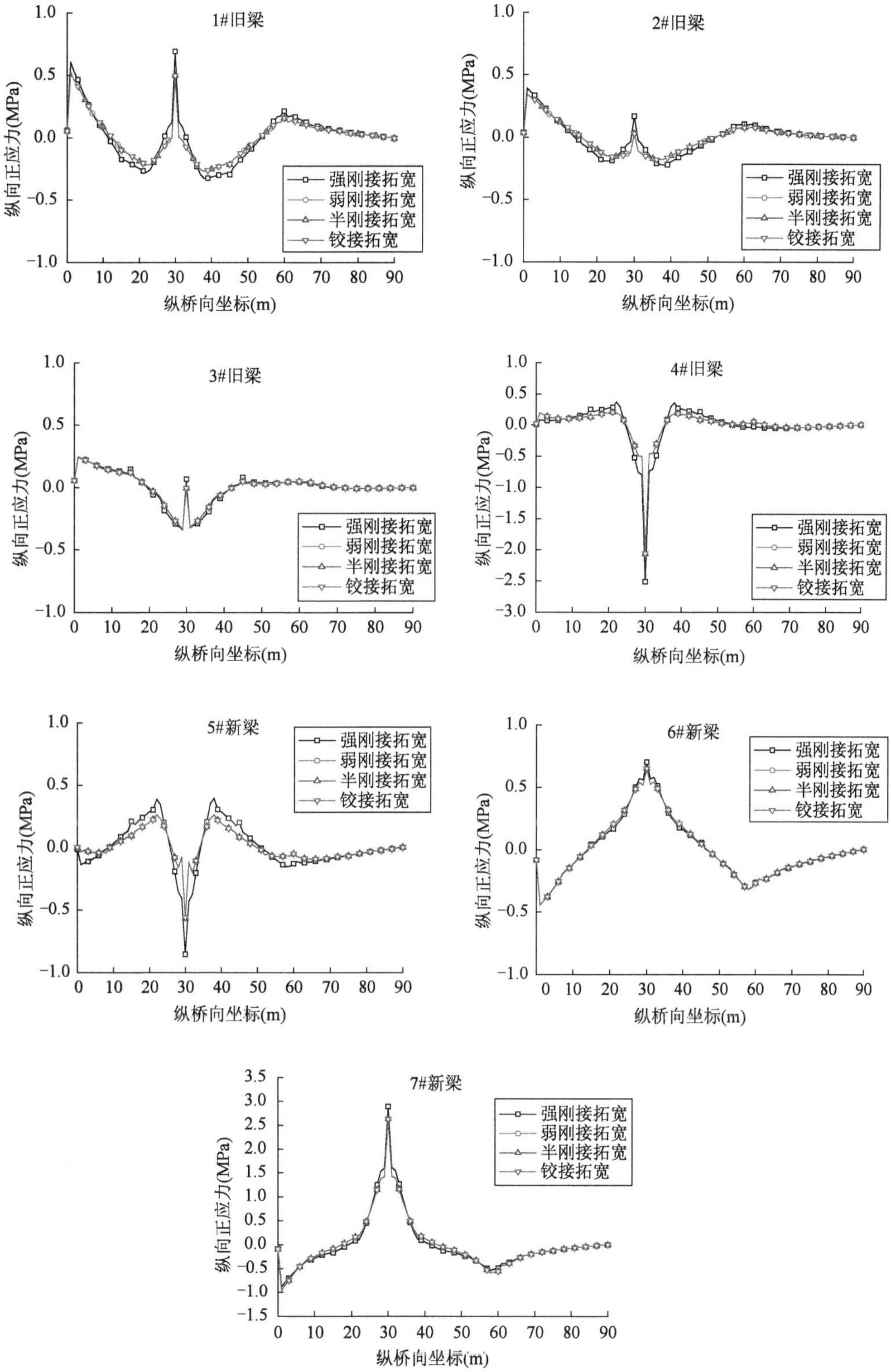

图 5.10 线性沉降模式下各主梁梁底沿纵桥向的纵向正应力变化

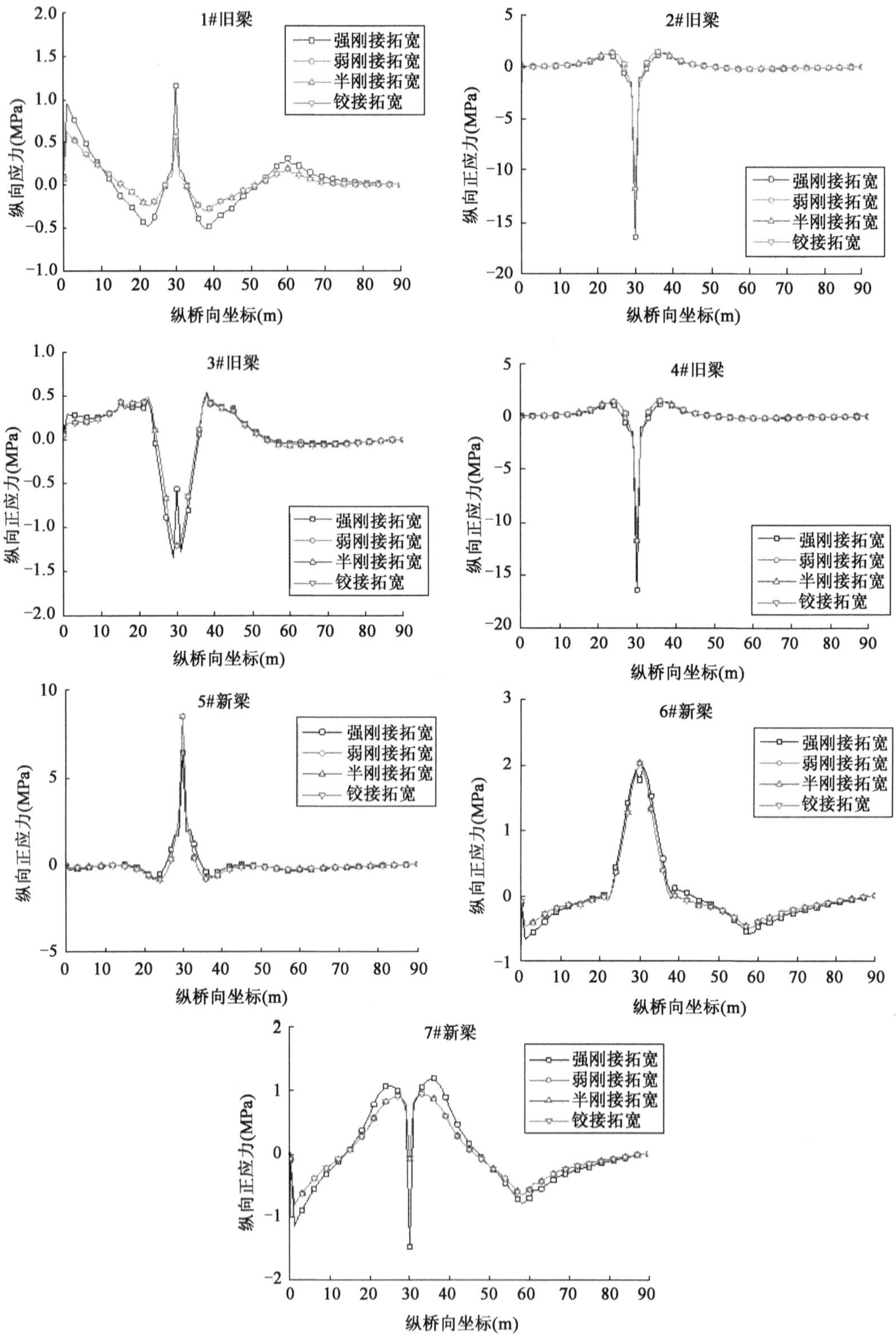

图 5.11　整体沉降模式下各主梁梁底沿纵桥向的纵向正应力变化

拼接部位横向正应力极值 表5.4

沉降差(mm)	横向正应力极值(MPa)			C50 抗拉强度标准值(MPa)
	弱刚接拼宽	半刚接拼宽	铰接拼宽	
1	0.5085	0.5535	0.576	2.65
3	1.539	1.638	1.7325	
5	2.493	2.7495	2.853	
7	3.537	3.8655	3.9915	
10	5.085	5.499	5.7375	

从表5.4中数据可知,当沉降差低于5mm时,弱刚接拼宽所对应的横向应力极值未超过C50混凝土抗拉强度标准值,而半刚接拼宽、铰接拼宽所对应的横向应力极值超过C50混凝土抗拉强度标准值。因此5mm可作为采用弱刚接拼宽方式下的新旧桥基础沉降差控制标准。

5.2.3 新旧桥收缩徐变差异对拼宽桥梁的影响

对于拼宽桥梁,旧桥形成时间较长,旧桥结构的收缩徐变已基本完成,而新桥的收缩徐变才刚开始,当新旧混凝土拼接在一起时,由于旧混凝土的收缩徐变变形比新混凝土小,这样就会对新混凝土的收缩徐变变形产生约束,从而在拼接面中产生附加应力。若附加应力过大,超出拼接面的抗力,拼接面上将出现裂缝,导致结构破坏并影响到桥梁的安全。为了保证拼宽桥梁使用的安全性、耐久性,需掌握收缩、徐变对新老结构影响的发展变化趋势和规律。

采用空间有限元方法建立空间梁格模型,不计旧梁混凝土收缩徐变效应,采用桥涵设计规范(JTG D62—2004)收缩徐变模式考虑新梁混凝土收缩徐变,分析计算收缩和徐变分别对新老结构产生的影响。

由于新旧主梁收缩徐变产生的不平衡内力主要由4#和5#梁承担,亦即4#和5#梁所受不平衡内力大于其他梁,因此以4#和5#梁为分析对象。选取4#和5#梁顶板翼缘最外侧点和底板最外侧作为控制点,读取4个控制点在不同计算工况下的变形、应力数据,具体示意见图5.12。应力规定依据材料力学中的规定,其中拉应力为正,压应力为负。

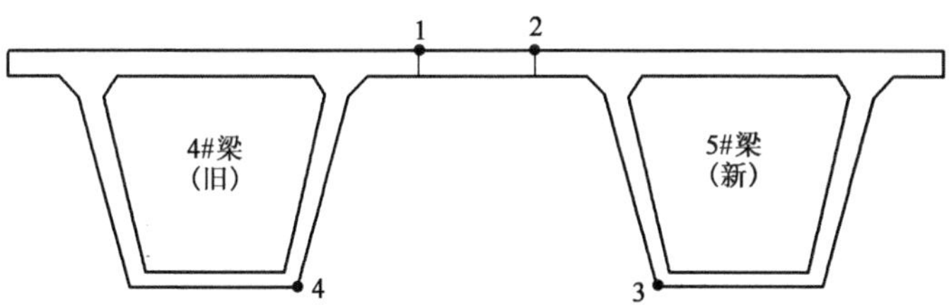

图5.12 控制点示意图

(1)收缩效应分析

①附加应力

在考虑自重、预应力荷载作用下计算十年之后不均匀收缩产生的附加应力,以此来对比在不同的拼接时间下不均匀收缩对4#梁和5#梁梁内应力的影响,见图5.13、图5.14。

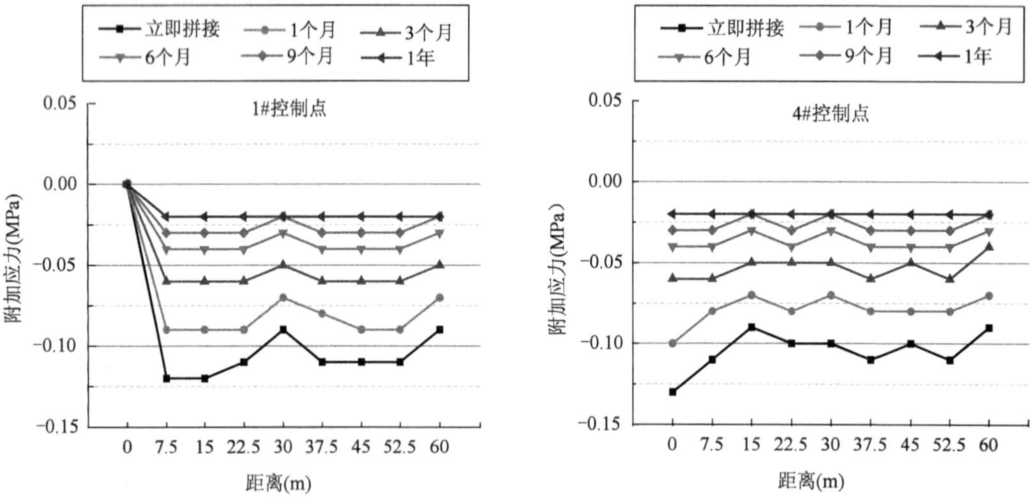

图 5.13　4#梁(旧)收缩附加应力对比图

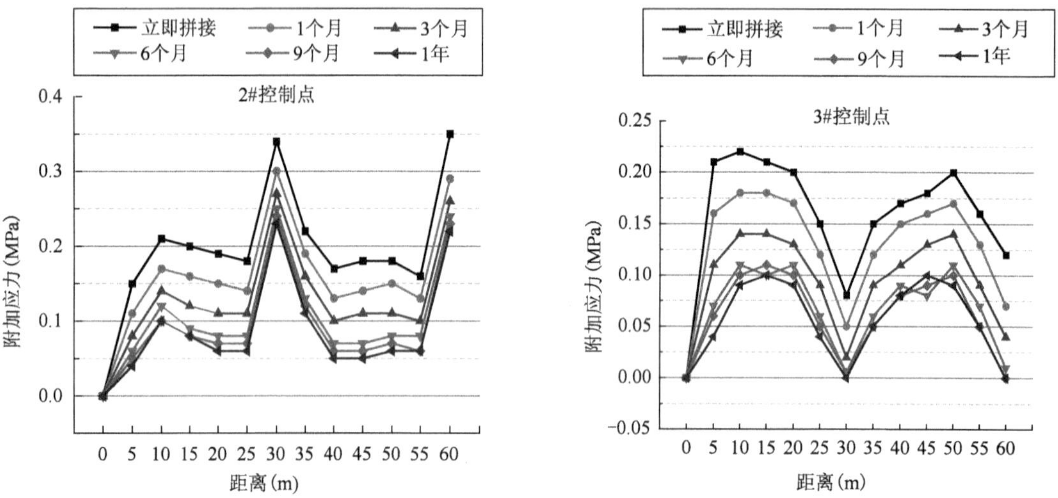

图 5.14　5#梁(新)收缩附加应力对比图

由图 5.13 可以看出,旧梁拼接后,不均匀收缩产生的应力会使旧梁全截面受压,但压应力数值较小,随着拼接时间的延迟,压应力呈减小趋势,存梁 6 个月后,压应力基本稳定。

由图 5.14 可以看出,不均匀收缩会使新梁截面承受拉应力,随着拼接时间的延迟,新梁梁体的拉应力逐步减小,说明延迟拼接时间可以改善新梁的内力状态。收缩产生的拉应力数值很小,不会引起梁体开裂。综合上述,随着拼接时间的延迟,收缩应力逐渐减小,到 6 个月时基本不发生变化。

②主梁变形

收缩会引起新梁发生变形,当新梁与旧梁拼接起来之后,新梁变形受到旧梁约束,在新旧梁间就会产生附加内力,引起旧梁也发生变形。由收缩引起的主梁变形主要是纵向变形。在不同的拼接时间下不均匀收缩对 4#梁和 5#梁纵向位移的影响见图 5.15、图 5.16。

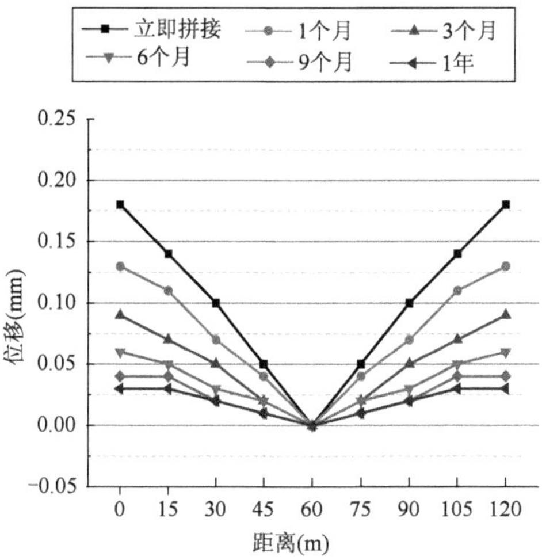

图5.15 4#梁(旧)收缩纵向位移对比图

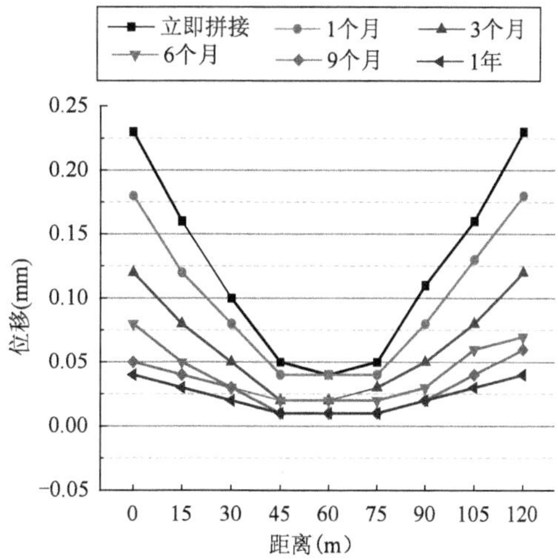

图5.16 5#梁(新)收缩纵向位移对比图

从图5.15、图5.16可以看出，延迟拼接会使旧梁纵向位移减小，延长时间越久，旧梁位移越小。而新梁纵向位移较旧梁大，延迟拼接对减小纵向位移有利，随着延迟时间延长，纵向位移逐渐变小。

(2)徐变效应分析

①附加应力分析

徐变是在应力作用下产生的，引起徐变的荷载主要是结构自重、预应力和混凝土收缩内力。与收缩相似，由于旧梁徐变已发生十年，可认为旧梁不再发生徐变，而新梁徐变刚开始发生，因此新旧桥梁间存在混凝土徐变差异。

由图5.17可知，新旧梁徐变不同步使得旧梁产生压应力，旧梁全截面受压，随着拼接时间延长，旧梁所受的压力逐渐减小，延迟时间越长，旧梁所受压力越小。

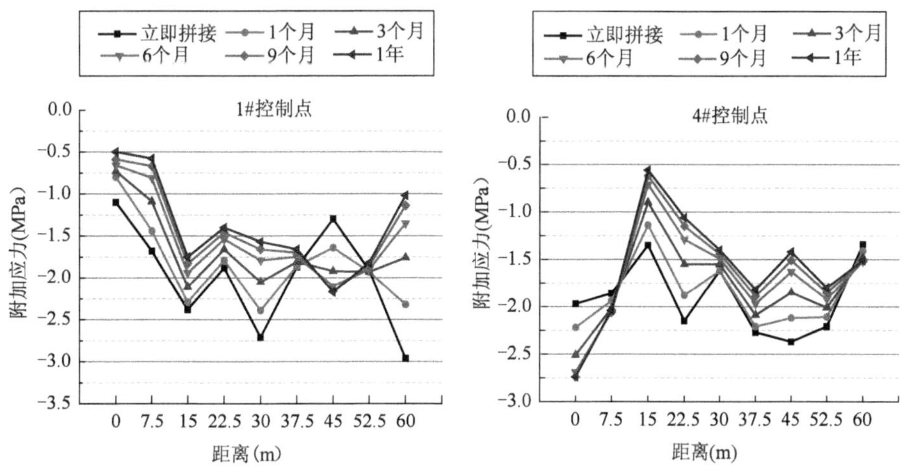

图5.17 4#梁(旧)徐变附加应力对比图

由图5.18可知，新旧梁徐变不同步使得新梁产生附加应力，新梁受拉，随着拼接时间的延长，新梁体内拉应力降低，以边跨跨中4#控制点为例，立即拼接时边跨跨中拉应力为2.38MPa，存梁1个月后，应力降低6.7%，存梁3个月后，应力降低15.5%，存梁6个月后，应力降低了23.1%，存梁9个月后，应力降低27.7%，存梁一年应力降低31%，从以上数据可以看出，前期存梁时间越长，应力减少幅度越大，存梁6个月后，应力减少的幅度不大，梁体应力处于稳定状态，因此以存梁6个月为宜。

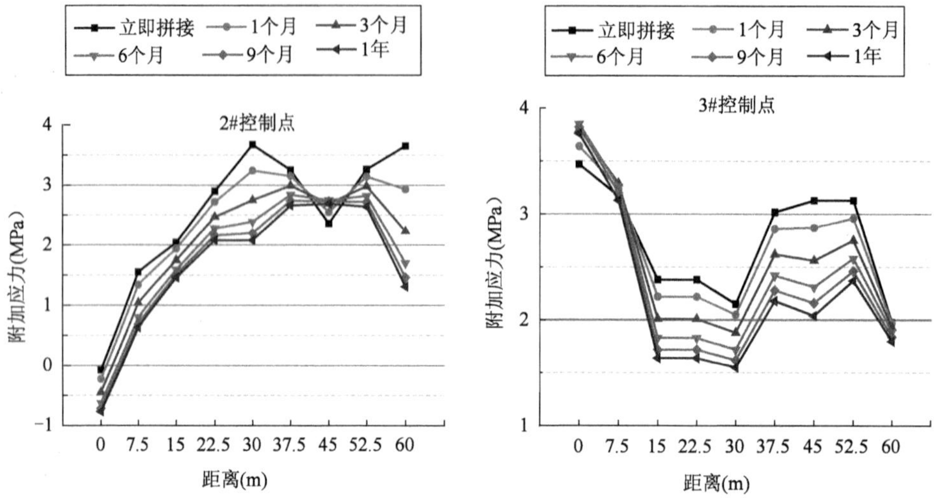

图5.18　5#梁(新)徐变附加应力对比图

②变形分析

跟收缩一样，徐变也会引起新梁变形，当新梁与旧梁拼接之后，新梁变形受到旧梁约束，在新旧梁间就会产生附加内力，引起旧梁变形。由徐变引起的主梁变形主要是纵向变形。

从图5.19、图5.20可以看出，延迟拼接有利于减少旧梁的纵向位移，而且延迟时间越长，位移越小。而新梁延迟拼接有利于减少纵向位移，而且延迟时间越长，位移越小，延迟拼接对于改善新梁纵向位移效果明显。

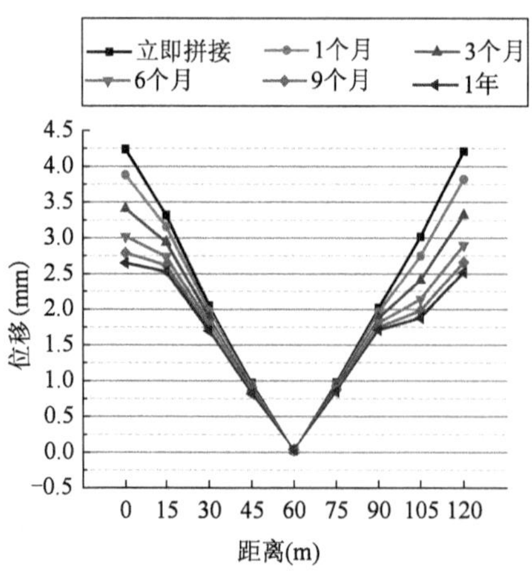

图5.19　4#梁(旧)徐变纵向位移对比图

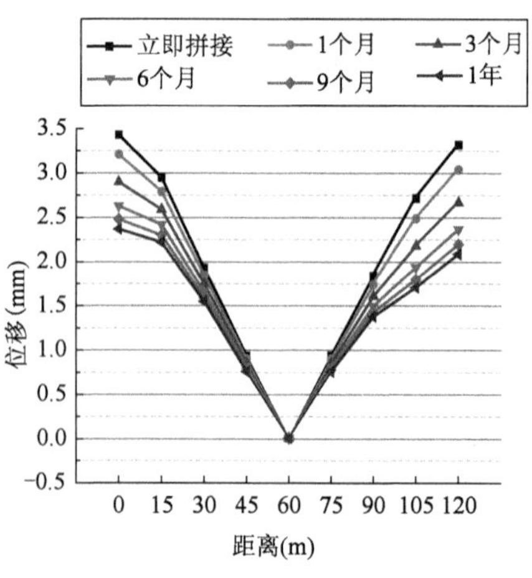

图5.20　5#梁(新)徐变纵向位移对比图

5.2.4　拼宽方式的确定

针对不同横向拼接方式下拼宽后结构的受力、新旧桥不均匀基础沉降及混凝土收缩徐变差异等桥梁拼宽关键技术问题进行研究，并总结以下几点：

(1)基于拼宽前后桥梁的横向分布系数变化及主梁内力变形的分析结果，以边梁为研究对象来分析比较不同横向拼接方式对桥梁拼宽后结构混合受力性能的影响，结果表明：在活载作用下拼宽后旧桥边梁的内力及挠度大大降低，有利于改善旧桥的受力状况。然而不同横向拼接方式对原有主梁的受力影响差异不大，但从数据上可知，强刚接拼接方式对旧桥主梁受力上改善略大。从动力分析角度来看，刚性拼接模型的各阶竖向频率略大于铰接拼接模型，反映刚接拼接模型的整体刚度要稍大于铰接拼接模型。因此，基于活载作用下的结果分析，箱梁拼宽采用主梁之间弱刚性、强刚性拼接方式较合理。

(2)上部结构发生整体沉降，其危害远远大于线性沉降。强刚接拼宽方式在基础不均匀沉降作用下不利于原有旧桥的受力。而铰接、半刚接等拼宽方式不利于拼接部位的受力。经过四种横向拼接方式在结构局部和整体上的受力分析对比后，认为弱刚接拼宽方式较好。通过数值分析计算出在不同沉降差下拼接部位的横向应力值，以混凝土抗拉强度标准值为评判标准，经对比分析提出新旧桥基础沉降差控制标准取5mm。

(3)收缩徐变差异对于新梁不利，不均匀收缩徐变产生的附加内力可通过推迟拼接时间来改善，分析表明，新梁存梁6个月后再进行新旧梁拼接可有效改善收缩徐变差异对拼宽桥梁的影响。

结合上述几点结论确定该项目改扩建工程预制箱梁主梁横向拼接方式采用弱刚接拼宽方式，且提出弱刚接拼宽方式下新旧桥基础不均匀沉降控制标准为5mm。

5.3　桥梁拼宽施工技术

5.3.1　旧桥拼接部位混凝土的切割、凿除

5.3.1.1　施工步骤

(1)对于板梁结构先切除护栏(座)，再切除翼缘；对于T梁、箱梁(无横向预应力)结构可将护栏、翼缘一起切掉。切除时在横桥向一定间隔先切若干切口，以保证顺桥向切割完成后，形成切块方便吊离。为使护栏的拆除不至于导致主梁破坏、不出现裂缝，禁止采用爆破方式及大锤锤击的方式。

(2)凿除翼缘板混凝土

手工凿除25cm宽的混凝土翼缘，暴露原有横桥向钢筋，但不可损伤原有钢筋。对要植筋的断面按施工缝处理，对作业面进行浮渣清理、清水冲洗。

以上跨邯长铁路立交桥为例，护栏切割见图5.21；以桂花大桥为例，部分翼缘凿除见图5.22。

5.3.1.2　施工要求

(1)护栏的切割、凿除施工技术要求

①首先清除部分桥面沥青混凝土铺装，采用隔离墩、砂袋设置临时护栏，局部实行交通管制。

②箱梁的护栏及护栏座不能采用凿除的方法，只能采用一次切割的方法；T 梁宜采用切割的方式拆除护栏处的混凝土；空心板梁则采用切割或凿除的方法拆除护栏处的混凝土。

图 5.21　护栏切割图

图 5.22　凿除 25cm 宽桥面板

③切割工艺

a. 对板式结构来说，首先对护栏进行竖直方向的切割、开口，切口的间距根据吊装能力来确定；然后进行水平方向的切割，切割的高度为进入板顶现浇混凝土 1 ~ 2cm，切割宜从桥外侧向内侧进行，以便进行控制；切割完成后，立即将切块调离。

b. 对 T 梁和箱梁结构，可考虑将护栏、翼缘一并切除。

④凿除工艺

实施凿除时，板结构宜分段多点平行作业，用钢筋探测仪找到钢筋空隙，画定切口位置，一般 5 ~ 10cm 为一段，用风镐凿开切口，形成临空面，并逐步扩展。靠近梁板的护栏根部留 3 ~ 5cm，由人工凿除找平。当钢筋妨碍凿除作业时，可以适当分段切除。另外，施工时要注意保护原结构不受损伤。

(2)翼缘的切割、凿除施工要求

①翼缘的切割施工

a. 翼缘切割画线定位考虑在理论割线外侧 1 ~ 2cm 处，以便为按施工缝处理留有余地；一片板、梁翼缘(或护栏)的切割需一次连续完成，切忌切除一部分后，等待一段时间再进行切除剩余部分。

b. 箱梁必须切割拆除翼缘混凝土，T 梁主要切割拆除翼缘混凝土，而对于空心板梁，切割或凿除翼缘均可。

②翼缘凿除施工

在翼缘采用凿除方法施工时要保护原结构不受损伤，密切监测原结构状况，有意外情况时(例如出现裂缝)要立即停止凿除施工。具体工艺流程描述如下。

a. 画线确定凿除混凝土的位置，沿线外缘 1 ~ 2cm 锯缝切口保护层。

b. 沿锯缝的外侧，用钢筋探测仪每 30 ~ 50cm(钢筋间隙)定一冲击孔位。

c. 每个冲击孔位处用冲击钻钻孔，穿透翼缘板，孔径 5 ~ 10cm；沿孔位先纵向、后横向凿除翼板混凝土露出钢筋。

d. 人工对凿除翼缘板的内边缘修边，并凿毛腹板的拼接部分。

(3)现浇混凝土桥面板的凿除要求

①进行现浇桥面混凝土板的凿除画线定位，按设计要求，一般距翼缘理论切割线内侧25cm。

②凿除方法采用小锤手工凿除，不许用切割机、风镐，避免伤及横桥向钢筋和梁板。

③控制凿槽深度，现浇层厚10cm，凿深不大于11cm，也不宜小于10cm。箱梁无现浇层，无须凿槽。

5.3.2 植筋施工

植筋是指在原有混凝土构件上利用电锤钻孔，按设计孔径钻至规定深度后，进行清孔，再用高强黏结剂将钢筋植入孔内，使钢筋与混凝土通过植筋胶黏在一起，以满足结构传递受力要求。

5.3.2.1 植筋特点及植筋材料的选择

植筋主要有以下特点：

①高黏结强度，以小孔径、浅埋深，达到高负载力。

②基材无应力，可进行小边距及小间距施工。

③施工工艺简单，操作简便，固化时间短，可快速承载，节省施工时间，安全经济。

(1)植筋胶的选择

由于植筋工艺与使用材料密切相关，所以植筋胶材的选择尤其重要，《公路桥梁加固设计规范》(JTG/T J22—2008)及《混凝土结构加固设计规范》(GB 50367—2006)对胶黏剂有如下规定：

①桥梁加固用的胶黏剂，根据所加固的结构重要程度分为A级胶和B级胶：其中A级胶用于重要结构、悬挑结构、承受动力作用的结构加固，B级胶用于一般结构或构件的加固。

②混凝土桥梁结构锚固用的胶黏剂，必须采用专用改性环氧胶黏剂、改性乙烯基酯胶黏剂或改性氨基甲酸酯胶黏剂，其安全性能指标必须符合表5.5的规定；其填料必须在工厂制胶时添加，严禁在施工现场掺入。不得使用以水泥和微膨胀剂为主要配置的锚固剂作为黏结材料。

③混凝土桥梁加固用的胶黏剂，其钢－钢黏结抗剪性能必须经过湿热老化检验合格，湿热老化检验在50温度和98%相对湿度环境下进行；老化时间：重要构件不得小于90d，一般构件不得小于60d；经过湿热老化后的试件，在常温下进行钢－钢黏结拉伸抗剪试验，其强度降低的百分率符合下列要求：A级胶不得大于10%，B级胶不得大于15%。

锚固用胶黏剂的安全性能指标　　表5.5

<table>
<tr><th colspan="3" rowspan="2">性能项目</th><th colspan="2">性能要求</th></tr>
<tr><th>A级胶</th><th>B级胶</th></tr>
<tr><td rowspan="3">胶体性能</td><td colspan="2">劈裂抗拉强度</td><td>≥8.5</td><td>≥7.0</td></tr>
<tr><td colspan="2">抗压强度</td><td colspan="2">≥60</td></tr>
<tr><td colspan="2">抗弯强度</td><td>≥50</td><td>≥40</td></tr>
<tr><td rowspan="3">黏结能力</td><td colspan="2">钢－钢(钢套筒法)拉伸抗剪强度标准值</td><td>≥16</td><td>≥13</td></tr>
<tr><td rowspan="2">约束拉拔条件下带肋钢筋与混凝土的黏结强度</td><td>C30，ϕ25mm，$L=1$</td><td>≥11</td><td>≥8.5</td></tr>
<tr><td>C30，ϕ25mm，$L=1$</td><td>≥17</td><td>≥14</td></tr>
<tr><td colspan="3">不挥发物含量(固体含量)(%)</td><td colspan="2">≥99</td></tr>
</table>

④桥梁加固用胶黏剂进行毒性检验，对完全固化的胶黏剂，其检验结果符合实际无毒卫生等级的规定。

⑤在桥梁加固用的胶黏剂中，不得使用乙二胺作为改性环氧树脂的固化剂；不得在其中掺入挥发性有害溶剂和非反应性稀释剂。

⑥寒冷地区桥梁加固用胶黏剂通过耐冻融性能检验。

(2)钢筋的选择

选择符合《钢筋混凝土用热轧带肋钢筋》(GB 1499.2—2007)要求的热轧带肋钢筋，钢筋的规格为 HRB335 级。

5.3.2.2 植筋施工工艺

植筋中使用的主要工具有：冲击钻(配合设计植筋孔相对应的钻头)、钢筋探测仪、吹气泵、气枪、植筋胶注射器、毛刷或钢丝刷等。

植筋工作的一般步骤：准备、钻孔、清孔、孔除尘、孔干燥、钢筋处理、配胶、注胶、插筋、养生。

以下进行各步骤的简单介绍。

(1)植筋前的准备工作

①沥青混凝土桥面铺装的凿除：用空压机破除沥青混凝土，人工将废渣装上汽车，将废弃物运至指定地点堆放。按照翼缘板预先画好的线，采用手提金刚石切割机进行切割。

②检查作业面有无缺陷：对切割面及板梁顶面进行检查，看是否有裂缝；如有，采取必要的修补、加固措施。

③检查被植筋的混凝土面是否完好：用钢筋探测仪测出植筋处混凝土内的钢筋位置，核对、标记植筋部位，以便钻孔时避让钢筋。

④按照设计图纸尺寸在被植筋结构的混凝土面上，根据拼接的梁板配筋图，用墨线弹出植筋的实际位置，做好标识。

(2)钻孔

①按设计要求在施工面画出钻孔植筋的位置，按照技术参数利用电锤钻孔(严禁使用气锤，防止混凝土出现局部疏散、开裂)。

②孔径的选定见表5.6。

③孔的深度根据设计具体要求确定，孔的深度必须大于或等于规范规定植筋最小锚固的长度。

植筋直径与对应的钻孔直径设计值　　表5.6

钢筋植筋 d(mm)	钻孔直径设计值 D(mm)	钢筋植筋 d(mm)	钻孔直径设计值 D(mm)
12	15	22	28
14	18	25	31
16	20	28	35
18	22	32	40
20	25		

(3)钻孔后处理

利用压缩空气或用水清孔，确保孔壁无尘。清孔时不仅要采用吹气筒或气泵等工具，同时也必须采用毛刷等设备清除附着在孔壁上的灰尘。在雨天施工时，要用清洁的水清洗孔壁。但注意，经长时间浸泡的孔，要用电锤钻头扫一下孔壁后再洗孔。

(4)钢筋处理

检查钢筋是否顺直,对锈蚀的钢筋用钢丝刷除锈渍,用乙醇或丙酮清洗干净,晒干后再使用。

(5)配胶和注胶

首先将植筋胶直接放入胶枪中,将搅拌头旋到胶的头部,扣动胶枪直到胶流出为止。第一次打出的胶不用,待胶流出均匀灰色方可使用。注胶时,将搅拌头插入孔的地步开始注胶,注入孔内约2/3即可。每次扣动胶枪后,停顿5~6s,再扣动下次胶枪。注射下一个孔时,按下胶枪后面的舌头。因为胶枪为制动加压,避免胶继续流出,造成浪费。更换新胶后面的舌头,拉出拉杆,将胶枪取出。

(6)植筋

插入处理好的钢筋,此时需要用手将其旋转着缓缓插入孔底,使胶与钢筋全面黏结,并防止孔内胶外溢,依据植筋胶化学反应时间表规定的时间进行操作,使得植筋胶均匀附着在钢筋的表面及缝隙中。插好固定后的钢筋不可再扰动,待植筋胶养生期结束后再进行钢筋焊接、绑扎及其他各项工作。此外,插筋、养生期间,桥上避免振动。

5.3.3 旧桥铺装层凿除

旧桥调平层厚度较小,最小厚度仅为5cm,且与铺装层的结合状况不理想,为保证旧桥与拼宽主梁之间的整体性,凿除旧桥铺装层及调平层,重新进行调平层及铺装层的整体施工。旧桥铺装层的凿除一般采用人工破除方法,使用冲击锤凿除,不宜选用大型机械凿除。

5.3.4 预压堆载及沉降观测

在架梁结束后,为了避免新旧桥梁拼接后基础不均匀沉降对结构带来的影响,通常在拼接前采用堆载预压的方式来消除拼接后沉降差的影响。针对改扩建工程拼宽桥梁如桂花大桥、阳光大桥、明灯大桥、常平大桥及顺达大桥均进行了预压,预压重量不小于上部铺装恒载重量的两倍,拼宽过程中预压重量保持为上部铺装恒载重量。预压荷载采用砂袋,并均衡布置在梁板表面,不得进行集中堆放。为了确定堆载卸压时间,借助沉降观测装置监测桥墩的沉降趋势变化。以明灯大桥为例,现场堆载预压见图5.23;沉降观测装置布置见图5.24。

图5.23 堆载预压

图5.24 沉降观测

以明灯大桥为例，汇总从盖梁完成至堆载完毕期间的沉降数据并分析。从 2015 年 8 月 1 号到 2015 年 10 月 31 号，对明灯大桥 1# ~ 5#桥右幅拼宽新桥基础沉降变形共进行了 16 次测量，其成果见图 5.25。

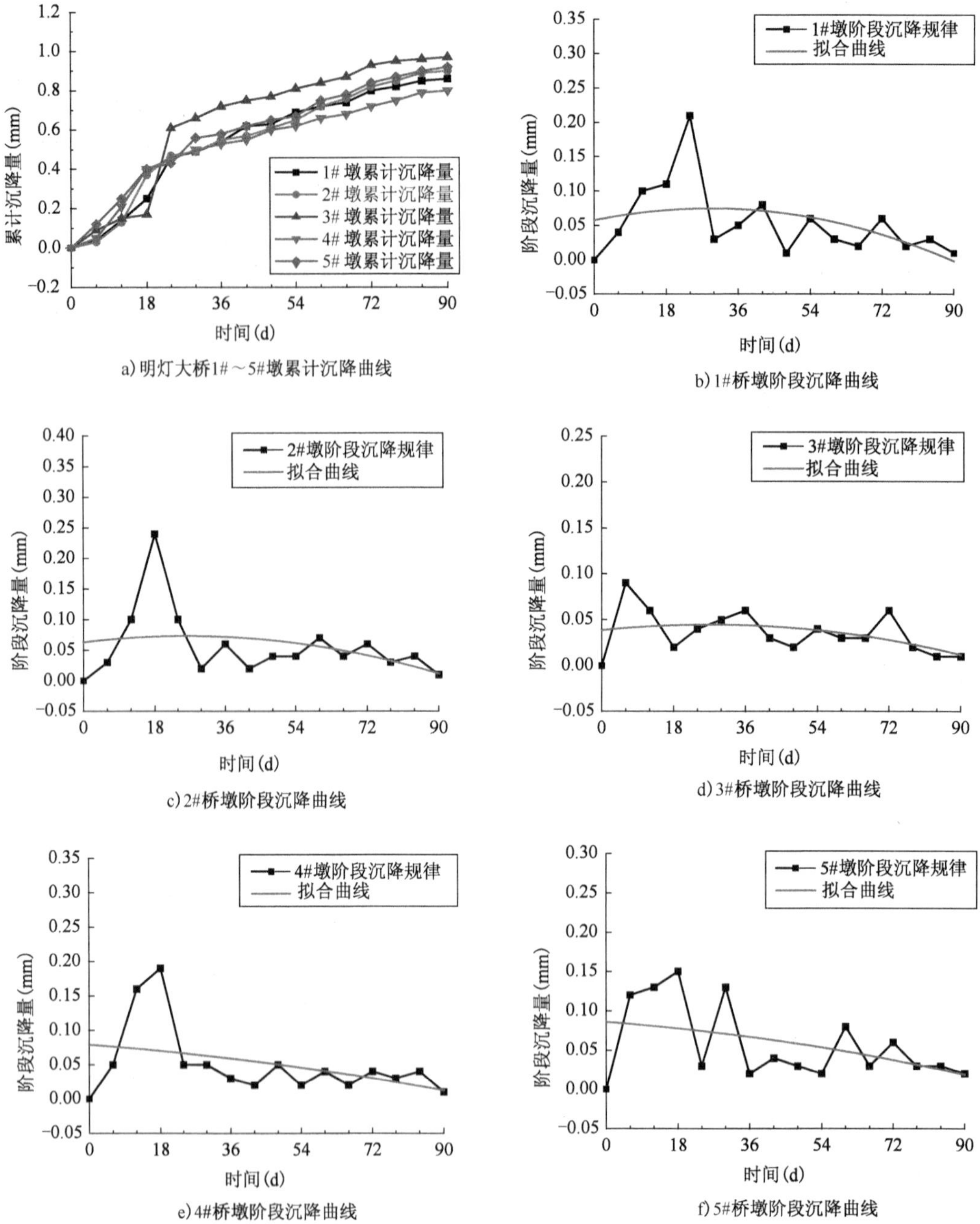

a) 明灯大桥1#～5#墩累计沉降曲线

b) 1#桥墩阶段沉降曲线

c) 2#桥墩阶段沉降曲线

d) 3#桥墩阶段沉降曲线

e) 4#桥墩阶段沉降曲线

f) 5#桥墩阶段沉降曲线

图 5.25　明灯大桥桥墩沉降曲线

注：阶段沉降代表相同时间内桥墩的沉降量（可理解为相对前一次的沉降差值）。

图 5.25 分别为明灯大桥 1# ~ 5#桥墩累计沉降曲线和阶段沉降曲线，从图中可知：在新旧

桥未拼接状态下，基础沉降随时间增加而增大，监测三个月后新桥的五个墩柱累计沉降量为0.98mm，0.94mm，1.11mm，1.0mm，1.04mm，五个桥墩沉降变化规律基本一致。从五个墩柱的阶段沉降变化拟合曲线可看出，各桥墩的阶段沉降值逐渐减少，堆载预压一个月左右，各桥墩沉降基本趋于稳定，可进行新旧桥拼接施工。

5.3.5 新旧桥湿接缝的处理

5.3.5.1 湿接缝混凝土

新旧桥拼接缝采用混凝土进行浇筑，板梁、T梁的湿接缝混凝土采用渗入U型膨胀剂（简称UEA）补偿收缩混凝土；箱梁湿接缝，采用钢纤维UEA补偿收缩混凝土，钢纤维采用铣削型。

渗入U型膨胀剂（简称UEA）制作的混凝土，称为UEA补偿收缩混凝土。当它和水泥加水拌和后，水化反应生成膨胀性水化物钙矾石，成为它的膨胀源。混凝土膨胀时对钢筋产生拉应力，同时该部分混凝土对约束面产生相应的压应力。这相当于提高了混凝土的早期抗拉强度，当混凝土开始收缩时，其抗拉强度已增长到足以抵抗收缩产生的拉应力。该部分混凝土的膨胀抵消了其收缩值，从而预防了混凝土的开裂。

5.3.5.2 UEA掺量控制及湿接缝的施工工序

假设基准混凝土配合比中，水泥用量为 C_0，其他掺合料用量为 F_0。一般性能的UEA，掺量为10%～12%；高性能的UEA，掺量为6%～8%。但由于水泥的活性和组成不同，化学外加剂的品种和掺量不同，因此根据现场原材料、混凝土坍落度以及限制膨胀率指标的要求，适当调整掺量。

（1）胶凝材料为水凝材料和UEA：UEA掺量 $E=C_0K_0$，水泥用量 $C=C_0-E_0$。

（2）胶凝材料为水泥、其他掺合料和UEA：UEA掺量 $E=(C_0+F_0)K_0$，掺合料 $F=F_0(1-K_0)$，水泥 $C=C_0(1-K_0)$。

拼接部位的湿接缝膨胀混凝土（UEA）的施工程序如下：

（1）桥面现浇混凝土操作程序：新桥桥面混凝土现浇层与拼接部位湿接缝UEA混凝土分两次浇筑，新桥桥面混凝土强度达到90%后，方可浇筑湿接缝混凝土，一般情况两者有30～50d的龄期差（30～50d为新桥自然沉降的时间）。

（2）湿接缝UEA混凝土施工流程：新桥内边梁伸出钢筋与植筋进行焊接→加工及安装湿接缝钢筋即绑扎暴露的老桥面钢筋与湿接缝钢筋→清洗杂物→支立底板吊模→润湿新老混凝土的接触面→依次从桥孔中向两端浇筑混凝土→振动密实形成粗面→养生混凝土。

5.3.5.3 湿接缝的施工工艺

湿接缝的施工工艺：

（1）拼接部位新旧梁（板）的断面混凝土表面按施工缝处理，去除混凝土表面上的松动的集料、碎块，再用钢丝刷将表面松散浮渣刷去。处理后的混凝土表面凹凸不平度不小于6mm。

（2）T梁拼宽拼接、除新旧梁翼板拼接外，还有横梁拼接施工。对T梁增设横梁的腹板处钻孔，腹板表面、翼板下面都进行混凝土表面凿毛处理。处理后的混凝土表面凹凸不平度不小于6mm，需用压力清水冲洗干净。

(3)表面湿度的处理:在湿接缝 UEA 混凝土浇筑施工前,原桥外边梁(板)和拼宽的内边梁(板)的结合面及梁(板)体至少不间断地浇水 3 ~ 6h,然后盖上湿麻袋,直至老混凝土及黏结面上无明水,保湿 12 ~ 24h 才能浇筑新混凝土。

(4)涂抹表面界面剂:对表面处理达到要求并保持表面混凝土湿润状态下,用毛刷涂抹一层界面剂(界面剂为掺 10% 的 U 型膨胀剂的水泥浆),厚约 0.5 ~ 1mm,然后立即进行新混凝土上的浇筑工作。

图 5.26　湿接缝绑扎钢筋

(5)UEA 混凝土搅拌时间要比普通混凝土的搅拌时间延长 30s,浇筑时每点振捣时间长短,使混凝土表面呈现浮浆、混凝土不再下沉、混凝土不再冒出气泡为止。

(6)混凝土终凝前,要反复抹压,防止表面收缩出现裂纹,补偿收缩混凝土浇筑后的保温、保湿养护是施工的关键。浇筑后立即覆盖无纺土工布蓄水养护,养护时间不少于 14d,以提供膨胀过程中所需要的水分。

以阳光大桥为例,湿接缝形成过程见图 5.26 ~ 图 5.28。

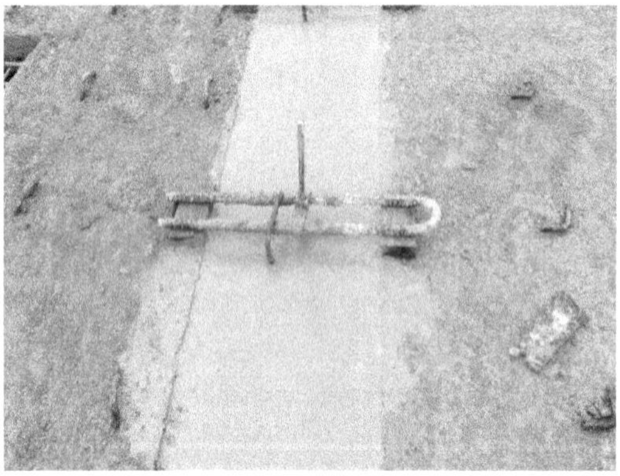

图 5.27　湿接缝浇筑

图 5.28　湿接缝养生

5.3.6　桥面系施工

桥面系施工包括桥面铺装、护栏施工、桥面排水施工等内容。伸缩缝预留槽混凝土为 C50 钢纤维混凝土;防撞护栏为 C30 钢筋混凝土防撞护栏。

5.3.6.1　桥面混凝土铺装施工

长邯高速公路桥梁拼宽原桥宽度为 11m,桥面铺装厚度为 8cm,新桥桥面宽度为 7.5m,桥面铺装厚度为 11cm。

工艺流程:施工准备→新桥梁板架设→梁板预压→新旧桥湿接缝浇筑→破除既有桥面铺装层→新旧桥面凿毛→铺设钢筋网片→混凝土浇筑→收浆抹面→覆盖养生。

为确保新旧混凝土衔接密实，形成整体，不留隐患，在凿毛、铺设网片、混凝土浇筑、抹面、养生环节需进行精细施工，标准作业、严格要求。

湿接缝处理：新桥梁板架设前采用人工配合空压机凿除原桥防撞墙，然后凿除原桥翼板露出环形钢筋，旧桥翼板钢筋缺失部位进行植筋处理，植筋钢筋直径和深度需满足设计要求。旧桥环形钢筋与新桥环形钢筋采用满焊连接，湿接缝处混凝土采用钢纤维混凝土。

破除既有桥面：利用空压机、大小风镐凿除，既不能破坏原梁板顶面，也不能遗漏旧混凝土桥面，注意边角部、防撞墙内侧部位。

凿毛：新旧梁片顶面按"大凿毛、小清理"原则，凿除全部浮浆，露出混凝土新鲜面。大凿毛：利用改装后的高频击振、合金钢头反复冲击混凝土面，去除浮浆。小清理：利用单头凿毛机对边缘、凹坑、连接处、遗留部位进行二次清理。

病害处理：旧桥松散混凝土处采用红色油漆进行标记，将松散处全部清理干净，吊模灌入修补混凝土。

清洗：高压水逐段冲洗干净，网片安装后，高压风机吹净散落的泥土、灰尘、残留浮浆。

网片安装：横平竖直、支撑牢固、搭接规范。

混凝土浇筑：泵送混凝土、人工配合整平，三辊轴全断面振捣。

(1)平整度控制

本项目既有高速桥面系凿除后与拼宽桥梁进行整幅浇筑，桥面净宽18.5m，对平整度要求高。根据实际情况结合施工经验，施工中采取以下措施保证混凝土摊铺的平整度。机械组合：三辊轴+平板振捣器+插入式振捣棒+电动抹光机；三辊轴轨道：在桥面两侧及中心线共设置3道轨道梁，轨道梁采用槽钢制作，高程即为施工控制高程，保证了不因三辊轴自重产生扰度导致的平整度差异；混凝土：严格控制配合比、水灰比和拌和时间，考虑到梁板架设后局部位置厚度偏小，粗集料的最大粒径不超过25mm，拌和时间设置为120s，保证混凝土的和易性良好，水灰比0.32，既保证了桥面混凝土的强度，也不会因收缩不均匀影响平整度。混凝土浇筑：梁板表面润湿→罐车卸料→人工耙平摊铺→振动棒同步振捣→混凝土挖高补低，基本平整→平板振动器全面振捣→三辊轴提浆整平2次→人工收浆抹面第一次→电动抹光机收浆抹面第二次；养护：采用覆盖土工布洒水养护，阻断交通，禁止一切车辆通行，保证桥面的平整度。

(2)施工缝

①桥面铺装强调一联长度范围内全幅连续摊铺，其纵缝通过限制标高带宽度使其处于行车道以外，一联内尽量不留横向施工缝。

②如有施工缝，则施工缝必须凿成垂直面，并在后续混凝土施工前进行冲洗和涂刷水泥净浆。

③施工缝的凿毛工作，必须在混凝土强度达到15MPa以上时方可进行，以防止施工缝周围混凝土松动、开裂、桥面出现崩角。崩边而留下质量隐患。

(3)注意事项

单层钢筋网的安装高度应在桥面铺装层的1/2h，双层钢筋网底部到梁顶或铺装层顶应有不小于30mm的保护层，上保护层过小或过大将使受力结合体，其受力作用与构造作用大为降低，甚至完全丧失，网状裂缝、混凝土开裂破损随之而来。

新老桥湿接缝连接处，原桥外侧植筋的拼接处梁板预埋钢筋，其外露部分需做好防锈处理，防止由于施工周期过长造成钢筋锈蚀，影响钢筋耐久性。

在新旧梁体钢筋连接前，对新桥结构进行荷载预压，以减少非弹性变形对拼接部位的影响。

钻孔植筋时，钻孔应采用尽量小的振动工艺，以保证原有结构的完好性及受力性能，并严格按照设计要求的植筋埋深及钻孔直径来控制钻孔深度及大小。

图5.29　梁板顶面凿毛

严格按照测量班所提供的高程数据焊接横向钢筋，其顶面高程既是桥面铺装混凝土的控制标高。

混凝土浇筑前必须使用高压水枪或高压风枪对桥面再次清除干净，并对桥面进行充分洒水湿润，但不得有积水。

桥面铺装宜避开高温时段及大风天气，混凝土浇筑要连续，并从下坡向上坡方向进行。

以桂花大桥为例，桥面铺装浇筑过程见图5.29～图5.35。

图5.30　钢筋网片铺设

图5.31　振捣梁轨道布设

图5.32　泵送混凝土

图5.33　三辊轴整幅铺装

图 5.34 桥面铺装混凝土收面

图 5.35 土工布保湿养生

5.3.6.2 防撞护栏施工

钢筋混凝土防撞护栏在桥面混凝土铺装完成后施工，桥面铺装钢筋伸入防撞护栏内。具体方法如下：

(1)护栏钢筋工程

防撞护栏钢筋要求与梁边梁外侧翼板预埋钢筋焊接，焊接量较大，采取电弧搭接焊双面焊接，焊缝长度不小于5倍钢筋直径。绑扎护栏钢筋的同时，安装护栏内预埋的通信及电力电缆管，用钢筋井字架点焊在护栏钢筋上固定。

(2)防撞护栏模板

防撞护栏模板采用定制钢模板，每块长度2m，模板下部用圆钢拉杆固定模板间距，上部用专用卡具卡紧固定间距，模板间用螺栓连接，用汽车吊机配合安装。

(3)护栏模板安装

护栏模板安装前，先用全站仪测设护栏底座边线，测量支立模板处标高，用水泥砂浆找平，使护栏模板顶面正好为护栏顶，并保持顶面线形平顺。模板下部通过在箱梁顶面打入膨胀螺栓用木楔卡紧固定，模板安装从一头向另一头内外同步进行，先安装单块外侧模板，施工人员在用钢筋焊制的吊篮上进行操作，然后安装内侧一块护栏模板，穿入钢筋拉杆(拉杆外套硬塑料管，一是方便拉杆拔出重复利用，二是可保持模板间距离)，上好上口卡具，在内侧梁面上打入膨胀螺栓，可调长度的钢支撑杆支撑临时固定，支撑杆脚固定在箱梁打入的膨胀螺栓上，然后依次安装相邻护栏模板。

防撞护栏在墩顶处设1cm断缝，缝内填塞密封油膏。模板一次安装长度以每跨为单元进行，模板组装后，拉线调整直顺度，下部通过木楔调整，上部通过内侧可调长度的钢支撑杆调整，模板拼缝夹泡沫塑料条以防止漏浆，伸缩缝处预留安装伸缩缝的孔洞。

(4)护栏混凝土浇筑

混凝土采用集拌混凝土，混凝土搅拌车运输，人工用铁锹送料入模。混凝土坍落度控制在4～6cm，石料粒径采用5～25mm。混凝土分层浇筑，用插入式振动器振捣，第一层浇筑至圆弧线略下一点，在第二层混凝土浇筑前必须进行混凝土复振，尽可能驱赶掉积留在圆弧斜板上的气泡，护栏顶面用铁抹子仔细压实抹平。

防撞墙对混凝土外观质量要求较高，墙内预埋件较多，施工时派专人负责巡模，要防止混凝土漏振、蜂窝出现，如有跑模和漏浆现象，及时采取必要的补救措施。

(5)拆模及养护

模板拆除用汽车吊配合，先拆除外侧模板，人员在吊篮上进行操作，松去连接螺栓及拉杆后，用汽车吊吊离，再拆除内侧模板。模板拆除后及时修补外表缺陷，然后浇水用塑料薄膜覆盖养护。

以阳光大桥为例，防撞护栏浇筑过程见图5.36~图5.39。

图5.36　护栏钢筋绑扎

图5.37　清理浮渣

图5.38　防撞护栏模板安装

图5.39　防撞墙养生

5.3.6.3　旧路利用桥梁防撞护栏加高工艺优化

(1)设计方案

旧路利用桥梁防撞护栏高81cm，防撞等级为A级。

(2)优化方案

根据设计原则，既有桥梁的防撞护栏需进行改造，将防撞等级升级为SA级。原设计方案是整体切割后植筋，绑扎钢筋后重新浇筑护栏混凝土。

考虑到原护栏混凝土使用状况良好，整体切割无法再次利用，不利于环境保护且造成浪费。为此将原护栏表面凿毛后绑扎钢筋，加高、加厚混凝土，见图5.40、图5.41。

图5.40 绑扎钢筋

图5.41 浇筑后效果图

5.3.7 液态粉煤灰台背回填

(1)设计方案

全线桥涵构造物台背回填为按设计开挖台阶后用6%石灰土分层碾压回填。

(2)优化方案

台背回填必须保证压实度,其施工质量直接关系到运营期间桥梁与路基连接处行车平顺。考虑到涵洞与涵洞距离过近,涵洞及桥台处于挖方或受地形条件限制且无法施工台阶的,施工过程中不具备采用重型机械压实的作业空间。因地制宜采用分别采用液体粉煤灰、浆砌片石、废旧路缘石进行台背回填。本项目潞城附近路段台背回填采用液态粉煤灰回填技术,粉煤灰采用潞城王曲电厂生产的粉煤灰,有效解决了台背回填压实困难的问题,具有良好的经济效益和社会效益。

(3)技术要求

①基坑基底应无虚渣、浮土、积水,并应夯实整平。

②基底地基压实度不小于93%,如为石灰土不小于96%。

③粉煤灰中SiO_2、Al_2O_3和Fe_2O_3的总含量大于70%;粉煤灰烧失量不超过20%;比表面积宜大于2500cm^2/g;如用湿粉煤灰,粉煤灰含水率不宜超过35%。

④配合比

施工前应进行原材料检测和配合比设计。本项目配合比数据如表5.7所示。

液态粉煤灰材料组成表($1m^3$)　　表5.7

材料名称	水泥	粉煤灰	水	外加剂
产地	潞城卓越	潞城王曲电厂	潞城史回	山西黄腾
规格	P. S. A 32.5	Ⅲ级	工地用水	HT-HPC
用量(kg/m^3)	84	970	527	4.1

试验强度满足7天达到0.4MPa,28天达到0.6MPa,稠度(用砂浆稠度仪测定)13~15cm。

(4)施工要点

①液态粉煤灰横向采用台阶式,台阶阳角距离外侧包边土外沿水平距离为2m。

②混合料自由倾落高度不宜大于2m，大于2m时应采用导流槽将混合料导入基坑内。

③气温低于5℃应停止灌注。

④浇筑完成后应加盖薄膜或土工布洒水养护48h，以保证强度增长，期间严禁车辆行人通过，在养生初期，由于混合料的收缩作用，表面会产生一些较大的裂缝，应在养生期间人工用混合料将裂缝灌注。回填完成后如图5.42所示。

图5.42　液态粉煤灰台背回填

5.4　新建隧道设计与施工

5.4.1　隧道设计概况

5.4.1.1　隧道总体情况

(1)东阳关隧道概况

全线原有中、短隧道1118.645m/2座，改扩建后将作为邯郸至长治方向单向通行，新建长治至邯郸方向的隧道总长7251.817m/4座，其中特长隧道3360m/1座，长隧道2991.817m/2座，中隧道900m/1座。

东阳关隧道为特长隧道，长3360m，起讫里程为Z1K736+050~Z1K739+410，为改扩建工程中隧道部分的代表性工程。东阳关隧道共分2个标段，其中，LJ1标起止里程为Z1K736+050~Z1K738+120，长2070m，本部分主要介绍东阳关隧道LJ1的设计及施工情况。东阳关隧道底板最大埋深约145.73m，最小埋深4.54m。东阳关隧道Z1K737+162~Z1K737+298(136m)为断层影响带，施工期间，拱部无支护时可能产生坍塌及侧壁失稳。隧道Z1K736+562~Z1K736+624(62m)为裂隙密集发育带，施工期间，拱部无支护时可产生较大坍塌，侧壁有时失稳。

东阳关隧道LJ1标围岩划分情况见表5.8。

隧道围岩类别划分情况一览表　　表5.8

隧道名称	围岩类别及长度(m)				
	Ⅴ	Ⅳ	Ⅲ	合计	备注
东阳关隧道	351	762	957	2070	单洞

(2)新建隧道技术标准

采用“单洞三车道 + 纵向救援通道”的布设方案,设计车速为 80km/h,采用公路—Ⅰ级荷载。

(3)隧道建筑限界

①新建隧道建筑限界净宽:0.75 +0.5 +3 ×3.75 +0.75 +0.75 =14.00m

新建隧道建筑限界净高:5.0m

新建隧道紧急停车带建筑限界净宽:0.75 +0.5 +3 ×3.75 +3.5 +0.75 =16.75m

新建隧道紧急停车带建筑限界净高:5.0m

新建隧道内轮廓:采用三心圆拱,预留了通风、照明等设施及洞内装饰空间。隧道轮廓及建筑限界见图 5.43 ~图 5.45。

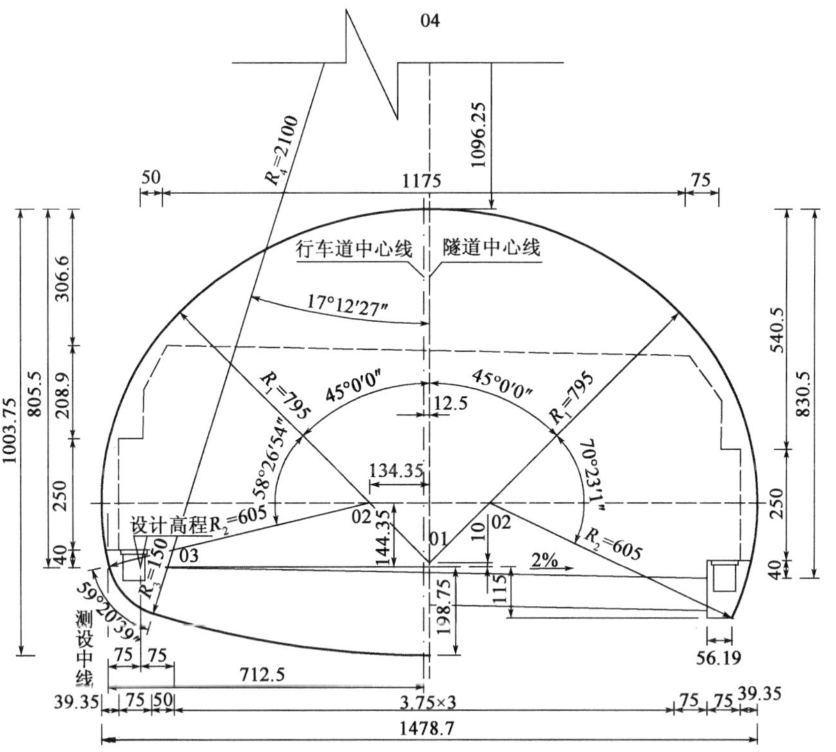

图 5.43 隧道内轮廓及建筑限界设计图(尺寸单位:cm)

②纵向救援通道建筑限界净宽:0.25 +0.25 +3.5 +0.25 +0.75 =5.0m

纵向救援通道建筑限界净高:5.0m

纵向救援通道紧急停车带建筑限界净宽:0.25 +3.5 +3.5 +0.25 +0.75 =8.25m

纵向救援通道紧急停车带建筑限界净高:5.0m

纵向救援通道内轮廓:采用三心圆拱,预留了通风、照明等设施及洞内装饰空间。

③车行横道建筑限界净宽 4.5m,净高 5.0m;人行横道建筑限界净宽 2.0m,净高 2.5m;如图 5.46 所示。

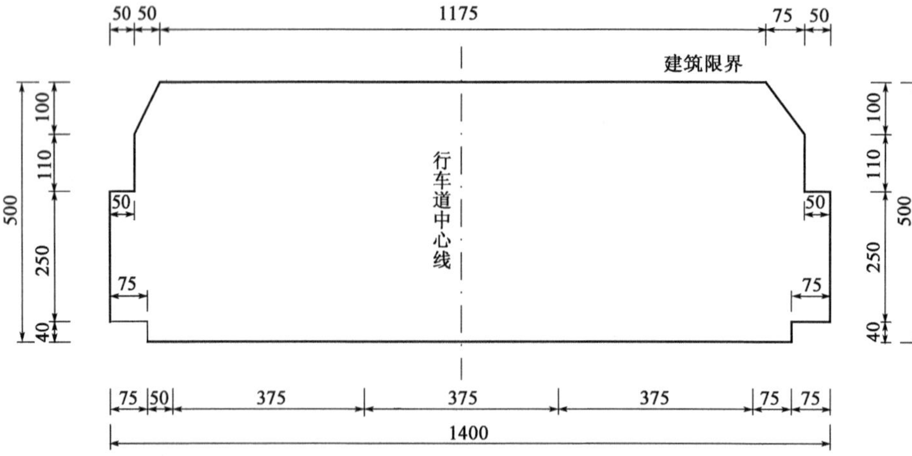

图 5.44　隧道建筑限界设计图(尺寸单位:cm)

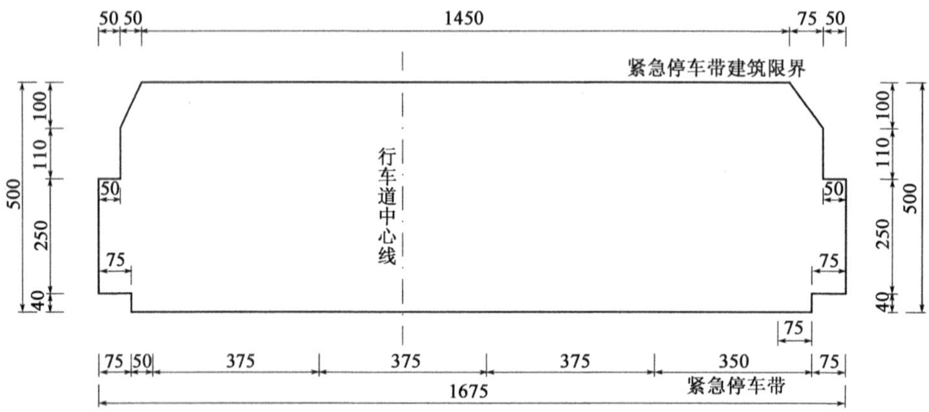

图 5.45　紧急停车带建筑限界设计图(尺寸单位:cm)

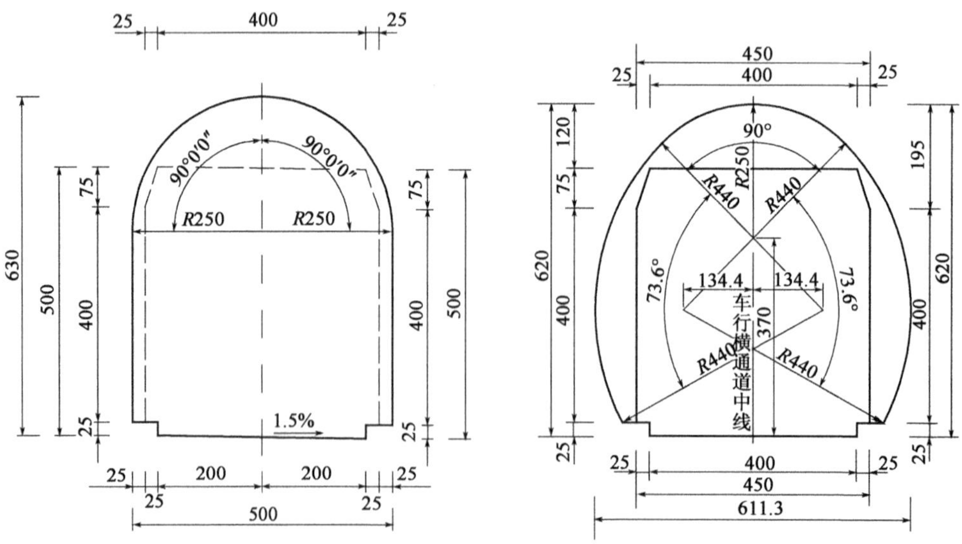

a)本图适用于Ⅲ、Ⅳ级围岩　　b)本图适用于Ⅴ级围岩

图 5.46　车行横道正常段内轮廓及建筑限界设计图(尺寸单位:cm)

5.4.1.2 新建隧道主体工程设计

(1)明洞段衬砌设计

各隧道洞口段结合地形、地质、洞口排水及地方道路交通情况设置了长度不等的明洞,明洞采用钢筋混凝土结构。通过明洞和管棚的联合作用减少洞口开挖,确保顺利进洞和洞口的稳定性。当明洞基底处于新黄土及填筑土地层时,采用片石混凝土换填或灰土挤密桩的措施进行地基加固。

(2)暗洞段衬砌设计

隧道洞身段支护衬砌均按新奥法原理设计,采用柔性初期支护和二次衬砌相结合的复合式衬砌,即以锚杆、喷射混凝土、格栅钢架、型钢等为初期支护。泵送现浇模筑素混凝土或现浇模筑钢筋混凝土为二次衬砌。在初期支护和二次衬砌之间铺设 ϕ50mm 环向透水弹簧盲管、无纺土工布及 HDPE 自粘胶膜防水卷材。衬砌结构支护方案设计采用工程类比法,结合构造要求,根据围岩级别和洞室埋深条件拟定相应的支护类型,并通过必要的理论分析计算(有限元法、荷载-结构法)进行校核,确定支护的衬砌模式,同时结合现场监控量测数据进行支护参数调整,实现动态设计,动态施工。

(3)洞门设计

根据隧道进出口地形和工程地质条件,结合开挖边仰坡的稳定性及洞口防排水需要,本着"早进晚出"的原则确定隧道洞门位置。洞门主要考虑使用功能和地形的协调美观,并尽可能节省投资,洞门形式主要采用端墙式和削竹式,并进行了必要的装饰。洞口开挖永久边仰坡采用三维网植草灌、挂铁丝网喷播基材绿化护坡的绿化防护。东阳关隧道洞口如图 5.47 所示。

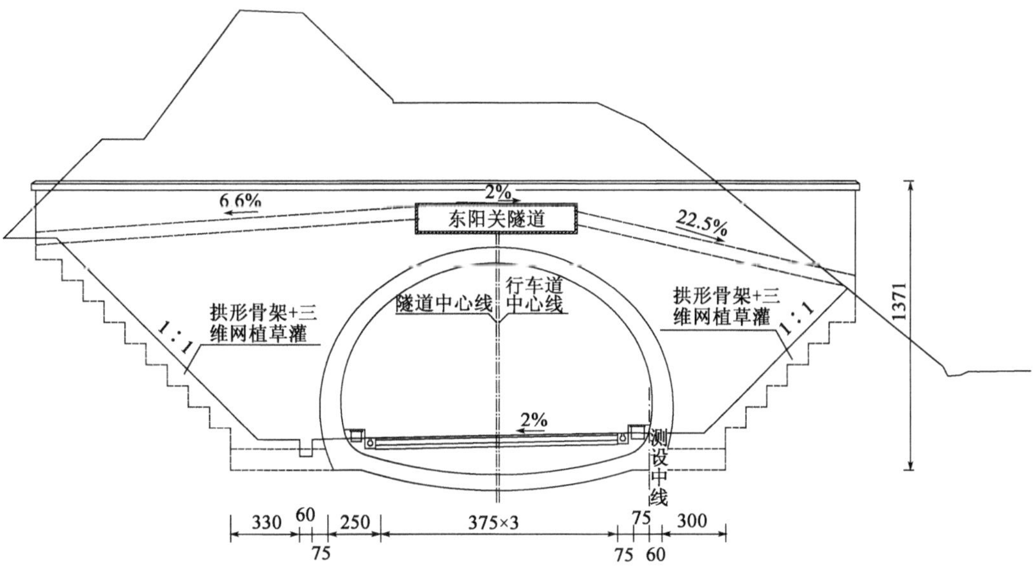

图 5.47 隧道洞门立面示意(尺寸单位:cm)

(4)防排水工程设计

防排水设计原则是以排水为主,防排结合,综合治理。采用防、截、堵、排相结合,形成完整的防排水体系，使隧道防水可靠，排水畅通，保证运营期隧道内不渗不漏，达到基本干燥要求，保证结构的正常使用和行车安全。

防水措施：

①隧道明洞段采用黏土隔水层作为第一道防水措施防止地表水渗透，明洞衬砌外铺设无纺土工布和 HDPE 自粘胶膜防水卷材作为第二道防水措施。明洞防水示意具体见图 5.48。

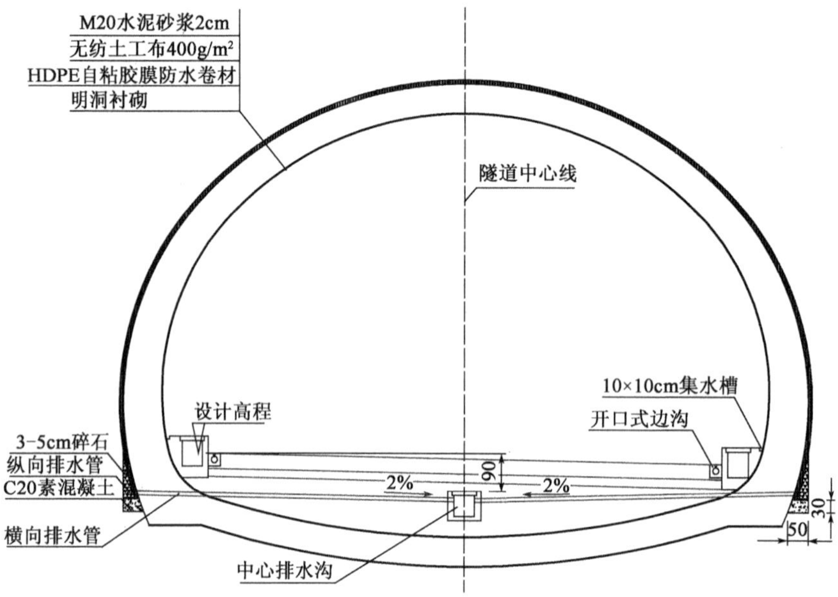

图 5.48　明洞防水示意图

②暗洞隧道在初期支护和二次衬砌间敷设无纺土工布和 HDPE 自粘胶膜防水卷材作为防水措施，防水卷材敷设范围为隧道拱顶至边墙下部引水管；隧道沉降缝处设置背贴式止水带和中埋式橡胶止水带，施工缝处设置背贴式止水带和中埋式橡胶止水带进行止水，暗洞防水具体见图 5.49。

③二次模筑高性能混凝土采用抗渗等级不低于 S8 的防渗高性能混凝土。通过以上多种措施重重防水，形成了完整的防水系统。

排水措施：

①主洞隧道路面两侧设置纵向开口式排水边沟，救援通道路面一侧设置纵向开口式排水边沟，用于排除路面积水。

②隧道路面下方设置中心排水沟，排除衬砌背后积水。主洞中心排水沟埋置深度为地面下 90cm，救援通道中心排水沟埋置深度为地面下 130cm。

③设计采用 ϕ50mm 环向透水弹簧盲管将水引至纵向排水管内，隧道底部采用横向 ϕ100mm 排水管将水引至中心排水沟内排出洞外。

④隧道洞口边仰坡上方根据地形条件设截水沟，引地表水至路基边沟或洞门外侧自然沟谷。以此形成完善的洞内外排水系统。

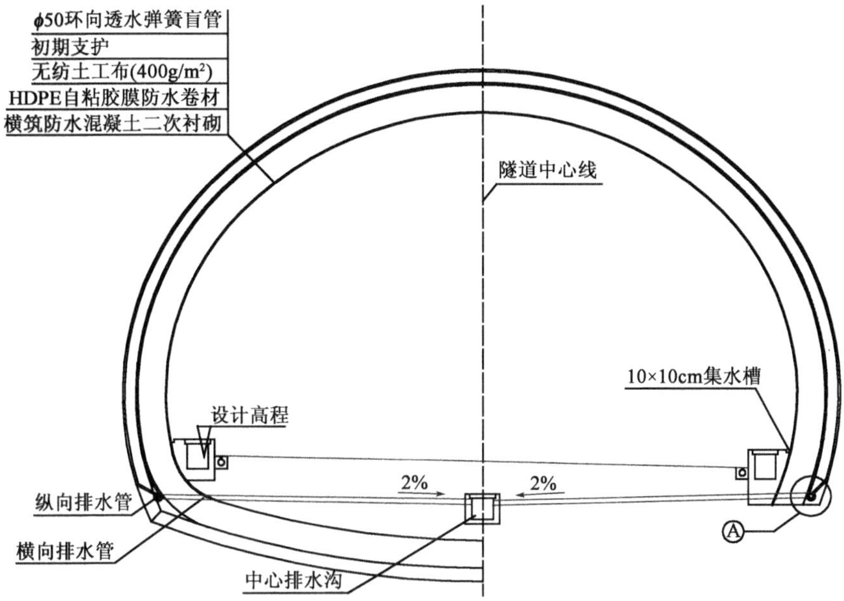

图 5.49 暗洞防水示意图

5.4.2 与既有路线相交的技术措施

长邯高速改扩建新建东阳关隧道下穿原长邯高速并与原东阳关隧道距离较近，最小距离仅 70m，为避免新建隧道施工引起原高速公路路基下沉，采取一系列技术措施保障原高速公路路基的稳定，主要包括对原路基进行注浆加固，并在原高速公路及原东阳关隧道布置观测点，加强原高速及隧道的沉降观测。

新建东阳关隧道与原长邯高速相对位置如图 5.50 所示。

5.4.2.1 注浆加固

东阳关隧道进口采用 ϕ108mm × 8mm 注浆管加固原有高速填方边坡，ϕ108 × 8 注浆管采用热轧无缝钢管，为梅花形布置，间距@ 100cm × 100cm 或@ 200cm；隧道进口注浆加固位置如图 5.51 所示，加固断面示意如图 5.52 所示。

(1)注浆参数：

注浆浆液采用 M20 水泥浆，注浆材料为水泥净浆液，水泥水灰比 0.5∶1 ~ 1∶1，水泥为 42.5 级普通硅酸盐水泥，水泥浆水灰比为 0.5 ~ 1.0MPa，终压 2.0MPa。

注浆顺序由两侧向中间对称钻孔注浆，注浆前应进行现场试验，已确定最终注浆参数。

(2)单孔注浆时，达到以下之一即可结束注浆：

注浆压力逐步升高，达到设计终压并续注 10min。

注浆量达到设计注浆量 70% 且进浆量小于 30L/min。

5.4.2.2 沉降观测

隧道下穿原有高速公路段要加强监控测量，确保隧道通过原有高速公路时，原有高速公路沉降在控制范围内。在隧道与高速平面相交处，沿高速公路走向在道路两侧硬路肩和中央分隔

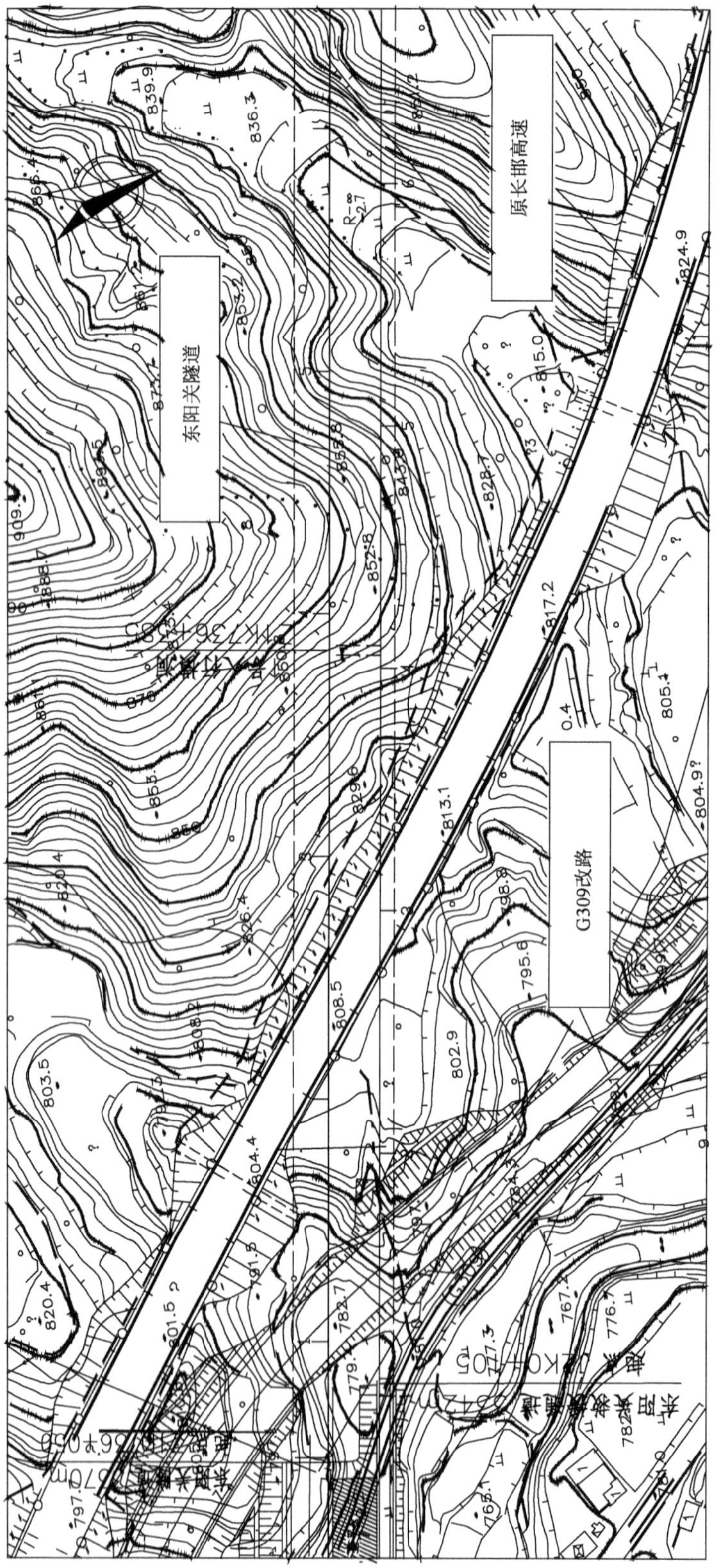

图 5.50 东阳关隧道与原长邯高速公路相对位置示意图

带布置测点,公路两侧测点间距最小为5m,中央分隔带测点间距为10m,东阳关隧道下穿原有高速地表下沉测量点布置如图5.53所示。

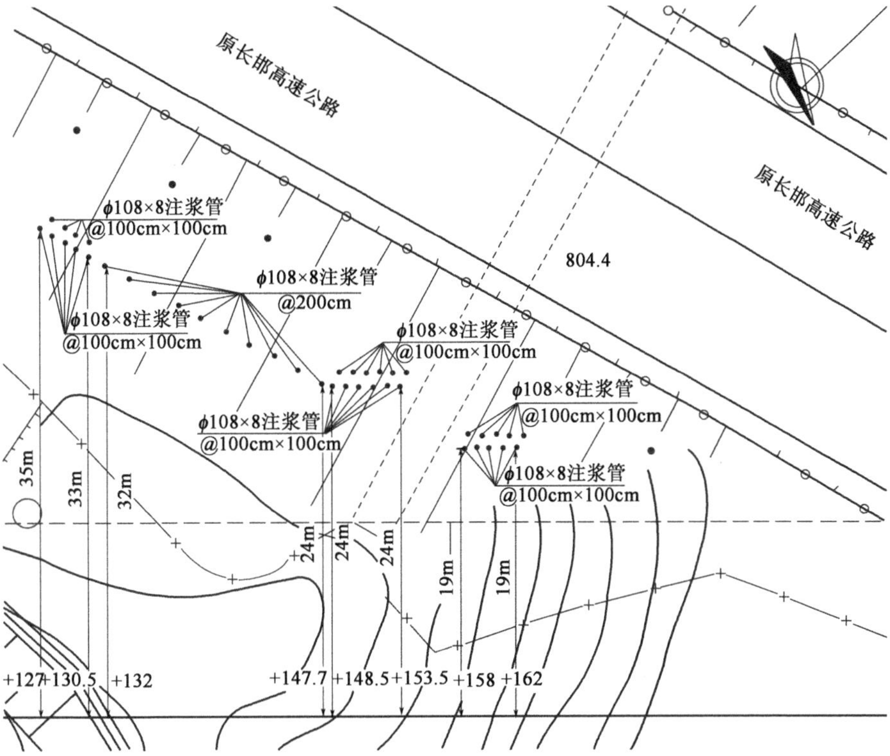

图5.51 东阳关隧道入口处注浆加固位置

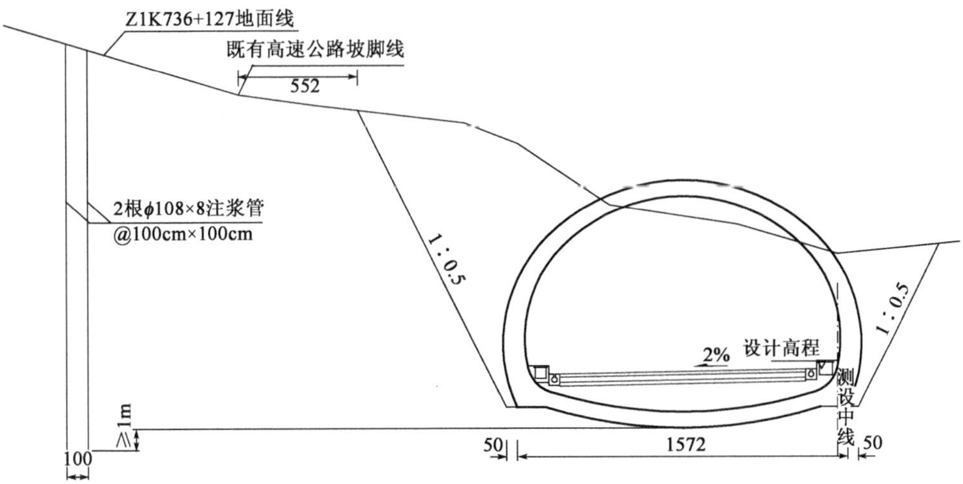

图5.52 东阳关隧道进口注浆加固断面示意图(尺寸单位:cm)

施工到距离原有高速公路边缘距离大于20m,观察和测量时间间隔为1次/周;大于10m时,观察和测量时间间隔为1次/两天;小于10m时,观察和测量时间间隔为1~2次/天。

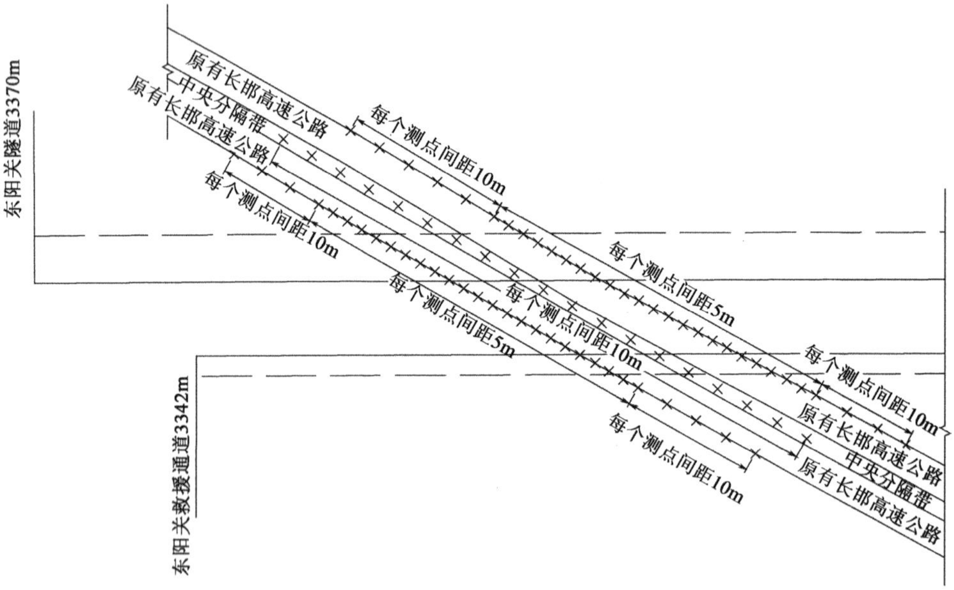

图5.53 东阳关隧道下穿原有高速地表下沉量观测点

施工时应按时准确进行现场监控测量,在对测量数据进行分析处理与必要计算后,绘出曲线,根据所绘曲线变化趋势,判定原有高速的稳定性,及时预报险情,确定施工应采取的措施,为确定和修正隧道施工方案、初期支护参数,二次衬砌时间提供参考依据。

隧道施工期间应对原有高速公路隧道地表异常进行观察和沉降测量。通过现场量测掌握围岩支护动态,指导施工,预报险情,确保原有高速公路隧道安全。

东阳关隧道距离原有高速公路东阳关隧道最近距离为70m,施工到距离原有高速公路隧道边缘距离大于200m,观察和测量时间间隔为1次/周;大于100m时,观察和测量时间间隔为1次/两天;小于100m时,观察和量测时间间隔为1~2次/天。原东阳关隧道下沉量观测点布置如图5.54所示。

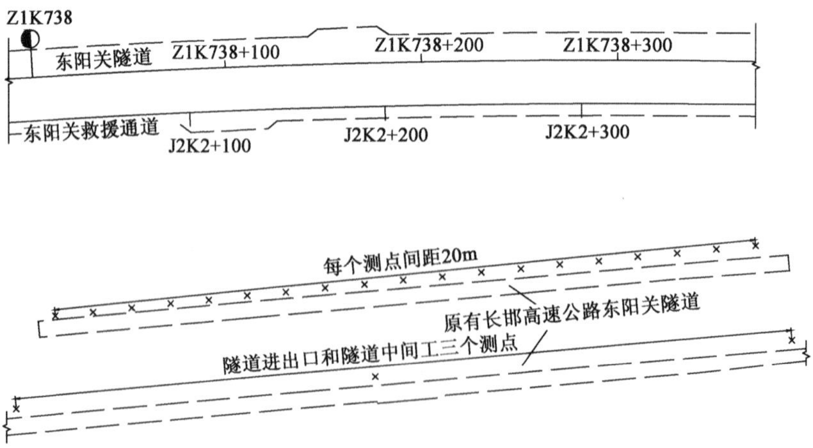

图5.54 原东阳关隧道下沉量观测点

施工时应按时准确进行现场监控测量，在对测量数据进行分析处理与必要计算后，绘出曲线，根据所绘曲线变化趋势，判定原有高速隧道的稳定性，及时预报险情，确定施工应采取的措施，为确定和修正隧道施工方案、初期支护参数，二次衬砌时间提供参考依据。

5.4.3 施工方案优化及新材料、新工艺

5.4.3.1 复合式材料隧道电缆槽盖板

(1)设计方案

长邯改扩建项目隧道电缆槽盖板原设计为钢筋水泥混凝土盖板，尺寸为50cm×60cm×10cm，质量78kg。

(2)优化方案

水泥混凝土盖板质量较大，人工搬运困难，且易碰损，运营便利性不强。经对比后，本项目采用了复合式材料隧道电缆槽盖板，尺寸调整为50cm×60cm×4cm，质量为12.7kg，质量减少了84%。复合式材料隧道电缆槽盖板如图5.55所示。

(3)技术要求

电缆槽盖板采用复合材料，表面应有防滑花纹，每块承载力≥30kN，其他指标按照《聚合物基复合材料检查井盖》(CJ/T 211—2005)要求执行，并同时满足《检查井盖》(GB/T 23858—2009)、《公路隧道设计规范》(JTG D70—2004)和《公路隧道设计细则》(JTG/T D70—2010)的相关规定。

图5.55 复合式材料隧道电缆槽盖板

5.4.3.2 隧道部分采用蓄能发光材料

(1)设计方案

隧道主洞内部装饰原设计为隧道防火涂料+天蓝色装饰喷涂(检修道以上3m内乳白色)，防火涂料厚度15mm，装饰喷涂厚1mm。

(2)优化方案

蓄能发光涂料利用稀土材料经高科技制备而成，是将稀土离子中的电子跃迁转化成可见光波，该涂料具有增光增亮、延时发光、增加照明显色指数的作用。根据相关研究成果，隧道蓄能发光涂料除阻燃功能外，还具有以下优点：

①能减缓进出口黑洞“盲光”，增加可视距离，提高运行安全。

②起到了辅助照明和节能，减少耗能在25%～30%之间，8年增光率衰减不足1%。

③光波穿透烟雾能力强，在火灾极端条件下引导逃生。

④耐沾污、自洁净，减少后期运营维护成本。

该型发光涂料辅助与应急照明技术是交通运输部科技成果推广技术，目前该技术在省内尚无使用，长邯改扩建工程作为山西省内第一条改扩建高速公路，在新建隧道墙壁两侧2.5m高度范围内应用蓄能发光涂料代替原设计的防火涂料及装饰喷涂，以提高隧道在紧急情况下

的应急照明能力。涂料分三层，分别是底漆、下面漆和上面漆。底漆喷涂厚度≥200μm，用量约为0.4～0.45kg/m^2；面漆的厚度≥100μm，下面漆的用量约为0.35～0.40kg/m^2；待下层面漆膜干后（约25℃，72小时）方可施工上层面漆，上面漆用量约为0.15～0.20kg/m^2。蓄能发光涂料效果如图5.56所示。

图5.56　蓄能发光涂料效果

（3）施工要求

①施工采用无气喷涂，施工基材表面应平整、无油污、无浮尘及附着力低黏附物，且含水率≤10%。

②施工现场环境温度宜在5～35℃之间，并应注意通风换气和防尘。

③在底漆表干后，开始施工面漆，待下层面漆膜干后（约25℃，72小时）方可施工上层面漆。

④表观质量应黏结牢固，余辉亮度均匀，无露底，无流挂，无起皮，无掉粉，无咬色，无疙瘩。

⑤其他未尽事宜按照《住宅装饰装修工程施工规范》（GB 50327）中13.3规定进行。

5.4.3.3　隧道水泥混凝土路面精铣刨

（1）设计方案

隧道主洞进、出口300m采用复合式路面，洞内其他段采用水泥混凝土路面。水泥混凝土强度等级为C40，厚30cm。隧道路面抗滑的常规做法为表面纵向刻槽。根据《公路水泥混凝土路面施工技术细则》（JTG/T F30—2014）第11.3.6规定，槽深宜为3～4mm，槽宽宜为3～5mm，槽间距宜为12～25mm。纵向槽的侧向力系数较大，安全性较高，噪声较小，缺点是在大纵坡路段，摩擦系数略显不足。

（2）优化方案

将水泥混凝土路面厚度调整为31cm后，对水泥混凝土路面采用精铣刨1cm。精铣刨较为显著地提高了路面的平整度和行车舒适性，摩擦系数、侧向力系数大，安全性得到了有效提高。

精铣刨采用维特根W215铣刨机，装配有672把铣刨刀头转子系统，避免147把刀头普通粗铣刨后出现的路面构造深度过大的问题；全新研发的LEVEL PRO PLUS找平系统完全融入设备操控系统，可实现保证纵、横向平整度，且操作简单、直观，确保了精准、高质量的铣刨效果；预设的目标铣刨深度通过边板上油缸内置的位移传感器能够精准控制；VCS－真空除尘铣刨系统可以有效减缓施工中的扬尘，尤其在城市道路和隧道中施工时，达到环保要求。

精铣刨也可用于运营维护日久的高速公路隧道水泥混凝土路面，是一种有效提高行车舒适性、抗滑和降噪能力的措施。实际使用效果对比如表5.9所示，精铣刨后效果如图5.57所示。

铣刨前后路面参数　　表5.9

工　序	段　落	平整度规定值(mm)	实测平整度(mm)	构造深度规定值(mm)	构造深度(mm)
铣刨前	Z2K771 +580 ~ Z2K772 +250	1.2	1.533	≥0.7mm ≤1.1mm	0.14
铣刨后			1.011		1.04

5.4.3.4　隧道环形被动反光环

本项目隧道施工图设计中无反光环的相关内容。浙江、广西、重庆、福建和贵州等省(区)试验表明，在隧道内加装隧道反光环，隧道内边界轮廓清晰，行车诱导效果确有明显改善，还可降低隧道照明用电量，具有很好的经济、环保和社会价值。图5.58中可以看出，加装反光环后，隧道边界更加直观。

图5.57　精铣刨后效果图

图5.58　环形反光环

反光环设置于长、特长隧道内，第一道反光环设置于隧道洞口20m处，进洞后其他反光环间距150m等间距设置。设置时确保反光环内缘距离隧道建筑界限≥1cm。反光环迎车面粘白色V类反光膜，相应技术要求应符合交通标志相关国家标准及规范。

5.5　既有隧道典型病害调查与处置

5.5.1　既有隧道病害调查

5.5.1.1　隧道整体技术状况

全线原有隧道有2座，东阳关隧道及牛王垴隧道。通过现场检测，检测结论列出如下：

(1)两座隧道建筑限界宽度原设计9.75m，两侧侧向宽度均为0.5m，整体断面相对新规范要求较小，但将两座隧道作为单向交通行车能够满足本次邯长高速改建的需要。

(2)隧道内外轮廓线条顺滑，混凝土强度、断面尺寸均满足原设计要求，混凝土表面密实平整；隧道内行车反光标志齐全；沥青路面基本平整，无冒水、积水现象；洞口路隧衔接顺直，路线视距满足山岭高速公路运营要求；洞门砌体表面平整，基本完好无损。隧道总体符合质量要求。

(3)洞内排水边沟基本完好,表面平整。但进水口(或沉沙井)处的铁算子大多破损或缺失,且沟内落尘和垃圾堵塞严重,使排水不畅。洞外两侧排水沟沟身砌体局部砂浆脱落,开裂坍塌,且沟底淤积,杂草生长,影响排水。

(4)检测中,未发现隧道衬砌有明显变形和侵陷。但两座隧道洞内衬砌有部分环向施工裂缝,局部段落衬砌纵向开裂渗水。

(5)隧道的照明、消防设施中,消防器材(灭火器等)都已缺失,消防箱门也大多破损或缺失,箱体内被灰尘和垃圾等物填充;隧道内的机电配电箱体陈旧、破损。另外,两座隧道洞口电缆槽沟无盖板,电缆线外露。

5.5.1.2 支护衬砌病害

支护衬砌病害包括:施工缝处开裂、衬砌渗水。支护衬砌病害示意见图 5.59、图 5.60。

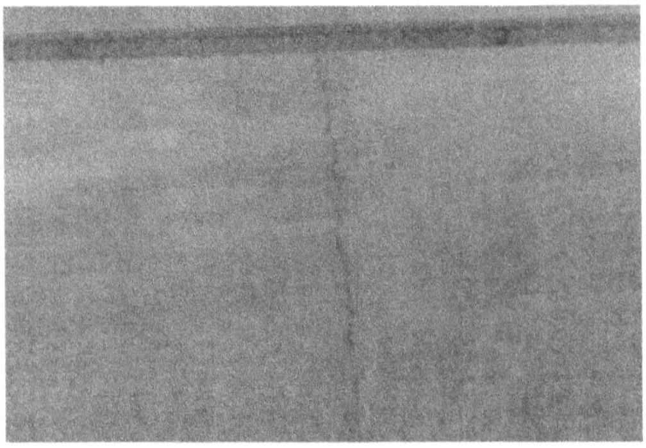

图 5.59 施工缝处环向开裂

图 5.60 衬砌开裂渗水

5.5.2 既有隧道典型病害处治技术

5.5.2.1 施工缝渗水处治

施工缝渗水处治示意见图 5.61。

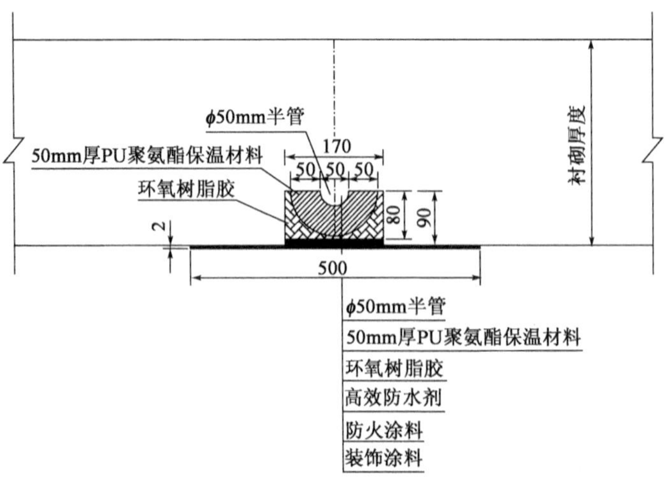

图 5.61 渗水处治示意图(尺寸单位:mm)

施工缝渗水处治操作顺序如下：

(1)将施工的混凝土表面及周围清洗干净，除去原表面反碱、尘土、薄膜、油漆、表面涂层及其他外来物，并铲除疏松、空鼓和蜂窝结构，使表面彻底浸透，除去积水和明水。

(2)沿施工缝环向开一17cm宽、9cm深的矩形槽，其平面示意见图5.62，直至电缆槽底部，将ϕ50mm的半管嵌入槽中。

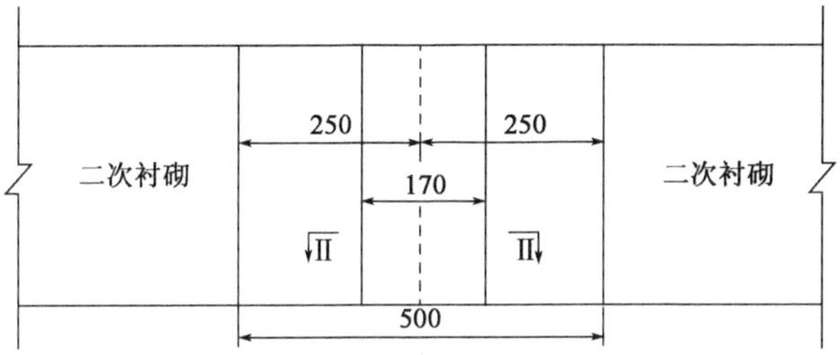

图5.62 开槽示意(尺寸单位：mm)

(3)用50mm厚PU聚氨酯保温材料将ϕ50mm半管包裹。

(4)用环氧树脂胶填实PU聚氨酯保温材料周围，最大填厚80mm。

(5)矩形槽其余空间用高效防水剂充填实。

(6)距施工缝中心左右各25cm共50cm范围内环向涂刷高效防水剂1~2mm厚。

(7)距施工缝中心左右各25cm共50cm范围内环向涂刷防火涂料。

(8)距施工缝中心左右各25cm共50cm范围内环向涂刷装饰涂料。

以东阳关隧道为例，衬砌渗水处理过程见图5.63~图5.69。

图5.63 开槽切割

图5.64 开槽凿除

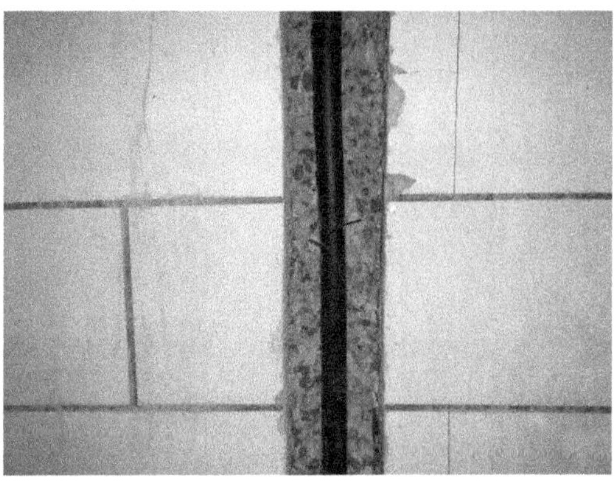

图5.65 ϕ50mm半管

图 5.66 PU 聚氨酯保温材料

图 5.67 环氧树脂胶填实

图 5.68 涂刷防水、防火涂料

图 5.69 涂刷装饰涂料

5.5.2.2 衬砌裂缝处治

衬砌裂缝的处治采用压力注浆修补技术。

(1)施工流程

裂缝的检查及标注→清缝及裂缝表面处理→粘贴灌浆嘴及裂缝表面封闭→压气试验→灌注裂缝修补注浆料→灌注完毕待浆液聚合固化后拆除灌浆嘴→涂裂缝修补胶封闭

(2)施工工艺及要点

①钻孔

在裂缝表面进行骑缝钻孔,以此作为灌浆导向孔。沿裂缝走向钻孔,孔深5cm,孔径8mm,孔距35cm,凡裂缝交叉处应在交叉地方钻孔。

②清孔及裂缝表面处理

所有孔眼必须使用高压空气吹洗干净,使其不让灰渣阻塞,之后沿裂缝从上而下将两边3~4cm范围内的灰尘、浮浆用小锤、手铲、钢刷、砂纸、毛刷依次处理干净,将构件表面整平,凿除突出部分,然后用丙酮擦洗,清除裂缝周围的油污,清洗时应注意不要将裂缝堵塞。

③粘贴灌浆嘴及裂缝表面封闭

a. 粘贴灌浆嘴:灌浆嘴底盘的铁锈必须除净,并用丙酮擦洗干净,然后将专用胶泥均匀地抹在底盘周围,厚度 1 ~ 2mm,与孔眼对准粘贴在裂缝上。灌浆嘴的间距根据缝长及裂缝的宽窄以 35 ~ 40cm 为宜,一般宽缝可稀,窄缝宜密,每一道裂缝至少须各有一个进浆孔的排气孔。注意,灌浆孔眼必须对中保证导流畅通,灌浆嘴应粘贴牢靠,四周抹成鱼脊状进行封闭。

b. 裂缝表面封闭:为使混凝土缝隙完全充满浆液,并保持压力,同时又保证浆液不大量外渗,必须对已处理过的裂缝表面(除孔眼及嘴子外)用聚合物水泥砂浆浆液沿裂缝走向从上至下均匀涂刷两遍进行封闭(宽度 6 ~ 8cm),并在上面分段紧密贴上一层玻璃丝布(宽度 5 ~ 7cm),形成封闭带。

④压气试验

封闭带硬化后,需进行压气试验,以检查封闭带是否封严,压缩气体通过灌浆嘴,气压控制在 0.2 ~ 0.4MPa,此时,在封闭带上及灌浆嘴周围可涂肥皂水,如通气后封闭带上有泡沫出现,说明该部位漏气,对漏气部位可再次封闭。以牛王堖隧道为例,衬砌裂缝注浆修补见图 5.70 ~ 图 5.72。

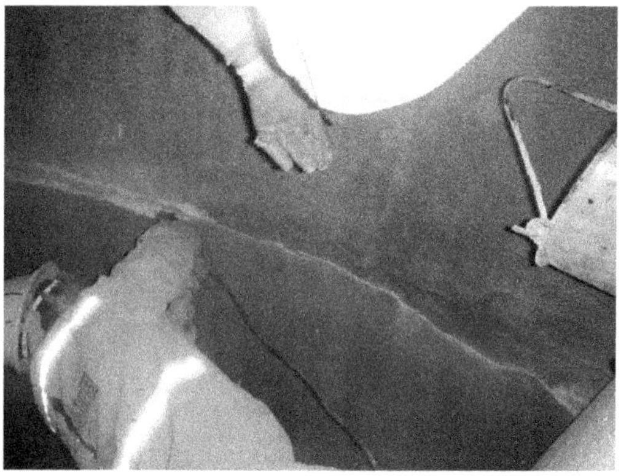

图 5.70 裂缝整平及清理

图 5.71 裂缝表面封闭

图 5.72 注浆

5.6 小结

本章主要总结了改扩建工程中所涉及桥梁与隧道的科研、设计及施工。首先通过装配小箱梁拼宽关键技术的研究,为设计方确定了项目拼宽方案为上部结构连接、下部结构不连接,同时推荐主梁横向连接构造采用弱刚接连接构造形式。研究基础沉降对拼宽桥梁受力的影响,并现场对拼宽桥梁进行了堆载预压及沉降观测,确定新旧桥基础沉降差控制标准。最后对涉及的相关桥梁施工技术进行了总结。隧道部分以东阳关隧道为例,介绍了改扩建工程中新建隧道的相关施工技术,总结了对既有隧道病害调查及处理。

第6章　交通组织

6.1　交通组织总体方案

6.1.1　交通组织原则

(1)安全原则

改扩建工程施工期间必须保障运营车辆的行驶安全,也必须保障施工车辆及人员的安全。

(2)畅通原则

改扩建工程施工期间,高速公路应保持畅通,确保施工过程中车辆能以一定的速度顺利通过,达到一定的服务水平。同时也要减少对被交道路交通的影响,采取有效措施保证不中断交通。

(3)保障施工进度原则

改扩建工程是在原有高速公路的基础上进行的,其施工必将带来原有高速公路的运营损失,同时对高速公路通行能力有较大影响,长期施工对周边社会环境的影响更不容轻视。因此,确保施工进度、尽量缩短工期是非常必要的。

(4)可靠实用性原则

本项目建设里程长,沿线构造物较多,部分路段地形地质条件复杂,各分项工程应依据具体地理条件和交通状况选择施工工艺,确保技术方案的合理可靠性,并根据工程的技术方案确定适宜的交通组织方案。

(5)经济节约性原则

施工过程中应本着节约的原则,尽量利用现有资源,以节约工程造价;另外,通过对临时工程技术与交通组织利用环节上的协调,尽可能降低临时交通设施的投入,以控制工程投资。

6.1.2　交通组织模式

高速公路改扩建施工模式有"全封闭施工"和"边通车边施工"两种模式。全封闭施工能在一定程度上缩短工期,施工组织简便易行,但巨大的交通量需转移至通道内其他道路,其他道路交通负荷剧增;边通车边施工会对挖方边坡、路面、新老桥涵衔接等施工产生干扰,影响施工工期。一般,主干线不适宜长时间封闭施工,故本项目采用"边通车边施工"模式,保证交通不断行。"边通车边施工"模式下,利用周边路网实施交通分流,并制订合理的交通组织方案,是保障改扩建顺利实施、维持交通畅通的最有效措施。黎长高速区域公路网规模化和网络化程度较高,有剩余通行能力分担黎长高速公路施工期间的交通量,故黎长高速公路可采用"边通车边扩建,利用周边路网分流"的交通组织方案,而且根据不同设施的施工需要,采用"双侧同步施工、单幅施工结合"的组织模式,在路基(不含路床拼接)、构造物下部施工期间左右幅同步施工,现有高速公路双幅通车(除个别上跨构造物施工);构造物上部架设、拼接,路床拼接、路面拼接期间单幅施工,现有高速公路单幅通车。

6.1.3 交通分流模式

本项目采用"源头诱导分流为主,上下游路段强制分流为辅"的分流模式。即在主要交通源(包括长治市、晋城市、襄垣县、邢台市、邯郸市等)的高速公路出入口设置分流诱导标志,为驾驶员提前提供信息,提早提供择路分流路径;在本项目上下游路段的 G22 涉县东、G22 长治枢纽、G55 官道枢纽、G22 西贯枢纽,黎城互通立交入口、潞城互通立交入口、长治北互通立交入口等设置强制分流点,使车辆提前驶离施工路段,以免进入施工路段。

本项目主要分流四轴及四轴以上货车(含危化品运输车),满足了通行能力、运行安全、便于组织管理等要求。

6.1.4 各施工段交通组织方法

各施工段交通组织方法如表 6.1 所示。

长邯高速公路改扩建施工期交通组织方法 表 6.1

施 工 段		交通组织方法
单幅分离新建段		分离新建对主线交通影响小,边施工,边通车,行车不分流
双侧加宽段	路基路面施工	边施工,边通车,诱导分流,施工段限速通行
	桥梁施工	边施工,边通车,强制分流四轴及四轴以上货车和危化品运输车,施工段限速通行
	隧道施工	边施工,边通车,强制分流四轴及四轴以上货车和危化品运输车,施工段限速通行
	立交施工	根据匝道改扩建方案制订交通组织和分流方案

6.2 各分项施工期交通组织设计

6.2.1 双侧加宽路基路面施工期交通组织设计

路基工程主要施工项目有:加宽部分的表土清除、边坡刷坡处理,挖方段开挖,路床开挖及填筑,新建防护、排水结构物等。路面工程的主要施工项目有:包括路面铺设、中央分隔带改造等,同步可完成安全设施、机电设备改造等。

黎长高速公路双侧加宽路段分布如表 6.2 所示。

双侧加宽路段一览表 表 6.2

序号	起 讫 桩 号	长度(km)	所 在 路 段	改扩建后车道数
1	K741 +650 ~ K747 +800	6.15	东阳关 ~ 黎城北	双向 6 车道
2	K747 +800 ~ K757 +400	9.6	黎城北 ~ 黎城西	双向 8 车道
3	K771 +850 ~ K786 +526	13.426	西贯枢纽 ~ 安阳村	双向 6 车道
合计		29.176	—	—

双侧加宽路基路面施工采用分幅分段、新老路交错施工交通组织方案，方案如下：

将双侧加宽段划分成若干分段；按通行需求，间隔选择分段，进行左幅加宽部分施工，完成后加宽部分通车，老路施工；再选择分段进行左幅施工，直至左幅路面加宽全部完成；同左幅，按通行条件间隔选择分段进行右幅施工，直至右幅路面全部完成。

◆第一步：左幅（长治至邯郸方向）路面施工

◇分段并间隔选择分段施工。将新老路以 2 ~ 4km 为单位分段（分段长度为一天摊铺路面长度的倍数），若分段数较多，可同时进行多个划分段路面铺设施工。

◇分段铺设加宽部分的路面，并安装好安全设施。在拟施工的分段前方设置施工标牌、限速标志（限速 60km/h），施工区设置隔离墩等交通警示设施。施工期通行条件如图 6.1a）所示。

◇相应分段的老路路面施工，并施画标线。利用完工的加宽部分通车，在施工的分段前方设置施工标牌、限速标志（限速 60km/h），施工区设置隔离墩等交通警示设施。施工期通行条件如图 6.1b）所示。

◇重新选择分段，铺设加宽部分路面，并安装好安全设施。在拟施工的分段前方设置施工标牌、限速标志（限速 60km/h），施工区设置隔离墩等交通警示设施。施工期通行条件如图 6.1c）所示。

◇相应分段的老路路面施工，并施画标线。利用完工的加宽部分通车，在施工的分段前方设置施工标牌、限速标志（限速 60km/h），施工区设置隔离墩等交通警示设施。施工期通行条件如图 6.1d）所示。

◇依此方案施工直至左幅加宽路段施工全部完成，并完成标线划设。

◇左幅加宽路面施工期间，左幅分流四轴及四轴以上大型车辆、危化品运输车，以保证施工路段顺畅安全通行；右幅仅分流危化品运输车，限速 80km/h。

◆第二步：右幅（邯郸至长治方向）路面施工（左幅有 3 ~ 4 车道可通车）

◇分段并间隔选择分段施工。将新老路以 2 ~ 4km 为单位分段（分段长度为一天摊铺路面长度的倍数），若分段数较多，可同时进行多个划分段路面铺设施工。

◇分段铺设加宽部分的路面，并安装好安全设施。在拟施工的分段前方设置施工标牌、限速标志（限速 60km/h），施工区设置隔离墩等交通警示设施。施工期通行条件如图 6.2a）所示。

◇相应分段的老路路面施工，并施画标线。利用完工的加宽部分通车，在施工的分段的前方设置施工标牌、限速标志（限速 60km/h），施工区设置隔离墩等交通警示设施。施工期通行条件如图 6.2b）所示。

◇重新选择分段，铺设加宽部分路面，并安装好安全设施。在拟施工的分段前方设置施工标牌、限速标志（限速 60km/h），施工区设置隔离墩等交通警示设施。施工期通行条件如图 6.2c）所示。

◇相应分段的老路路面施工，并施画标线。利用完工的加宽部分通车，在施工的分段的前方设置施工标牌、限速标志（限速 60km/h），施工区设置隔离墩等交通警示设施。施工期通行条件如图 6.2d）所示。

◇依此方案施工直至该整个右幅加宽路段施工完成。

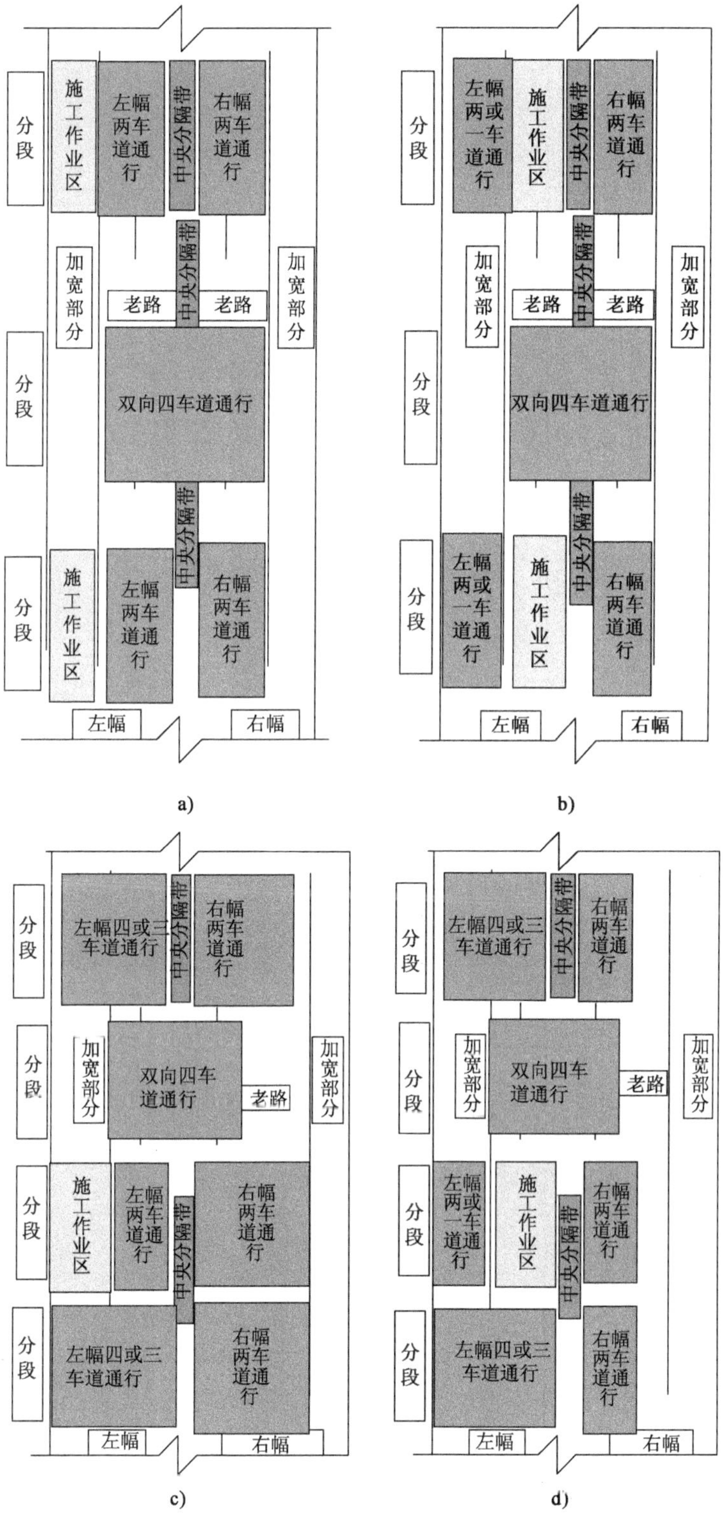

图6.1 分幅分段方案左幅路面施工时通行条件

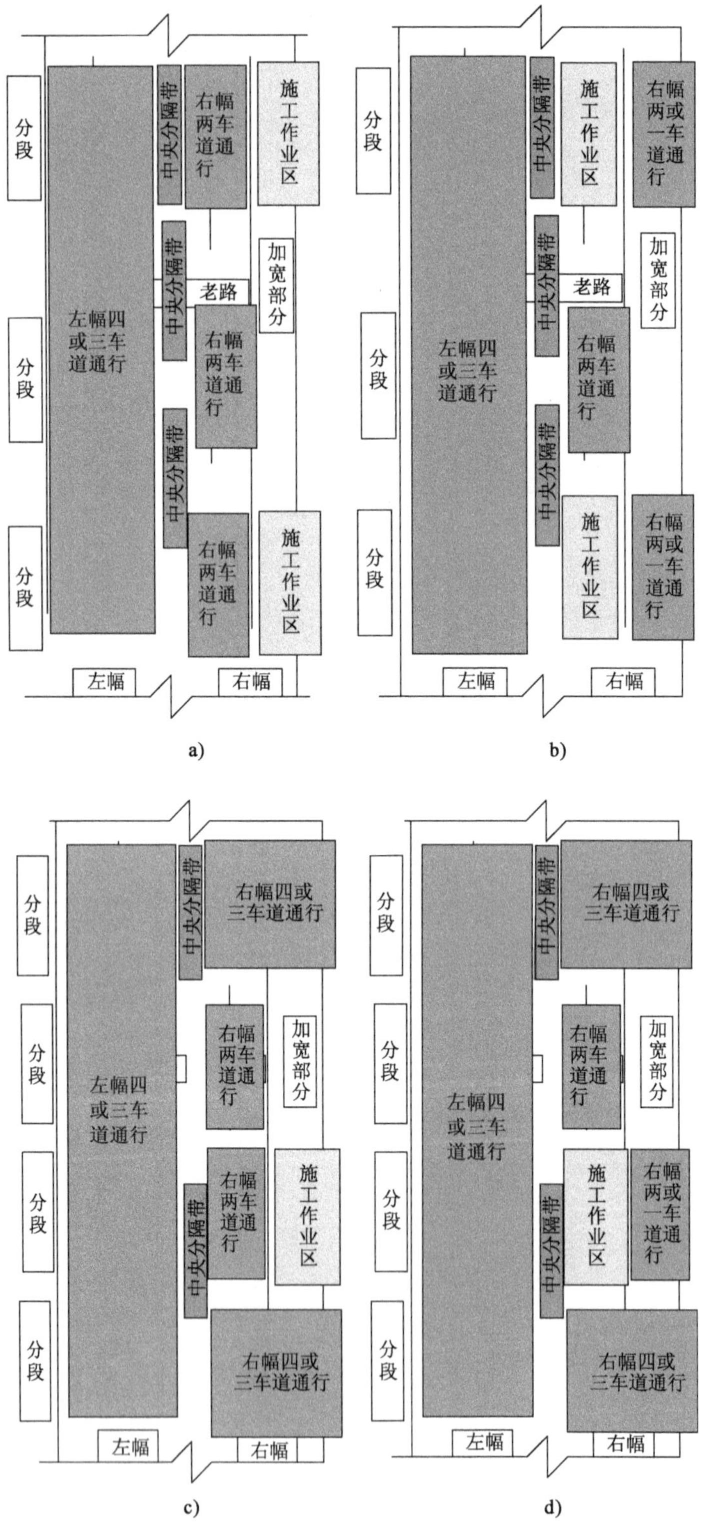

图6.2　分幅分段方案右幅路面施工时通行条件

◇右幅加宽路面施工期间,全线分流危化品运输车,以保证施工路段顺畅安全通行;右幅限速、左幅不限速。

6.2.2 跨线桥移位新建施工期交通组织设计

黎长高速公路跨线桥分布如表6.3所示。

需移位新建跨线桥一览表 表6.3

序号	中心桩号	类型	所在位置	改扩建情况
1	K740 + 901	天桥	东阳关服务区附近	移位新建
2	K741 + 186	天桥	东阳关服务区附近	移位新建
3	K742 + 060	天桥	东阳关服务区附近	移位新建
4	K749 + 120	天桥	黎城互通附近	移位新建
5	K749 + 929	分离立交桥	黎城互通连接线	原位重建
6	AK0 + 504.737	分离立交桥	黎城互通附近	新增
7	K785 + 305.36	分离立交桥	长治北互通附近	原位重建
8	K786 + 347.410	分离立交桥	长治北互通附近	原位重建

(1)中央分隔带内新建(或拆除)桥墩时:双幅双向2车道限速通行。封闭施工路段两侧超车道,至临时支架安装完毕,此过程中要分别按预告区、警告区、上游过渡区、缓冲区、工作区、下游过渡区、缓冲区设置交通安全设施。

(2)通行区上方梁板吊装(或吊离)时:实行间断放行交通管制,分别按预告区、警告区、上游过渡区、缓冲区、工作区、下游过渡区、缓冲区设置交通安全设施。

间断放行交通管制仅在高速公路一侧实施,另一侧车辆正常通行(个别高度较高天桥除外);每座天桥根据梁板片数,实施不同次数交通管制,原则上每片梁顶升分离、吊装时实施一次间断放行交通管制,每次交通管制时间约10分钟。

(3)撤除(或安装)临时支架时:双幅双向2车道限速通行。封闭施工路段两侧超车道,分别按预告区、警告区、上游过渡区、缓冲区、工作区、下游过渡区、缓冲区设置交通安全设施。

6.2.3 分离新建隧道和桥梁施工期交通组织设计

黎长高速公路的东阳关隧道、牛王垴隧道和浊漳河特大桥均为分离新建加宽。单幅分离新建对高速公路行车的影响较少,故单幅分离新建路段大部分时间无须采取特殊的交通组织措施(存在交叉点除外)。但是,因东阳关隧道及其救援隧道、牛王垴隧道及其救援隧道均需下穿现有高速公路,浊漳河特大桥也需上跨现有高速公路,故该3个施工控制点必须采取必要的临时交通组织措施。

(1)隧道施工期交通组织方案

东阳关、牛王垴两个隧道施工工艺类似,其交通组织也类似。由于新建隧道洞身开挖需要爆破,而隧道洞顶埋深不到20m,爆破震动影响行车安全,故该段隧道施工时,原有高速需采取交通管制措施。

①施工及交通组织要点

◇先施工救援洞,可利用救援洞进行地质查勘、水位确定等;再施工需新建的隧道主洞;

◇为保证施工期行车安全,隧道爆破施工应事先预告;爆破期间,高速公路中断交通;隧道挖掘施工时,挖掘施工的对向半幅实行单幅双向通行;

◇由于封闭半幅高速公路且行车区距施工区平面距离较近,施工区限速40km/h,并设置安全专员。

②施工及交通组织措施

◇当隧道新增中央分隔带开口(用于交通转换)施工时:双幅双向4车道限速通行。在施工点双向前方1km,500m处设置“前方施工”标志,并设置限速标志。

◇当主洞掘进到右幅位置时:左幅单幅双向2车道通行,在控制段设置限速、禁止超车等标牌;在新增中央分隔带开口前方300m、5m处设置“向左改道”标牌;在开口前方设置变道信息板;封闭左幅内侧车道,右幅车辆经开口变道利用左幅内侧车道通行;完全封闭右幅车道,在施工点前方设置两名安全专员,摇旗警示车辆减速小心通过。

◇当主洞掘进至左幅位置时:撤除右幅变道及封闭设施,右幅单幅双向2车道通车,在控制段设置限速、禁止超车等标牌;在另一新增中央分隔带开口前方300m、5m处设置“向右改道”标牌;在开口前方设置变道信息板;封闭右幅内侧车道,左幅车辆经开口变道利用右幅内侧通行;完全封闭左幅车道,在施工点前方设置两名安全专员,摇旗警示车辆减速小心通过。

(2)浊漳河特大桥施工期交通组织方案

在K758+829.886处与现有高速公路交叉一次,以75m刚构主跨上跨现有高速公路,双幅双向4车道限速通行,在挂篮浇筑时需采取限速和禁止超车等措施。在施工点两侧对称设置必要的临时交通安全设施:在施工点前方1km、500m、300m及施工点前50m设置“前方施工”标牌;在施工点前方1km、100m处设置限速及禁止超车标志;在施工点前方100m起至施工点的100m路段的路肩设置爆闪灯,引起驾驶员警觉,保障车辆安全通行。

6.2.4 双侧加宽桥梁施工期交通组织设计

黎长高速公路需双侧加宽的桥梁如表6.4所示。桥梁拼接的施工内容主要有:桥台拼接、下部结构拼接、上部结构架设、上部连接、铺装层施工等。

双侧加宽桥梁一览表　　表6.4

序号	桩　号	交通组织实施点	序号	桩　号	交通组织实施点
1	K751+416.69	阳光大桥	7	K777+131	宇通中桥
2	K751+943.688	桂花大桥	8	K779+157	开元中桥
3	K752+456.779	明灯大桥	9	K781+297.02	史回分离立交
4	K754+040.622	顺达大桥	10	K783+827	铁路立交一桥
5	K754+806.665	常平大桥	11	K784+129.50	铁路立交二桥
6	K776+113	潞城互通主线桥	12	K784+552.34	黄碾镇分离立交

桥梁施工可分为下部施工、上部架设(预压)、上部连接3个阶段。

(1)下部结构施工交通组织方案

桥式构造物下部施工期间的主要内容有:桥梁基础、立柱及盖梁施工。下部结构的施工对桥面车辆通行影响较小,可保证双向四车道限速通行,在施工区设置前方施工、减速慢行等必要的临时安全标志。

(2)上部结构架设施工(加预压)交通组织方案

桥梁地基均为黄土地基,故架设完上部以后,需要进行加载预压,以保证拼接部分结构安全。该阶段,需要拆除现有桥梁的边梁悬臂、防撞护栏,植入连接钢筋等。由于行车振动对植入连接钢筋施工有一定影响,特别是大型车影响大;且拆除桥梁护栏以后,对车辆安全、施工人员安全均将造成影响,故采用单侧架设,未架设侧单幅双向双车道通行,需强制分流四轴及四轴以上货车和危化品运输车,需设置临时交通安全设施:

若为大桥施工,则还需在沿行车方向 1km 处放置太阳能爆闪灯一只,桥头处码砂包防撞墙,砂包墙宽 1m,高度为 1m,且每隔 20m 设置频闪灯一只,防撞墙后面从桥头开始每隔 5m 设一个锥形交通标,其中砂包袋口要扎紧,堆码要整齐规范;同时设置硬质塑料水马,要求反光面朝向行车一方,慢慢过渡到桥梁原来宽度。

若为中、小桥施工,则还需从桥头处开始码砂包防撞墙,砂包墙宽 1m,高度为 1m,防撞墙后面从桥头开始每隔 5m 设一个锥形交通标,其中砂包的袋口要扎紧,堆码要整齐规范,同时在桥头设爆闪灯一只。

(3)上部结构拼接施工交通组织方案

该部分主要有:新旧桥梁的连接施工、连缝施工、铺装层施工。

该阶段,上部结构拼接施工会产生振动,对交通通行有一定影响,原桥面单幅双向 2 车道通行,需要强制分流 4 轴及 4 轴以上货车和危化品运输车,需布设临时交通安全设施,同时在左、右幅外侧设置临时隔离设施,安放锥形交通标施工安装爆闪灯。所有桥梁拼接施工临时标志尽量设置在紧急停车岛内,若该路段未留作紧急停车岛,则将临时标志横移于新建路基、路面底基层或基层上。

6.2.5 互通立交施工期交通组织设计

(1)黎城互通立交改建施工交通组织方案

黎城互通立交中心桩号为 K749+568.410,与 G207 公路(二级)相交,交叉类型为主线下穿,互通型式由原来的半苜蓿叶式改建为单喇叭式 A 型。

①黎城互通改扩建期间匝道标号情况(表 6.5)

黎城互通改扩建期间匝道标号一览表　　表 6.5

序号	匝道类型	匝道流向	标号	序号	匝道类型	匝道流向	标号
1	现有入口	黎城~长治	a	7	临时入口	黎城~长治	L3
2	现有出口	长治~黎城	b	8	改建合流段	B、C 合流段	A
3	现有出口	邯郸~黎城	c	9	改建入口	黎城~邯郸	B
4	现有入口	黎城~邯郸	d	10	改建出口	长治~黎城	C
5	临时出口	长治~黎城	L1	11	改建出口	邯郸~黎城	D
6	临时出口	邯郸~黎城	L2	12	改建入口	黎城~长治	E

②黎城互通立交施工交通组织措施

黎城互通立交由现有的半苜蓿叶式改造为单喇叭式，改造匝道不影响黎城至邯郸方向匝道，长治至黎城方向匝道仅与主线(A)有小部分交叉，黎城至长治、邯郸至黎城匝道与新建匝道有交叉，需要修建3条临时匝道，黎城互通立交在施工期间不中断交通。

第一阶段：新建上跨主线构造物下部及临时匝道施工

该阶段内的主要施工内容及交通组织措施有：

◇在原有匝道基础上修建临时匝道：L1(长治~黎城出口)、L2(邯郸~黎城出口)和L3(黎城~长治入口)3条临时匝道，临时匝道设置临时标志标线，波形梁护栏、临时隔离栅等，保持互通立交正常通行；施工时，在原有匝道施工点前方设置“前方施工”“车辆慢行”等临时交通警告标牌，限制车速20km/h；施工时，在临时匝道对应的主线区域采用水马临时封闭。

◇新建上跨主线匝道(A)下部施工，达到架设预制梁条件。原高速公路主线中央分隔带中墩施工时，封闭两幅内侧超车道；新建匝道其他部位施工基本不影响车辆通行；期间，上下高速公路主线车辆在临时匝道L1、L2、L3及原有d匝道(黎城~邯郸入口匝道)通行，限速20km/h。

◇在现有高速中央分隔带跨主线匝道(A匝道)正下方两侧适当位置开挖两个开口(供A匝道施工时借道行驶)。开挖后设置四个防撞桶，铺设临时路面；施工完成后暂用水马+防眩板封闭。

◇进行K749+116处天桥移位新建，K749+385处渡槽移位新建，AK0+504.737处新增跨线桥，K749+920.264处拆除现有分离立交等，这些构造物施工时均按跨线桥改造施工方式进行交通组织和布设安全设施。

第二阶段：新建上跨主线构造物施工

该阶段内的主要施工内容及交通组织措施有：

◇架设左幅(长治往邯郸方向)预制梁。用移除中央分隔带的水马及防眩板封闭主线高速公路左幅车道，将左幅车流通过中央分隔带开口转换至右幅车道，在右幅车道中间设置临时分隔设施，右幅双车道双向通行，车道限速60km/h。

◇架设右幅(邯郸往长治方向)预制梁。左幅预制梁施工完毕后，转移左幅临时设施至右幅，封闭右幅车道，将左幅车流通过中央分隔带开口转换至右幅车道，右幅双车道双向通行，车道限速60km/h(按借道行驶进行交通组织、布设安全设施)。

◇完成预制梁架设。移除右幅车道临时封闭及分隔设施，封闭中央分隔带开口，高速公路主线恢复双向4车道正常通行。其间，上下高速公路主线车辆在临时匝道L1、L2、L3及原有d匝道(黎城~邯郸入口匝道)通行，限速20km/h。

◇同时进行K749+116处移位天桥新建，K749+385处渡槽移位新建，AK0+504.737处新增跨线桥等，这些构造物施工时均按跨线桥改造施工方式，进行交通组织和布设安全设施。

第三阶段：完成各匝道路面铺设，完成新建黎城互通立交施工

该阶段内的主要施工内容及交通组织措施有：

◇完成新建互通立交匝道与高速公路主线出入口衔接施工。施工点设置临时隔离板，前方设置“前方施工”“车辆慢行”等临时交通警告标志。

◇完成新建互通立交匝道路面铺设施工及其他设施，完成新建黎城互通立交施工。

◇同时完成K749+116处天桥移位新建，K749+385处渡槽移位新建，AK0+504.737处

新增跨线桥，K749 +920.264 处拆除现有分离立交等，这些构造物施工时均按跨线桥改造施工方式，进行交通组织和布设安全设施。

(2)潞城互通立交改建施工交通组织方案

潞城互通立交中心桩号为 K776 +102.839，下穿 G309(二级)，互通形式采用单喇叭 B 型，施工类型为改建。该互通立交保持单喇叭 B 型不变，所有匝道均在原位进行扩建。

①潞城互通改扩建期间匝道标号情况(表 6.6)

潞城互通改扩建期间匝道标号一览表 表 6.6

序号	匝道类型	匝道流向	标　号	通行情况
1	出口	邯郸~潞城	A	第一施工期和第二施工期内，四条匝道全部断通，待土建工程及路面施工至中面层后，具备使用条件时，开放交通(即第三、第四、第五施工期)
2	入口	潞城~长治	B	
3	入口	潞城~邯郸	C	
4	出口	长治~潞城	D	

②潞城互通施工交通组织措施

潞城互通立交仍采用单喇叭 B 型互通立交，由于现有互通立交 A 匝道与主线收费站之间的纵坡超标，造成出口匝道交通事故频发，冲撞收费站，入口匝道纵坡较大，通行能力不足，尤其是潞城往邯郸方向车辆拥堵严重，本次改扩建 A 匝道需要抬高 5m 左右，且需要将 A 匝道跨 G207 的 2 ×12m 现浇钢筋混凝土箱形通道改造为 1 ×40m 预应力混凝土 T 梁，故在路基施工期间中断潞城互通立交通行；路面左幅施工完成后开放交通，右幅路面封闭施工时，需考虑邯郸往潞城方向、潞城往太原方向的交通引导。

第一阶段：跨 G207 的新建箱梁及匝道改扩建施工

主要施工内容及交通组织措施有：潞城互通立交处于封闭状态，潞城市及其周边车辆绕行 G2201 潞城东互通立交，分别在潞城互通出入口、西贾枢纽设置提示标志，提示车辆分流。在拼接预制梁时，同步封闭现有潞城互通跨主线的现浇梁桥；同时拆除现有潞城互通立交匝道收费站，在新收费站路基填筑成形后，建设移位后的匝道收费站，并达到使用条件。

第二阶段：右幅路面铺设施工期间

主要施工内容及交通组织措施有：在右幅路面施工过程中，改建匝道路面同步施工至中面层，互通立交已具备使用条件。高速公路右幅封闭(按借道行驶进行交通组织、布设安全设施)，为保证潞城互通立交双向通行，在中央分隔带设置临时开口，转换邯郸至潞城、潞城至太原方向匝道的车流至左幅。

第三阶段：左幅路面铺设施工期间

主要施工内容及交通组织措施有：高速公路左幅封闭(按借道行驶进行交通组织、布设安全设施)；为保证潞城互通立交正常使用，在中央分隔带设置临时开口，转换潞城至邯郸、太原至潞城方向匝道的车流至右幅。

第四阶段：完善其他设施，完成施工

撤除临时设施，封闭中央分隔带，完善互通立交相关附属设施，完工通车。

(3)长治北互通立交施工交通组织方案

长治北互通立交中心桩号为 K786 +027.010，与长北干线相交，交叉类型为主线下穿，互通型式采用单喇叭A型,施工类型为改建。

本次改扩建该互通立交的形式保持单喇叭A型不变,所有匝道均在原位进行扩建。

①长治北互通改扩建期间匝道标号情况(表6.7)

长治北互通改扩建期间匝道标号一览表 表6.7

序号	匝道类型	匝道流向	标 号	通 行 情 况
1	入口	长治北~太原	A	在第一施工期和第二施工期内,A、B匝道断通(与A匝道跨线分离立交有关),待土建工程及路面施工至中面层后,具备使用条件时,开放交通(即第三、第四、第五施工期);C、D匝道交通在临时匝道LC、LD上通行
2	出口	邯郸~长治北	B	
3	入口	长治北~邯郸	C	
4	出口	太原~长治北	D	
5	临时匝道入口	长治北~邯郸	LC	
6	临时匝道出口	太原~长治北	LD	

②长治北互通施工交通组织措施

由于长治北互通立交A匝道跨主线桥梁需原位拆除重建,架设临时便桥费用较高,所以长治北互通立交邯郸至长治、长治至太原方向的匝道需要中断交通,需利用G55长治互通立交、G2201长治东互通立交绕行。修建长治至邯郸、太原至长治方向的临时匝道,在第一至第二施工期内上述两方向采用临时匝道通行;其他施工过程中断部分交通。第二施工期结束后,长治北互通立交匝道路面均已施工至中面层,施画临时标线以后,可以开放交通。

第一阶段:A匝道跨主线桥拆除重建施工

该阶段内的施工内容及交通组织措施主要有:

◇临时匝道施工。新建长治至邯郸方向入口(LC匝道)、太原至长治方向出口(LD匝道)两条临时匝道。临时匝道修建基本不影响交通,只需在临时匝道两端衔接处设置必要的交通警告标牌;临时匝道划设临时标志标线,波形梁护栏等。该阶段保持互通立交正常通行。

◇A匝道跨主线桥上部结构吊移,桥台拆除。中断长治北互通立交邯郸至长治方向出口匝道、长治至太原方向入口匝道交通,该两方向交通绕行。在中央分隔带设置临时开口,转换路面交通:左幅施工时,封闭左幅,交通转换至右幅(按借道行驶进行交通组织、布设安全设施);右幅施工时,封闭右幅,交通转换至左幅;期间,具体施工组织措施与分离式桥梁移位新建施工相似。

◇A匝道跨主线桥中墩拆除重建。封闭内侧超车道,双向单车道限速通行。其间,具体保通措施与分离式桥梁移位新建施工相似。

◇A匝道跨主线桥预制梁架设。在中央分隔带设置临时开口,转换路面交通;架设左幅,左幅车道封闭,右幅双向单车道通行;架设右幅,右幅车道封闭,左幅双向单车道通行。其间,具体施工组织措施与分离式桥梁移位新建施工相似。

◇A匝道跨主线桥桥面铺设施工。桥面铺设基本不影响主线交通,故主线双向四车道正常通行。

◇该阶段,四个匝道改建同步进行。

第二阶段:右幅路面施工期间

该阶段内的施工内容及交通组织措施主要有:左幅路面施工过程中,改建匝道路面同步施工至中面层,本阶段互通立交已具备使用条件。本阶段高速公路右幅中断交通;为保证长治北互通立交正常使用,在通过中分带转换邯郸至长治、长治至太原方面的匝道交通需要引导至左幅。该阶段,四个匝道改建同步进行。

第三阶段:左幅路面施工期间

该阶段内的施工内容及交通组织措施主要有:本阶段高速公路左幅断通。为保证长治北互通立交正常使用,在通过中分带转换长治至邯郸、太原至长治方向的匝道交通需要引导至右幅。该阶段,四个匝道改建基本完成。

第四阶段:完善其他设施,完成施工

撤除临时匝道及临时设施,封闭中央分隔带,完善长治北互通立交相关附属设施,完工通车。

6.3　交通应急

6.3.1　交通事件应急处理

黎长高速(黎城至长治段)改扩建路段交通事件处理流程如图6.3所示。

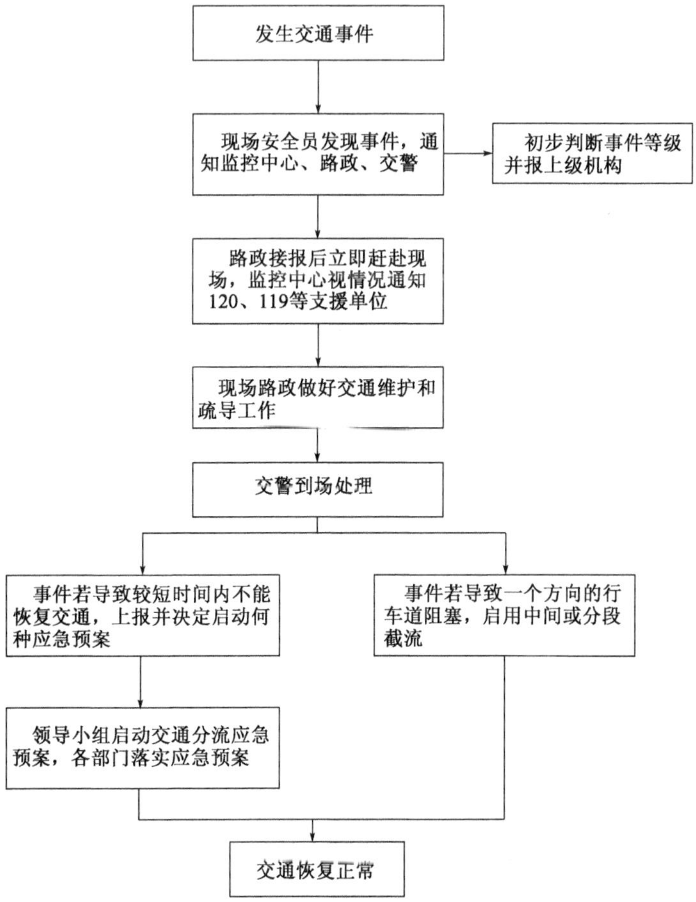

图6.3　交通事件处理流程图

6.3.1.1 施工期路段事件应急处理

施工期间,高速交警、路政部门、各施工单位、长治高速公路有限公司密切合作,科学组织施工,加强施工路段管理,快速处理交通事故和突发事件,保障高速公路安全畅通。施工路段发生道路交通事故,按以下程序处置:

(1)施工保通人员立即赶赴现场,查明情况后,立即用电话报告路警联合指挥中心有关事故情况(地点、事故车辆、有无伤亡、道路是否堵塞等),如发现有人员伤亡,应及时与120急救中心联系,请求派出医护人员和车辆对受伤人员进行抢救。同时在事故现场摆放交通安全设施,设置安全区(距离事故地点150m),防止追尾等二次事故的发生。施工保通人员发现道路交通事故后,还应同时报本单位保通负责人。

(2)施工单位保通负责人接报后,立即赶赴事故现场,查明现场情况后,继续向路警联合指挥中心及长治高速公路有限公司保通处报告事故情况。

(3)路警联合指挥中心通知高速交警、路政部门处理道路交通事故,高速交警部门报告堵塞情况后,由路警联合指挥分中心统一指挥,实施单幅双向通行措施或后方收费站分流等管制措施。

(4)施工单位协助高速交警、路政部门做好道路交通事故处理相关工作,确保及时恢复道路正常通行。

针对不同阶段提出应急处理方案:

(1)第一施工期,高速公路大部分可以保证双向四车道通行,紧急停车带可以使用,抛锚车辆、事故车辆、事故处理车辆及救援车辆可暂停在紧急停车带上。

(2)第二施工期左幅施工时,可在适当路段对向停放紧急救援车辆,对于抛锚车辆、事故车辆、事故等可以利用就近的中分带开口(路政部门检查中央隔离带活动护栏,已被固定焊死的,改造成可随时打开的可移动护栏,高速交警、路政工作人员控制开关),将其移出行车区,保证高速公路交通量处于运行状态。

(3)第二施工期右幅施工期间,抛锚车辆、事故车辆、事故处理车辆及救援车辆可暂停在左幅临时应急车道上。

清障过程中,如遇车辆装有易燃、易爆、有毒物品或交通事故引发重大火灾、危险化学品泄漏等情况,应当迅速通知当地安监、环保、消防、卫生防疫等部门,启动相关应急预案,做好各项安全措施,确保人民群众的生命和财产安全。一般车辆事故车辆应驶离或拖离事故现场,以便恢复交通。

(1)双向四车道通行路段的应急预案

双向四车道通行时,针对各种事故情况,需研究如何利用监控系统、车道使用控制、可变限速控制、可变信息板、出入口匝道控制等措施进行交通诱导分流与组织,保证黎城至长治公路改扩建施工期间的安全运营。

①无交通阻塞。无交通阻塞指交通事故发生后车辆能迅速离开(拖离)、不会占用行车道,对高速公路上正常通行亦未造成较大影响的情况。此时,只需对事故车辆及人员进行必要的转移,而不考虑进行分流和交通组织。

②半幅单车道交通阻塞。半幅单车道交通阻塞事故(该半幅仍有一条车道可通行)时,沿线作业路段交警、武警及其他相关部门需迅速赶赴交通事故现场,对事故地点附近一定区域的

车道进行临时封闭，通过该半幅的另一行车道通行，设置临时安全设施，并在第一时间将事故现场信息反馈至该路段监控分中心，监控分中心需及时发布相关信息，同时通过上游的可变限速标志实现限速控制，使上游车辆驾驶员及时获得信息、注意行车安全。

高速交警赶赴现场后，应立即采取有效措施划定警戒区、设置警戒标志、保护现场痕迹物证、固定相关证据、控制肇事人。消防部门负责破拆车辆，解救因车辆颠覆、变形被困于车内的人员。交通管制组负责做好现场治安秩序维护和人员疏散工作；指挥车辆有序停放、清理紧急通道。

③半幅交通阻塞。半幅交通阻塞时，若对向半幅路的交通量不大，建议利用对向半幅路实现双向通行，设置相应临时安全设施，并在上下游互通立交处设置强制分流点，强制分流四轴及四轴以上货车和危化品运输车。

若对向交通量较大，无法转换交通，则建议暂时封闭该半幅进口车道进行事故处理。在此期间，对在该路段行驶的车辆，通过可变限速标志实现限速控制；在上游互通 2 出入口通过可变情报板完成信息发布，限制车辆驶入，同时强制分流事故发生地半幅主线交通至周边道路；上游互通 1 出入口通过可变情报板发布信息，同时对该半幅主线交通进行诱导，分流至周边道路；互通 2 至事故点滞留车辆先行等候，择机利用对向车道通行；对向交通维持正常通行，如图 6.4所示。

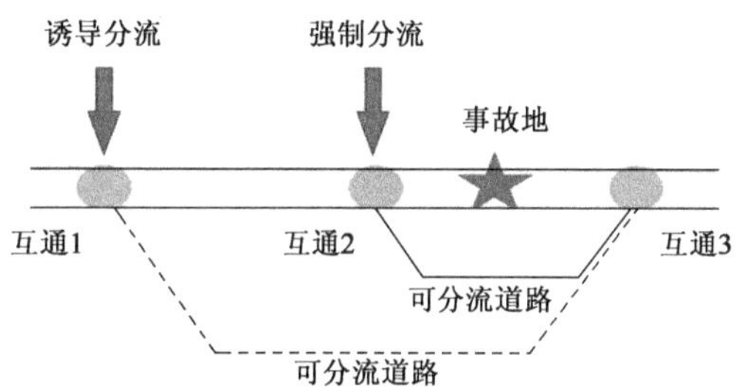

图 6.4 半幅交通阻塞状况下的分流

因事故现场拥堵严重，在短时间内无法及时疏通的，应从前后方收费站强制分流，提前驶出高速公路。

(2)双向 2 车道通行路段的应急预案

双向两车道路段突发事故，需立刻启动事故处理和交通组织应急预案，对事故现场进行迅速处理，建议暂时封闭该方向临近进口车道，通过可变情报板发布相关信息，并与高速公路监控系统联网监控，实现联动交通信息发布，对事故发生地上游互通进行强制分流，在上游其他互通进行诱导分流。

6.3.1.2 收费站拥堵处置方案

(1)当现有开放车道堵车超过 5 辆，并仍有车辆不断驶入时，班长负责组织 3 分钟内加开一条车道，进行收费作业，同时将情况向现场保通小组报告。当加开备用车道后，每车道堵车仍超过 10 辆，并且仍有车辆不断驶入，则要开启全部车道进行收费作业，同时要组织做好相关疏导工作，迅速疏散车流；提前做好收费站预刷卡的准备工作，如果进站发卡车道发生堵车，则开启全部车道进行发卡的同时要开始发放预刷卡。

(2)如果全部收费车道发生拥堵，在开启全部车道进行收费作业的同时要准备好应急收费设备、交通标志和人员，做好客货车辆进行分道收费的准备工作；按照“客车为主、兼顾货车”的原则，组织客车优先通行，管理处、收费站和相关人员做好宣传、解释工作。

(3)采用应急收费后仍不能及时疏通交通时，必须强制采取大规模分流，收费站站长要立即上报现场保通小组、交通指挥小组，在主管领导的统一调度和安排下，协调高速交警大队、路政大队、地方交警采用多站分流的方式利用多个收费站对车流进行疏散。

(4)在采取以下三种应急措施时,除按照所规定的程序上报外,必须经由交通指挥小组、当地交警部门,在其批准同意后方可实施。

◇出站车道发生严重拥堵情况,且拥堵车流中货车比例较大,需对出站的货车采取车型分类方式收取通行费放行;

◇进站车道联网收费系统无法正常运行时,拟对进站车辆采取发放纸票放行措施;

◇出站车道发生极度拥堵情况,拟对出站车辆采取开闸免费放行措施。

(5)以上收费应急办法实施应当逐级进行,待车流缓解后逐级恢复原有收费程序,直至车流正常后恢复正常收费操作程序。

6.3.2 恶劣天气情况下应急预案

恶劣天气条件下高速公路应急管理应坚持以人为本、统一领导、分级负责、反应快速、调度及时、保障有力等原则,并根据恶劣天气的影响程度和社会需要及时调整交通组织方案。黎长高速公路恶劣天气主要有暴雨、冰雪、大雾。恶劣天气状况下黎长治高速公路交通组织流程图如图6.5所示。

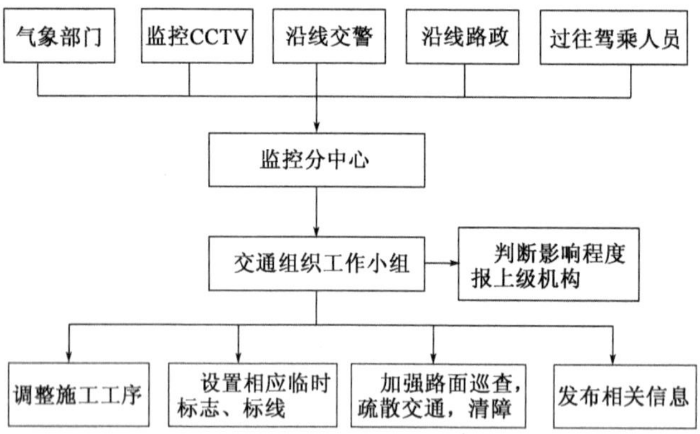

图6.5 恶劣天气状况下交通组织流程图

(1)恶劣天气下主要的交通管控措施

关闭高速公路入口。报请省政府交通协调小组,及时关闭(或间隔关闭)高速公路所有进入口,封闭服务区出口,禁止入口处及服务区内车辆驶入高速公路。

报告情况。高速交警值班领导应立即向省高速公路监控中心、长治片区中心和高速三支队指挥中心报告路面状况,包括:路面能见度、路面流量、通行情况等,提出处置意见。同时将情况通报相关高速公路管理处、路政、施救、医疗(急救)、消防等部门,请求协助做好实施相关预案的准备工作。

压速带道。对已进入高速公路的车辆,辖区高速大队应主动实施警车压速带道措施。辖区上、下行各保持2台巡逻车,控制车速在20km/h以下,通过鸣警报、亮警灯、喊话、电子诱导屏播放字幕等方式将主线运行的车辆压速带出危险区。

主线分(容)流。对已进入高速公路的车辆,可视情况采取主线分(容)流措施。实施分(容)流措施时,应选择危险区以外距来车方向最近的入口实施。主线容流,也可以依托雾区外的服务区实施。分(容)流点车辆发生拥堵,或高速公路主线上的车辆积压超过2km的,要迅速组织在来车方向上一个具备条件的道口或服务区实施分(容)流。

维护站区秩序。封闭的高速公路入口、服务区应派驻民警,协助高速业主,通过广场广播、可变情报信息板或车载显示屏滚动字幕、设置明显警告标志等,提示在道口等候的驾驶员有序停车,耐心等候或选择其他道路通行。加大滞留道口和服务区车辆管理力度,必须留有应急进出通道,保证执行指挥、清障、救援等任务车辆的通行需要。

施工路段停止作业管理。通知高速公路经营管理部门停止施工作业,增设警示标志和灯具,扩大预警距离,并指派专人负责,加强对施工路段管理,确保交通安全设施和管理措施齐全有效。

发布气象信息。省高速公路监控中心、长治片区中心省高速公路监控中心、长治片区中心利用交通广播电台、手机短信等形式向社会发布气象信息。各相关交警大队应要求高速公路经营管理部门利用高速公路沿线和收费站电子显示屏滚动播放相关气象信息。

加强路面巡逻。高速公路交警大队应增派巡逻车,加大辖区巡逻管控密度,及时清理违法停车,加强对故障车辆的预警,切实消除安全隐患。

(2)雪天条件下的交通应急预案

①响应级别

小雪(Ⅳ级):是指下雪时水平能见度等于或大于1000m,地面积雪深度3cm以下,24小时降雪量在0.1~2.4mm,对交通运行基本没有影响。

中雪(Ⅲ级):是指下雪时水平能见度在500~1000m之间,地面积雪深度为3~5cm,24小时降雪量达2.4~4.9mm,对交通运行有影响。

大雪(Ⅱ级):指日降雪量5.0~9.9mm或积雪>5 cm,对交通运行有很大影响。

暴雪(Ⅰ级):指日降雪量>10.0mm或积雪>8cm,对交通运行有严重影响。

②防范措施

◇准备工作

制定除雪防滑工作预案,明确职责和方法,严阵以待,随时准备应对各种雪情,确保人员队伍、物资机具、除雪预备资金三到位。

◇除雪措施

小雪:要以机械吹雪和融雪为主。小雪天气,一般白天气温和地温较高,车轮与地面摩擦产生的热量及尾气排放的热量就可以使薄雪基本融化,对行车妨碍不大;夜晚温度低、车流量小,可根据需要适当在一些重点路段撒布融雪剂、防滑料,防止路面结冰、车辆滑移;小雪要在当日内完成除雪防滑工作,并做好高速公路行车区内的车辆引导工作。

中雪:清雪和融雪相结合。当路面积雪达2.0cm左右时,即要出动机械进行不间断循环清雪,同时紧跟清雪机械撒布融雪剂、在重点路段撒布防滑料,以利于压实后的冰雪融解、清理和防止路面结冰、车辆滑移;除雪防滑工作要连续进行,一般不允许路面积雪厚度达到5cm以上;要在雪停6小时内完成除雪防滑工作,并做好高速公路行车区内的车辆引导工作。

大雪和暴风雪:以清雪为主,辅以融雪。当路面积雪厚度达5cm以上时,要全力组织机械进行循环清雪,有条件时可以考虑2台车辆成梯队同向同时作业,以期取得较好效果;清雪过后要撒布融雪剂、并在重点路段撒布防滑料;大雪、暴风雪要雪停6h内完成除雪防滑工作,必要时可以中止施工作业,全力除雪,特殊条件下可报请临时中断或局部管控交通、限制性通行。

◇除雪顺序

雪中先清理主车道,保障车辆能够行驶,雪停后先清理超车道,后左侧主车道,再外侧主车道和硬路肩。

③交通管控

◇Ⅰ、Ⅱ级响应时

关闭高速公路入口(全关闭),报告情况,压速带道,施工路段停止作业,发布气象信息,加强路面巡逻。

◇Ⅲ级响应时

高速公路入口、服务区出口管控(间隔放行),报告和发布信息,加强路面巡控。

◇Ⅳ响应时

控制高速公路入口、服务区出口(间隔放行),报告、发布信息,加强路面巡控。

(3)雾霾条件下的交通应急预案

①响应级别

◇薄雾(霾)(Ⅳ级):能见度 $L>500$m,对交通运行基本没有影响。

◇轻雾(霾)(Ⅲ级):200m $<L\leqslant500$m,对交通运行有影响。

◇中雾(霾)(Ⅱ级):100m $<L\leqslant200$m,对交通运行有较大影响。

◇大雾(霾)(Ⅰ级):50m $<L\leqslant100$m,对交通运行有很大影响。

◇重雾(霾)(Ⅰ级):$L\leqslant50$m,对交通运行有严重影响。

②交通管制措施

◇Ⅰ级响应时

关闭高速公路入口(全关闭),报告情况,压速带道,主线分(容)流,维护站区秩序,施工路段停止作业管理,发布气象信息,加强路面巡逻。

◇Ⅱ级响应时

高速公路入口、服务区出口管控(间隔放行),报告和发布信息,施工路段停止作业,加强路面巡控。

◇Ⅲ级响应时

控制高速公路入口、服务区出口(间隔放行),报告、发布信息,施工路段停止作业,加强路面巡控。

(4)雨天条件下的交通应急预案

①响应级别

◇小雨:日降雨量 0~10mm,对交通运行基本没有影响。

◇中雨:日降雨量 10~25mm,对交通运行有影响。

◇大雨:日降雨量 25~50mm,对交通运行有很大影响。

◇暴雨、大暴雨及特大暴雨:日降雨量 >50mm,对交通运行有严重影响。

②交通管控方法

暴雨、大暴雨及特大暴雨时:关闭高速公路入口(全关闭),报告情况,压速带道,施工路段停止作业,发布气象信息,加强路面巡逻。

大雨时:报告和发布信息,施工路段停止作业,加强路面巡控。

6.3.3 特殊交通条件下交通组织预案

特殊交通条件是指有警卫任务、春运、黄金周、重大节假日及大型会展活动、特种设备及物资运输、国家电煤保运时期等。

接到任务后,高速三支队根据警卫任务的级别、时间、路线安排响应的高速交警大队立即进行相应准备;同时通过保通实施管理小组安排路政部门、施工单位协助。

(1)制订交通组织预案、明确任务

◇根据路况巡查情况,制订工作方案,明确任务分工、基本措施、通信方案、应急预案、备用路线等具体内容。

◇落实岗位责任制,落实执勤警力、路政人员设备配备,责任到人。

◇交警、路政、施工单位一起,对所经过路段进行联合巡查,保障所经路段通畅。

(2)路政任务

◇检查、落实联合巡查涉及的工作。

◇协助对沿线有关出入口、停车区、服务区、加油站等重点部位加强管理、控制。

◇在收费站开辟专用通道(如必要),保证车队顺利通过。

◇派清障车巡逻,清障车在收费站、服务区、加油站、停车区等处安排随时待命(如必要)。

(3)施工单位任务

◇协助完成联合巡查涉及的相关工作。

◇停止施工作业(如必要),清理好作业面,全部人员撤离施工现场。

(4)交警任务

◇组织实施路况巡查。

◇在收费站设置固定岗,维持秩序,指挥、疏导交通。

◇实行临时交通管制(如必要)。

◇负责巡逻、疏导交通(如必要),随时准备应对突发事件(如必要)。

(5)应急处置

遇到车辆事故、前方事故、恶劣天气等特殊情况,采用应急预案处置。应急预案原则是保证交通安全,尽可能实现通行要求。

◇车辆故障:换乘备用车、拖移故障车。

◇前方事故:一般情况下按前述路段事件应急方法处置;特殊保卫时,立即阻断对向交通,改对向借道通行。

◇遇到恶劣天气时,一般情况下按前述恶劣天气应急方法处置;特殊保卫时,建议车队推迟出发或改路线;如必须通过,提前采取必要管制措施。

第 7 章　施工标准化与"四新"技术应用

7.1　概述

高速公路施工标准化是以先进的科技发展成果和施工经验为基础，结合国家对高速公路建设的规定，对施工建设中的路基、路面、桥梁、隧道、防护、机电等工程，按照统一安全规程、统一质量控制体系、统一进度管理目标等标准化要求进行管理。施工标准化主要包括工地建设标准化、施工工艺标准化和施工管理标准化等。

长邯高速公路改扩建项目路基工程共分为 6 个合同段，其中有 2 个为铁路标段。各个标段因建设条件不同，在施工方法、施工工艺、地基处理等方面所采取的技术措施和管理思路都有差异，在施工要素配置以及工艺、成本、技术管理上也不尽相同。为了保证工程质量，提高管理的规范化和精细化，管理部门以《高速公路施工标准化技术指南》《关于打造公路水运品质工程的指导意见》《山西省高速公路建设项目施工标准化实施方案》为指导，因地制宜，制定了符合本项目的一系列标准化措施并在全线推行。

长邯高速公路改扩建项目在设计及施工阶段均尽可能采用新技术、新材料、新设备及新工艺，确保本项目的工程质量优异、技术先进。

7.2　工地建设标准化

工地标准化建设既是"人本化"要求，也是管理精细化的体现，主要包括驻地建设、场站建设、临时工程等。在改扩建工程施工中，按照标准化建设的要求，从工地硬件设施着手，注重标准化工地和驻地建设，努力创造舒适整洁的工地环境，营造温馨和谐的工作生活环境，努力提高生产的规模化、集约化、工厂化程度，提高工程的质量水平和生产效率。

7.2.1　驻地建设

长邯高速公路改扩建工程项目部驻地建设均以方便管理、交通便利为原则，项目部占地面积按照驻地人员多少确定，生活和办公区域布局合理、相对独立。各个驻地内路面、停车区域等都做硬化处理，驻地与周边环境相隔离并设置专门的出入口，驻地内各种指示牌、标志内容醒目。驻地建设做到"以人为本、方便管理、交通便利、通信畅通、功能齐全、安全环保、因地制宜、选址合理"，项目部设置办公室、会议室，配有多媒体、网络等现代化办公、会议设备，如图 7.1 ~ 图 7.3 所示。

图7.1 项目部驻地

图7.2 项目部办公室

图7.3 项目部会议室

7.2.2 试验室

工地试验室统一标准，分区设置，布局合理，检测设备齐全，按照“硬件建设标准化、检测工作标准化、质量管理精细化、数据报告信息化”要求进行管理，提高了试验检测数据的客观性和准确性，有效发挥试验检测在控制工程质量和指导工程建设中的重要作用。

试验室配有水泥室、力学室、标养室等，如图7.4～图7.6所示。水泥室主要测定水泥各组分含量等相关参数；力学室主要安放有测定混凝土力学性能的仪器，对已完成的混凝土构件及时试验，保证混凝土各项力学性能达标；标养室主要是按相关要求设立的在标准条件下对试件进行养护的地方。试验室内各种仪器旁都贴有操作流程和注意事项，在一些危险仪器旁贴有警示标志。试验数据全部纳入专门的试验数据处理系统,做到每次试验数据入库,有案可查,如图7.7所示。

图7.4　力学室

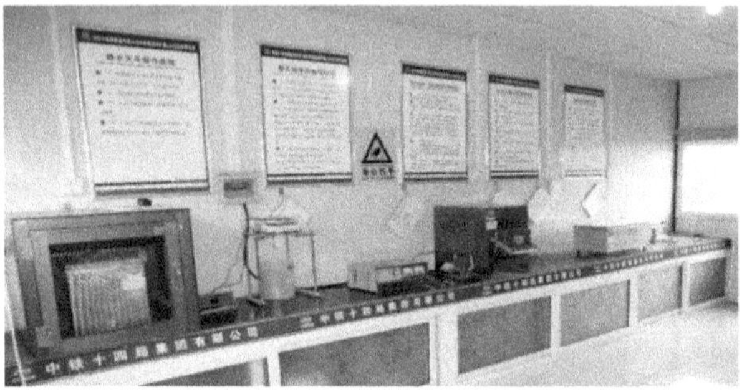

图7.5　水泥室

图7.6　标养室

图7.7　试验室数据系统

7.2.3 场站建设

集中场站建设按照“工厂化、集约化、专业化、配送化”原则进行标准化建设，以实现项目施工过程中的“三个集中”化（混凝土集中拌制、钢筋集中加工、混凝土构件集中预制）。

(1)混凝土拌和站

拌和站占地面积以满足施工需要为原则，拌和站内设有洗车池、污水沉淀池和排水系统，满足环保要求。场地及运输道路采用混凝土硬化处理，罐体颜色统一，标识有高速公路项目名称和施工单位名称，如图7.8所示。集料仓搭设有防雨棚，不同规格料仓间设有80cm高的隔板。

图7.8 拌和站罐体布置

在涉及人身安全的部位以及传动系统裸露部位设置有安全防护措施，场站内张贴有安全警示标志，安全措施到位。拌料前结合试验确定各种材料的理论配合比、施工配合比等，并在配合比标识牌上注明材料来源、型号以及其他参数，如图7.9所示。

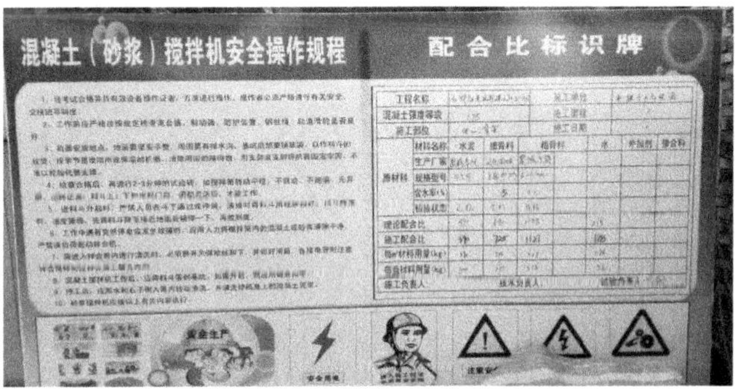

图7.9 拌和站内警示牌及配合比标识牌

(2)钢筋加工场

每个合同段都设有一个钢筋加工场（图7.10），场地内及主要运输道路采用混凝土硬化。为确保钢筋加工的精度和效率，本项目所有钢筋加工设备均使用集成化程度较高的数控加工机床。加工场内数控弯曲机（图7.11）、数控弯箍机等先进设备布置合理，互不干扰。加工制作区内悬挂有各种型号的大样设计图、机械操作安全规定公示牌以及设备标示牌，焊接操作时使用的防护用品齐全，气瓶使用或存放符合要求，有防震圈和防震帽，场地内禁止、警告标志设置到位，其余各种标志醒目。

图 7.10　钢筋加工场

图 7.11　钢筋弯曲机

采用滚焊机制作钢筋笼(图 7.12、图 7.13),钢筋间距均匀,钢筋之间连接更可靠,有效避免人工操作误差,有效保证构件制作质量。

图 7.12　滚焊机

图 7.13　滚焊机制作的钢筋笼

使用通、止规(图 7.14)对钢筋机械连接丝纹进行检测控制,提高钢筋连接合格率。

(3)预制梁场

预制梁场按照预制构件数量、工期及类型要求计算合理占地面积、台座数量、机械设备,使预制场生产时间和桥梁下部结构的施工时间相协调,避免出现“梁等墩”或“墩等梁”现象。在预制时,对每片梁进行编号,号牌上注明浇筑时间、张拉时间、压浆时间以及梁的类型,如图 7.15 所示。

图7.14 通、止规

图7.15 预制梁标识

预制场的梁板底模均采用不锈钢钢板，同时采用预应力智能张拉系统（图7.16）、预应力孔道循环压浆系统、智能数控养护系统确保梁板预制质量，如图7.17所示。

图7.16 智能张拉系统

（4）小构件预制场

小构件预制场分为生产区、养护区、成品区（图7.18）和办公区，各区域设置明显的标识牌。小构件预制场内单独设置拌和站，并有独立的检测室和样品室；成品按不同规格分层堆码，层间用土工布隔开，养护区采用自动、喷淋养护系统结合土工布覆盖对构件进行保湿养护（图7.19）。场地内养护区、成品区都立有相应的标识牌，区域划分清晰，互不干扰。

图 7.17　智能数控养护系统

图 7.18　预制场区域划分

图 7.19　构件养生

小构件预制场内的模具(图 7.20)全部统一定制,避免不同模具之间连接误差影响构件质量,模具采用相同材料经相同工艺制作而成,棱角处进行圆角处理,底面设置 3 ~ 4 个较小的排气孔。构件成品如图 7.21 所示。

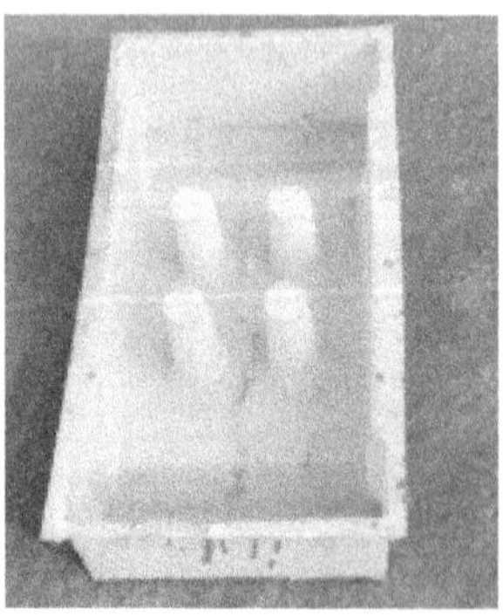

图 7.20　构件模具

图 7.21　构件成品

7.3　路基施工标准化

路基施工前,各单位编制了施工组织计划并按规定程序报批,对施工人员进行岗前技术、安全培训和交底(图7.22);分项工程开工前,工程施工所需的材料、机械设备、人员必须到位,并完成首件试验路段总结。

图7.22　路基施工技术交底

本项目既有新建路基也有扩建路基,新建路基局部地段为湿陷性黄土,通过强夯、选用优质路基填料等手段处理,对扩建段路基进行病害处理和防护加固。拼宽路基采用边填土边挖台阶施工法,既符合台阶开挖质量标准要求,又确保既有高速公路边坡稳定,在路基结合处、填挖结合处也按规定要求挖台阶,如图7.23所示。路基填筑前,根据自卸车运土量和预摊铺厚度打灰格并设置填层厚度控制墩,有效控制填方路基的松铺厚度,如图7.24所示。

图7.23　路基填挖结合部台阶

图7.24　灰格及厚度控制墩

填方完成后，利用推土机初平，平地机精平，控制路基填筑的平整度，最后根据试验路段确定的压实设备和压实工艺进行碾压成型。压实要求先轻后重，先快后慢，均匀一致，最后采用光轮压路机收面（图7.25）。路基压实后石灰土层表面应平整无轮迹或隆起出现，且断面、路拱符合要求。收面后进行洒水（图7.26），养护期间封闭交通并应按规定检测压实度（图7.27）。

图7.25　收面

图7.26　洒水养护

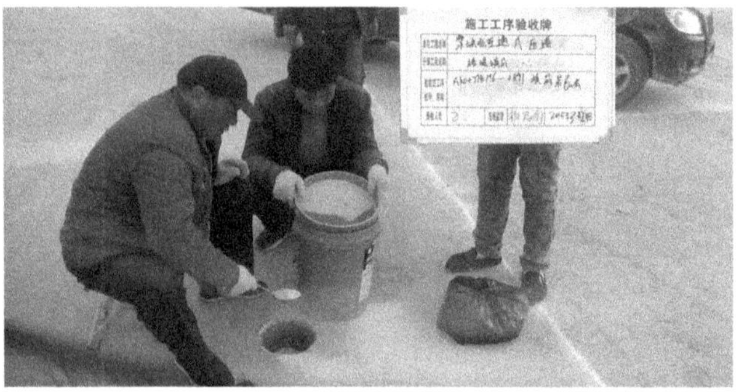

图7.27　压实度检测

对于冬季雨季施工的路段，编制专项施工方案，严格按规范要求施工，严格控制施工质量，做好排水工程。在既有高速两侧设置临时砖砌拦水带（图7.28）将路面水集中引流至急流槽，减少对既有高速公路边坡与拼宽路基冲刷，临时排水与永久排水设施相结合（图7.29），使既有高速公路与拼宽路基雨水有序排放，避免雨水冲刷路基和边坡。

图7.28　拼宽路基临时拦水带

图 7.29　临时与永久排水结合

7.4　桥梁施工标准化

在施工过程中，始终认真落实“三集中”要求，提高生产效率、质量。钢筋、混凝土等加工都在预制场进行，钢筋加工使用数控加工设备，采用机械自动穿束、智能张拉设备和真空压浆技术等；支架施工、悬浇施工、预制梁场、架梁、跨路桥梁施工、旧桥拆除等在施工前都编制了专项施工技术方案，并根据相关要求开展公路桥梁工程施工安全风险评估。各分项、分部工程都注重施工安全、环境保护。施工现场采取封闭式管理，办公区域与生活区域隔离，施工区域与非施工区域隔离，作业危险区域与非作业危险区域隔离。

(1)基础施工

桥梁桩基施工时，随进度做好地质记录，核对与设计资料是否相符，为确定终孔高程提供依据。钢筋骨架在钢筋加工场制作，制作好的骨架平整垫放，吊放时采用扁担梁辅助起吊。每根桩完成后均进行无损检测(图 7.30)，还按一定比例进行了钻芯检验。钻孔的泥浆选用合格的黏性土，废弃的泥浆通过专用管(图 7.31)运送到指定地点处理，避免污染环境。

图 7.30　桩基无损检测

(2)下部结构施工

在施工过程中，各建设单位从实际情况出发，因地制宜地提高机械化程度，大力采用工业化、自动化的施工工艺，提高了工程质量，加快了施工速度。为最大限度地减少台背工后沉降，对台背进行了堆载预压,如图7.32所示。

图7.31　泥浆管道

台背回填时根据不同情况选用不同类型的回填料:基坑较深,空间狭小的台背基坑选用液态水泥粉煤灰回填(图7.33);桥台背墙存在机械压实盲区的位置选用浆砌片石回填(图7.34);其余选用灰土回填。回填时按设计要求,每一层填料厚度都严格控制,如图7.35所示。回填后应进行台背液压夯实,如图7.36所示。

图7.32　台背堆载预压

图7.33　液态粉煤灰台背回填

图7.34　浆砌片石台背回填

图7.35　回填厚度控制

墩柱拆模后用塑料薄膜包裹,在墩顶放置水箱,采用滴灌养生的方式养护,对于高墩则采用喷淋养生的方式养护如图7.37和图7.38所示。

图7.36 台背液压夯实

图7.37 墩柱滴灌养护

图7.38 高墩喷淋养护

(3)上部结构施工

梁体在梁场集中预制,养护至强度达到设计或规范要求后通过运输工具运至桥位,再用架桥机架设就位。支架现浇的梁段,首先进行了地基处理,采用满布式支架的地基承载能力不低于100kPa,地基处理后采用厚度不小于10cm的C20混凝土硬化处理。浇筑前对支架进行预压(图7.39),消除支架的不均匀沉降和非弹性变形并获取弹性变形的参数,借以检验支架的安全性。

采用挂篮现浇的梁段,挂篮由施工单位根据实际情况设计,并经第三方复核验算,委托专业钢结构厂家生产,安装完毕后由施工单位、监理工程师等对挂篮的质量进行检验。挂篮在使用前进行静载试验,0号块、1号块的施工支架均按要求进行预压,如图7.40所示。

图7.39 拼宽桥梁预压

图 7.40　支架预压

(4)桥面系施工

桥面铺装为桥面中最上层的部分,其作用是保护桥梁主体结构,承受车轮直接磨损,防止主梁遭受雨水侵蚀,并对车辆集中荷载起一定的分布作用,所以桥面铺装应有一定强度,防止开裂,耐磨损。铺装前先清除浮浆,用高压水枪冲洗至无杂物,对桥面混凝土凿毛并加强边角处理,如图 7.41、图 7.42 所示。

图 7.41　边角凿毛

图 7.42　凿毛机凿毛

桥面钢筋网片按要求搭接(图 7.43),与梁顶钢筋连接紧密,另外设置 ϕ28mm 的门形钢筋作为铺装时的轨道,轨道两侧设置控制铺装厚度的钢筋桩。

图 7.43　桥面钢筋网片铺设

拼宽桥梁为了保持铺装的完整性，在铺装桥面时都是凿除旧桥，铺装后新旧桥整幅铺装施工，如图7.44所示。图7.45所示为旧桥防撞桩墙改造。

图7.44 新旧桥整体铺装

图7.45 旧桥防撞墙改造

7.5 施工管理标准化

根据《关于打造公路水运品质工程的指导意见》以及《高速公路施工标准化技术指南》的要求，树立本质安全理念，强化桥梁和隧道施工和运行安全风险评估工作，加强工程结构安全关键指标的实时监测与分析，确保工程结构安全状态可知、可控。

施工中对所有临边、洞口或者发生坠物的区域均要设立安全防护措施；工人现场施工时必须佩戴安全帽，实行不戴安全帽不上岗制度。在施工现场张贴安全用品佩戴示意图，详细介绍防护用品的使用方法及使用情况。针对起重机、吊梁机等危险性比较大的设备专门制定安全警示牌。爆破车辆设置专用车位并派专人看守。

支架现浇桥梁为了保持交通畅通，在跨线时设置了跨线门洞并做有醒目的警示标志；对于挂篮施工段，由于挂篮下部是通行中的马路，为了防止高空坠物对车辆造成危害，在挂篮底部设置了钢板；对部分高墩设置了Z字形爬梯；隧道内设置隔离带，人车分离，侧墙上设置安全指示灯并保持常亮状态。

图 7.46 ~ 图 7.52 为施工管理标准化相关照片。

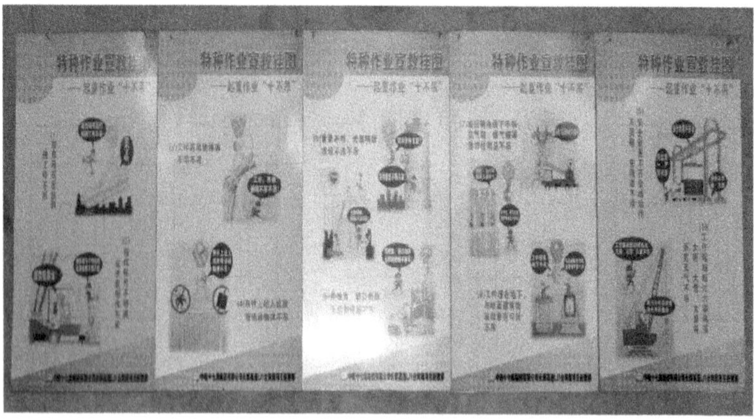

图 7.46　起重作业规范

图 7.47　临边区域设置栏杆

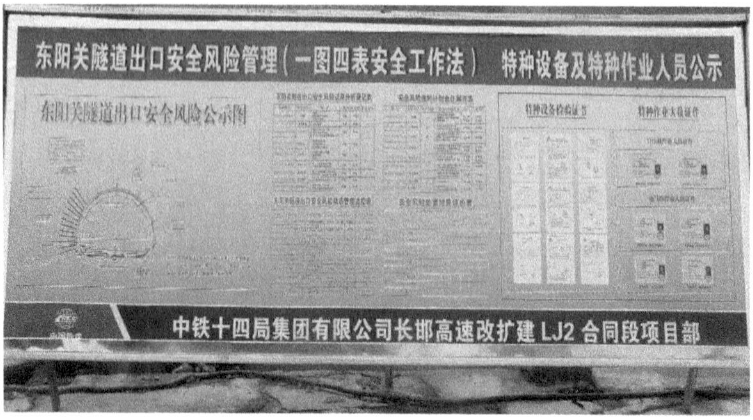

图 7.48　一图四表宣传栏

图7.49　跨线施工门洞

图7.50　高墩设Z字形爬梯

图7.51　隧道内人车分离

图7.52　安全用品齐全

7.6　新技术、新材料、新设备、新工艺的应用

7.6.1　桥涵与隧道工程

(1)桥涵台背回填采用液态粉煤灰。采用液态粉煤灰回填台背技术在外省其他公路建设

项目中应用较早,在山西省内尚属先例。液态粉煤灰填筑无需机械压实,最大可能地减少了灰土回填台背分层压实后的工后沉降带来的桥头跳车现象。

(2)隧道电缆槽盖板采用了复合式材料隧道电缆槽盖板。从高速公路的运营经验看,水泥混凝土盖板质量较大,人工搬运困难,且易碰损,运营便利性不强。本项目采用了复合式材料隧道电缆槽盖板,尺寸由原设计的 50cm × 60cm × 10cm 调整为 50cm × 60cm × 4cm,质量为 12.7kg,相比传统的钢筋水泥混凝土盖板质量减少了 84%,一个工人即可轻松搬起,提高了运营便利性,如图 7.53 所示。

(3)隧道主洞内部装饰采用蓄能发光涂料。在新建隧道墙壁两侧 2.5m 高度范围内应用蓄能发光涂料代替原设计的防火涂料及装饰喷涂,以提高隧道在紧急情况下的应急照明能力。该材料利用稀土材料经高科技制备而成,是将稀土离子中的电子跃迁转化成可见光波,该涂料具有增光增亮、延时发光、增加照明显色指数的作用。该隧道蓄能发光涂料除阻燃功能外,还能减缓进出口黑洞"盲光",增加可视距离,提高运行安全;起到了辅助照明和节能的效果。长邯改扩建工程是该技术在省内的首次使用,如图 7.54 所示。

图 7.53　复合材料电缆沟盖板

图 7.54　隧道蓄能发光涂料

(4)对隧道主洞水泥混凝土路面进行精铣刨。将水泥混凝土路面厚度调整为 31cm 后,对水泥混凝土路面采用精铣刨 1cm。精铣刨采用 2016 年 12 月推出的维特根 W215 铣刨机,装配有 672 把铣刨刀头转子系统,避免 147 把刀头普通粗铣刨后出现的路面构造深度过大的问题;真空除尘铣刨系统可以有效减缓施工中的扬尘,尤其在城市道路和隧道中施工时,达到环保要求。

精铣刨较为显著地提高了路面的平整度和行车舒适性,基本上感觉不到明显的颠簸,摩擦系数、侧向力系数大,安全性得到了有效提高,行车较为舒适。精铣刨也可用于运营维护日久的高速公路隧道水泥混凝土路面,是一种有效提高行车舒适性、抗滑和降噪能力的措施,其效果如图 7.55 所示。

(5)在隧道内加装反光环。反光环安装后隧道内边界轮廓清晰,行车诱导效果确有明显改善,具有很好的经济、环保和社会价值。反光环设置于长、特长隧道内,第一道反光环设置于隧道洞口 20m 处,进洞后其他反光环间距 150m 等间距设置。设置时确保反光环内缘距离隧道建筑界限≥1cm。反光环迎车面粘白色 V 类反光膜,相应技术要求应符合交通标志相关国家标准及规范,其效果如图 7.56 所示。

图7.55 隧道水泥混凝土路面精铣刨效果

图7.56 隧道反光环效果

7.6.2 路面工程

(1)采用花岗岩路缘石和拦水带。长邯高速公路自2002年至改扩建工程开工运营约12年,冬季除雪时融雪剂对路缘石、路边石和桥梁防撞护栏的腐蚀作用较为明显,造成混凝土表面松散、局部脱落,如图7.57所示。

花岗岩是岩浆在地下深处经冷凝而形成的深层酸性火成岩花岗岩,主要组成矿物为长石、石英、黑白云母等,石英含量为10%～50%。花岗岩质地坚硬,难被酸碱或风化作用侵蚀,颜色美观,外观色泽可保持百年以上,由于其硬度高、耐磨损,是优质建筑石料。目前在市政工程、建筑工程中已广泛应用花岗岩条石用于路缘石、台阶等,如图7.58所示。

图7.57 路边石腐蚀严重

图7.58 花岗岩路缘石

因此为提高路缘石、拦水带的耐久性,将材质调整为花岗岩,尺寸略有调整。

(2)路面沥青检测采用沥青指纹识别快速检测系统。传统的石油沥青检测方法是依据《公路沥青路面施工技术规范》(JTG F40—2004)中表4.2.1-2道路石油沥青技术要求的指标进行常规检测。但在实际运用过程中,由于不同等级的石油沥青的采购价格有较大差异,且存在品牌造假、以次充好和勾兑造假等现象,常规的检测指标往往无法有效检测辨别,给路面使用寿命带来非常大的质量隐患。

沥青指纹识别快速检测系统的基本原理是将一束不同波长的红外射线照射到物质的分子上,某些特定波长的红外射线被吸收,形成这一分子的红外吸收光谱。每种分子都有由其组成和结构决定的独有的红外吸收光谱,据此可以对分子进行结构分析和鉴定,每种品牌型号的沥青都有其特殊的指纹图谱，通过谱图对比准确识别石油沥青的产地、品牌、型号、批次等信息；检测智能化，定性定量分析改性沥青中的添加剂(SBS、SBR 等)、常见掺假物质，以及定性沥青的老化程度。

(3)路面基层、面层整幅摊铺。路面水泥稳定碎石基层、沥青混合料面层采用两台摊铺机施工时，易产生离析现象，搭接带承受了压路机的大部分重量，而搭接带两侧的离析带又受力不足，密实度低。这一压实不足的离析接缝带位于行车道上，是运营期出现坑洞、车槽病害的主要原因。

本项目采用了 Power DT1800 系列抗离析多功能摊铺机，实现了最大 18m 整幅摊铺宽度，有效保证了路面结构层的整体性。

(4)公路路面施工质量智能监测系统。在以往的公路路面施工过程中，沥青混合料的用量、出料温度、压实度等指标需采用各种试验方法按规定频率进行抽检，难以进行全方位的质量控制。这些指标的控制和监测往往都是由操作手的经验和现场管理人员的素质来判断，这样难以保证质量稳定可靠。

公路路面施工质量智能监测系统实现生产过程中的数据监测，并进行实时分析纠偏。能监测生产拌和过程中的生产级配、油石比、拌和温度、产量、掺配比等各项参数，可以进行实时监测报警、纠偏，并通过远程数据查看、短信报警进行远程管理。

7.6.3 机电工程

选择适当的节能灯具，节约全周期费用。对于隧道灯具的选型，综合了各种光源的优劣，加强照明灯具采用高压钠灯，基本照明灯具采用 LED 灯，两者混合照明方案全周期费用最低。LED 采用无极调光：LED 灯基本可采用无极调光进行照明控制，在车流量较少情况下降低 LED 照明功率，充分达到隧道节能的目的。

7.6.4 房建工程

(1)房建场区(收费站、服务区)采用热源为地源热泵供热、制冷。相比热力锅炉 + 空调，可节约炭排放量，节能环保等优点。

(2)屋面保温材料为采用 70mm 厚 QQB 铝镁复合保温材料，外墙填充材料为 300 厚加气混凝土砌块，外围护结构保温材料为 30mm 厚 QQB 铝镁复合保温材料。外窗及幕墙采用低辐射率玻璃断桥铝合金窗及幕墙。节能设计依据《公共建筑节能设计标准》(DBJ 04-241—2006)，全年采暖与未采取节能措施前相比，总能耗可减少 50%。

7.7 小结

在项目实施过程中，积极响应《高速公路施工标准化技术指南》《关于打造公路水运品质工程的指导意见》的要求，始终坚持“工地建设标准化、施工管理标准化、施工工艺标准化”的思想，积极推广工厂化生产、装配化施工，建立科学系统的施工标准化体系，把标准化要求落实到工程的各个环节中，使项目的规章制度更加完善，工地的现场管理更加规范，施工现场人员作业技能更加精湛，材料加工、施工工艺更加精细，试验检测更加可靠，同时还提高项目全体参建单位和人员的标准化意识，保证工程质量和施工安全，满足交通运输部“五化”和“品质工程”的要求。

参 考 文 献

[1] 徐强等. 高速公路改扩建工程技术与实践[M]. 人民交通出版社,2011.

[2] 侯杰. 济青高速公路改扩建工程路面拼宽技术研究[D]. 北京工业大学,2016.

[3] 苏兴波. 高速公路改扩建期间交通组织优化研究[D]. 石家庄铁道大学,2015.

[4] 韩龙. 高速公路改扩建方案比选研究[D]. 兰州交通大学,2014.

[5] 曹敬佩. 高速公路改扩建既有路基路面现状评价与对策研究[D]. 石家庄铁道大学,2012.

[6] 韩跃杰. 高速公路改扩建作业区交通组织及安全保障技术研究[D]. 长安大学,2012.

[7] 张婷. 高速公路改扩建工程路面拼宽技术研究[D]. 长安大学,2012.

[8] 雷剑. 高速公路改扩建工程精细化管理关键问题研究[D]. 长安大学,2011.

[9] 廖朝华. 高速公路改扩建工程关键技术研究[D]. 武汉理工大学,2009.

[10] 张丰焰,周伟,王元庆,等. 高速公路改扩建工程交通组织设计探讨[J]. 公路,2006,(01):109-113.

[11] 曲向进. 沈大高速公路改扩建工程技术方案研究[D]. 大连理工大学,2003.

[12] 石鑫. 高速公路改扩建路基开挖临空面安全控制标准[J]. 长安大学学报(自然科学版),2012,(02):16-21.

[13] 罗火生. 佛开高速公路改扩建工程总体扩建方案研究[J]. 公路,2012,(02):4-9.

[14] 陈星光. 高速公路改扩建工程纵坡设计[J]. 公路,2012,(02):95-98.

[15] 武珂缦,钟连德. 佛开高速公路改扩建交通组织研究[J]. 公路,2011,(12):137-142.

[16] 李世纬,廖朝华,刘利民. 高速公路改扩建工程路线设计探讨[J]. 中外公路,2010,(03):1-4.

[17] 王建强,杨云峰,习江鹏,等. 高速公路改扩建时机决策方法[J]. 交通运输工程学报,2010,(01):106-111.

[18] 高艳玲,黄子航,杨培培. 我国高速公路改扩建的必要性分析[J]. 交通标准化,2009,(22):80-82.

[19] 徐强. 单侧加宽高速公路改扩建方式的关键技术研究[J]. 中外公路,2009,(04):21-24.

[20] 黄荣校. 高速公路改扩建优势,分析及方案选择[J]. 中外公路,2009,(03):4-6.

[21] 于洪源. 公路路面拼接实践及相关技术控制研究[J]. 交通标准化,2012,(10):74-77.

[22] 柯文豪,雷宇,王鹏翔. 改扩建工程拼接路面受力分析及拼接方式[J]. 长安大学学报(自然科学版),2011,(03):39-44.

[23] 马晓晖,李立寒. 道路拓宽中路面拼接台阶尺寸的分析[J]. 公路交通科技,2010,(05):52-55 +61.

[24] 吴敏,董勋,李玉标. 沪宁高速公路扩建工程路面的拼接施工技术[J]. 公路,2009,(08):42-45.

[25] 肖益民,李昶. 合宁高速公路扩建工程路面结构拼接技术研究[J]. 公路交通科技(应用技术版),2009,(08):7-9.

[26] 马骏. 沪宁高速扩建工程沥青路面热拼接工艺[J]. 重庆交通大学学报(自然科学版),2009,(02):273-278.

[27] 刘兴东,胡志平,向昕. 高速公路路基拼接方案与优化分析[J]. 公路交通科技(应用技术版),2014,(04):62-66.

[28] 翁效林,张留俊,李林涛,等. 拓宽路基差异沉降控制技术模型试验研究[J]. 岩土工程学报,2011,(01):159-164.

[29] 梁新政,何森. 沪宁高速公路扩建工程路基拼接处治措施及其作用机理[J]. 公路交通科技(应用技术版),2007,(04):58-61.

[30] 唐朝生,刘义怀,施斌,蔡奕,等. 新老路基拼接中差异沉降的数值模拟[J]. 中国公路学报,2007,(02):13-17.

[31] 王法雨. 高速公路桥梁加宽拼接技术[J]. 公路,2011,(07):128-131.

[32] 邢方义. 高速公路扩建工程桥梁拼接施工技术研究[J]. 铁道工程学报,2011,(05):56-59+65.

[33] 陈晋华. 高速公路桥梁拼接施工技术[J]. 交通标准化,2010,(21):129-131.

[34] 谭少华,邱新林. 广佛高速公路扩建工程桥梁拼接技术[J]. 中外公路,2010,(02):167-170.

[35] 梁志广,袁磊. 预应力混凝土箱梁桥拓宽拼接技术[J]. 铁道建筑,2009,(05):22-25.

[36] 叶见曙,温庆杰. 混凝土桥梁拼接后收缩徐变计算方法分析[J]. 计算力学学报,2008,(06):899-903+920.

[37] 任福松,解亚东. 高速公路扩建桥梁拼接施工[J]. 交通标准化,2008,(09):161-165.

[38] 彭可可,黄培彦. 桥梁拼接中 CFL 技术的理论研究[J]. 公路交通科技,2008,(08):67-71.

[39] 温庆杰,叶见曙. 新旧混凝土梁横向拼接的收缩徐变效应[J]. 中国公路学报,2007,(04):53-57.

[40] 鞠金荧. 沪宁高速公路(江苏段)扩建工程桥梁拼接设计构思[J]. 中外公路,2006,(06):101-105.

[41] 王韶海. 浅谈沪杭甬高速公路拓宽工程新老桥梁纵缝拼接施工[J]. 公路,2006,(03):191-195.